新

わかる・みえる
社会保障論
事例でつかむ社会保障入門

今井 伸 編

みらい

執筆者一覧

▶編　集

今井　伸　　十文字学園女子大学

▶執筆者（五十音順）

今井　伸　　前出 ……………………………………………第 1 章

小渕　高志　東北文化学園大学 …………………………第 9 章第 1 節

金子　充　　明治学院大学 ………………………………………第12章

河谷はるみ　西南学院大学 …………………………………第13章第 2 節

神田　恵未　大阪樟蔭女子大学 …………………………………第10章

木村　茂喜　西南女学院大学 ……………………………………第 4 章

木場　千春　西九州大学 …………………………………第 9 章第 2 節

小林　哲也　静岡福祉大学 ………………………………第 9 章第 4 節

佐々木貴雄　東京福祉大学 ………………………………第11章第 1 節

杉野　緑　　岐阜県立看護大学 …………………………………第 7 章

鈴木　忠義　長野大学 ……………………………………………第 3 章

中野　陽子　和泉短期大学 ………………………………第 9 章第 3 節

福地　潮人　中部学院大学 ………………………………………第 6 章

松江　暁子　国際医療福祉大学 …………………………第13章第 3 節

松本　一郎　大正大学 ……………………………………………第 5 章

松本　葉子　田園調布学園大学 …………………………………第 2 章

吉田　初恵　関西福祉科学大学 ……………………第11章第 2 節・第 3 節

脇野幸太郎　長崎国際大学 ………………………………第13章第 1 節

渡邊　幸良　同朋大学 ……………………………………………第 8 章

イラスト　　溝口ぎこう

はじめに

　社会福祉を学ぶみなさんは、「社会保障論」が好きですか？　得意科目ですか？　「はい」と答える方は、そんなに多くはないと思います。教える側の私たち教員も、どのようにしたらよりみなさんが理解し、興味を持って聴いてくれるのか試行錯誤を重ねています。このように、学生と教員がともに辛い宿命を背負う科目が、この社会保障論なのかもしれません。

　しかし、なぜ「社会保障論」はそんなに難しいのでしょうか。学生からは、覚える制度が多すぎるとか、似たような名称で漢字だらけだから嫌いとか、授業での説明が難しすぎて寝てしまうといった意見をよく聞きます。一方で、この科目を好きという学生がいることも少数派ながら事実です。その理由を尋ねてみると、自分自身や大切な家族・友人を助けてくれる制度として、社会保障制度を知ることの大切さを自覚できたからだそうです。また、各制度を誰がどのようなときに利用すればよいのかを理解することで、具体的なイメージも持てるようです。このことから社会保障論の教科書は、学生のみなさんが少しでも制度に興味が湧くとともに、具体的な制度活用のイメージができるものでなければなりません。そこで、本書は以下のことに留意して作成しました。

　第一に、誰にでもわかりやすい平易な言葉を使用したことです。社会保険制度や生活保護制度などは、内容も多岐に渡っており十分に理解することが大変です。そこでできる限り、難解な言葉も平易な言葉に置き換えて、丁寧に解説しています。理解しやすい文章で学ぶことによって、支援のときにも利用者にわかりやすく説明することが可能となります。

　第二に、事例を多く掲載したことです。社会保障制度の内容を理解したとしても、それが実際にどのように使われるのか、なかなか興味を持てないものです。そこで、実践内容としての事例と解決方法をQ&A方式で紹介しました。これにより、実際の支援場面を想定することが可能となり、社会保障制度の理解が進みます。

　第三に、イラストや図表を多く使用しました。社会保障制度の解説は難しく、教科書の文言だけでは、なかなかイメージがつきにくいといった意見が多く寄せられます。そこで、各制度の重要なポイントを図表化して説明するとともに、イラストを活用して一目で理解できるようにしました。わかりにくい制度も、イラストを見ることによって具体的なイメージが湧き、社会保障を学ぶ楽しさやモチベーションが高まることにもつながります。

　加えて本書では、近年の目まぐるしく変わる社会保障制度をふまえ、最新

の統計数値への更新や制度改正の内容を記載しました。特に、医療保険や年金保険、生活保護制度は2・3年で制度や運用の内容が大きく変わります。みなさんが、社会福祉士等の国家試験を受験する際に必要な新しい内容を記載してあります。

　社会保障制度を理解することは難しいことですが、対人支援を行ううえでとても大切なことです。ぜひ、みなさんが本書を活用して前向きに制度を学び、将来、福祉の現場で活躍されることを願っています。

　最後に、本書の出版にあたってご尽力いただきました執筆者の先生方、また（株）みらいの西尾敦さんには、大変お世話になりました。みなさまに心から感謝いたします。

2021年2月

編者　今井　伸

本書の特徴と活用方法

● 本書は、大学等で学ぶ「社会保障論」に対応したテキストです。社会保障で扱う領域は、制度がとても幅広くなっています。本書では、それらの内容を効率よく学べるよう構成し、初学者の視点から理解できるよう記述にも工夫を凝らして解説しています。

● 各節の導入部分には、その節で学ぶ内容に沿った事例とキーワードを設けています。事例を最初に読むことによって、その節で学ぶ内容をつかみ、キーワードによって理解すべきポイントを把握できるようになっています。キーワードには□の欄がありますので、学習し理解できたものにはチェックマークをつけましょう。

● 各項見出しには、その項で学ぶ内容を要約した文章を掲載しています。この部分を読むことによって、その項で学ぶ内容が理解できるとともに、予習や復習にも活用できるようになっています。

● 第1章〜第10章には、「実務に役立つQ&A　こんなときどうする？」を設けています。読者のみなさんが将来現場等に出た際に活用できる内容となっています。本文の学習にプラスアルファして、社会保障のスペシャリストを目指してください。

● 各章末には、「ミニットペーパー」を設けています。読者のみなさんが授業のなかで学んだこと、感じたこと、理解できなかったこと、疑問点などを書き、担当の先生に提出してみましょう。また、ミニットペーパーには、その章で学んだ内容に沿った「TRYしてみよう」を設けています。ぜひ、学習のふりかえりに活用してください。

本書を活用される教員のみなさまへ

　各章末に設けております「ミニットペーパー」のデータを弊社ホームページの「書籍サポート」からダウンロードいただけます（無料）。是非ご活用ください。

みらいホームページ：https：//www.mirai-inc.jp/

■■ も く じ ■■

雇用保険制度

—雇用を支える制度はどうなっているの？—

労働者災害補償保険制度

—労働者を支える制度はどうなっているの？—

第**5**章

年金保険制度
―高齢者、障害者、遺族への所得の保障はどうなっているの？―

第**6**章

介護保険制度
―高齢者を支える制度はどうなっているの？―

第**7**章

生活保護制度
　　　　　　　　　　　　　　─生活を支える制度はどうなっているの？─

第**8**章

社会手当制度
　　　　　　　　　　　　　　─誰にどんな手当があるの？─

第**9**章
社会福祉制度
―児童・高齢者・障害者・母子家庭等への支援はどうなっているの？―

第10章　民間保険

―社会保険との違いはあるの？―

第11章 **社会保障の財源と費用**
　　　　　　　　　　　—社会保障に係るお金はどうなっているの？—

第12章 **社会保障の歴史**
　　　　　　　　—社会保障はどのように誕生し発展してきたの？—

第13章 **諸外国における社会保障制度**
　　　　　—日本の制度との違いはあるの？—

第 **1** 章

社会保障を
学ぶ前に

―社会保障って何？―

事例

> 大学で社会福祉を学んでいます。特に嫌いな科目が「社会保障論」です。制度の話がたくさん出てきて、理解ができません。なぜ、社会保障制度を学ぶ必要があるのでしょうか。

　私たちが生活を維持していくには、「働いて収入を得る」ことが必要になります。しかし、自分自身や家族が、病気・けがをすることで、働くことが難しい状況に陥るというのは、珍しいことではありません。また、一家の生活を支えている人が突然亡くなってしまうことも…。さらに、学校を卒業して就職しても、いつ会社や法人が倒産するかもわかりません。そして、人は必ず歳をとります。いずれは、仕事を退職しなければならないときが来ます。

　このように、病気・けが・障害・死亡・老化・失業などの生活上の問題が起きると蓄えがない人は生活に行き詰まり、いわゆる貧困状態になります。この貧困を予防し、貧困になった人を救い、生活を安定させるために、国や社会全体が年金や手当・扶助などで所得を保障するとともに、医療や介護などのサービスを給付することを社会保障制度といいます。

　ところで、社会福祉を学ぶみなさんは、人を支援する際の基本的な姿勢やコミュニケーション力を身につける授業を数多く受けているはずです。確かに、「受容や傾聴」などの相談しやすい雰囲気や、信頼関係を形成するための働きかけは重要です。しかし、その人の問題を解決するためには、基本的な姿勢やコミュニケーション力を生かすだけではなく、具体的な制度を理解し、その人に使っていただくことが求められます。例えば、経済的に困った人があなたに相談に来た場合、あるいは、親しい友人が急に病気で倒れて仕事ができなくなった場合、話を聞いてあげるだけで問題は解決するでしょうか。「あなたに話を聞いてもらって良かった」だけでは、福祉の専門職としては不十分なのです。人の幸せな生活を支えるために、人の役に立つためにもみなさんは、社会保障制度を熟知する必要があるのです。

🔑 キーワード 🔒

□ライフステージ　　□生活上のリスク　　□「50年勧告」　　□社会保険　　□公的扶助

□社会福祉　　□公衆衛生

1　誰にでも起こる可能性がある生活上のリスク

　この先、一生元気で働いていける自信がある方はいるのでしょうか。希望の会社や法人に就職しても、失業する人は必ずいます。歳をとらない人はいません。結婚しても離婚する人も少なくありません。病気やけがが原因で障害のある人もいます。そのようなことがみなさんや身近な人に起きたならば、どうしますか。「そんなに長生きしないから大丈夫」という人も少なくないでしょう。しかし、2019（令和元）年現在、平均寿命は80歳を超えています（男性81.41歳、女性87.45歳）。この先、医療は進歩し、平均寿命はさらに延びることが予想されています。人はみな、自分の努力だけでは解決できないリスクを抱えて生きているのです。

①生活に困るということ

　本書で社会保障を学ぶみなさんは、将来、福祉や医療の関係機関に就職する人が多いと思います。なかには、一般企業に勤める人も少なくないでしょう。一方で、その就職先でずっと勤めることができるのか考えたことはありますか。日本の雇用体系の特徴は、学校を卒業して就職したら定年まで勤めることができる「終身雇用」や、務める年数が多いほど給与や役職が上昇する「年功序列型賃金」というものでした。しかし、この傾向は大きく変化しつつあります。会社に利益をもたらす貢献度によって給与が決まる「成果主義」や雇用期間に期限を定める「契約社員・派遣労働者」の増加など、労働者にとっての雇用環境は厳しくなっています。「ブラック企業」といわれる、労働者を虐げるような扱いをする会社も少なくありません。また、会社が倒産したり、仕事を嫌になって辞めたりするかもしれません。さらに病気やけがにより、仕事を続けることができないこともあるでしょう。そして、どんな元気な人でも歳をとれば体力的に辛くなり、退職を迎えます。このように仕事を辞めてしまうと、みなさんの生活にはどのような影響が出てくるのでしょうか。

　わかりやすい話ですが、仕事を辞めると収入がなくなります。つまり、貯金が一定程度なければ、毎日の生活に困るということです。朝、昼、夕の3度の食事をする、春夏秋冬の季節に合わせた服を着る、家に帰って寝る、週末は遊びに行くなど、普段行っていたはずの当たり前の生活ができなくなるのです。

②ライフステージにおける生活上のリスク

　生活に困る原因はこれだけではありません。表1-1をご覧ください。これは、みなさんがこれから経験する可能性のある生活の場面（ライフステージ）と生活に困る原因（生活上のリスク）の例を示したものです。上記で説

表1-1　ライフステージと生活上のリスクの例

ライフステージ	①仕事をする	②結婚(婚姻)をする	③出産・育児をする	④家族の介護をする	⑤退職後の生活
生活上のリスク	病気・けがによる休職・失業	死別・離婚	出産による休職・費用	介護による費用・介護の負担	退職による収入減
生活に困ることを防ぐ方策(社会保障制度)	・傷病手当金(医療保険)p.44 ・障害年金(年金保険)p.96・102 ・療養補償給付(労働者災害補償保険)p.79 ・傷病補償年金(労働者災害補償保険)p.79 ・求職者給付(雇用保険)p.59 ・住居確保給付金(生活困窮者自立支援法)p.155	・遺族年金(年金保険)p.96・102 ・児童扶養手当(社会手当)p.165	・出産手当金(医療保険)p.45 ・出産育児一時金(医療保険)p.46 ・家族出産育児一時金(医療保険)p.46 ・育児休業給付金(雇用保険)p.65 ・児童手当(社会手当)p.162	・介護サービスの利用(介護保険)p.113 ・介護休業給付金(雇用保険)p.65	・老齢年金(年金保険)p.95・100 ・養護老人ホーム(高齢者福祉)p.186
	生活保護(公的扶助)p.133				

　明した「①仕事をする」のほかに、「②結婚(婚姻)をする」「③出産・育児をする」「④家族の介護をする」「⑤退職後の生活」の各ステージに分類し、そこで起きる可能性のある「生活上のリスク」と「対応する方策」を示しています。まず生活上のリスクについて説明します。

　「②結婚(婚姻)をする」のステージでは死別と離婚を挙げています。死別は文字通り、配偶者が亡くなることです。一家の生活を支えている人が突然亡くなることなど考えたくもありませんが、遺された妻(夫)と子の生活はどうなるのでしょうか。一方で、相思相愛で結婚した二人の間も、何らかの原因で破たん(離婚)することもあります。例えば、夫婦の性格が合わないと、どうしてもお互いの間に距離感が生まれます。結婚する前の交際ではわからなかったことが、結婚してからわかるということも少なくないと思います。厚生労働省が発表した2018(平成30)年の人口動態統計の年間推計によると、この年における日本国内の婚姻件数は58万6,438件、離婚件数は20万8,333件でした。新婚カップルが約60万組成立して、約20万組のカップルが別れたことになります。また、出生時期による差はあるものの、50歳までに離婚を経験した人の割合は3割を超えていると指摘する研究者もいます。これらの数値をふまえると、離婚が決して他人事ではないことがわかると思います。もしそのときに、子どもがいたらどうしますか。離婚後に子どもと

一緒に暮らすのは、母親となることが多いようです。いわゆる親権を母親が持つということです。ところが、ひとり親世帯の母親の平均年収は、約240万円程度といわれています（厚生労働省「平成28年度全国ひとり親世帯等調査」）。これでは1か月あたり20万円程度にしかなりませんから、生活に困るひとり親が増えるのも当然です。

　次に「③出産・育児をする」のステージです。出産と子育てには多額の費用がかかります。病院での出産には50万円～60万円が請求される場合もあるようです。なかには高級ホテル並みの設備と環境を整えたところもあります。また、出産時に女性は仕事を休まなければなりません。産前については、無理をして出産日まで働くことはできますが、産後は母体を守るために最低でも56日間仕事をすることができません。その後も育児のために仕事を長期にわたって休むということもあるでしょう（原則として子どもが1歳になるまで育児休業を取得することができます）。しかし、一般的に仕事を休んでいるときには給与は支払われません。これらの出産費用や仕事を休んでいるときの生活費はどうするのでしょうか。

　続いて「④家族の介護をする」のステージです。今、家族の介護のために仕事を辞める人が増えています。総務省の「平成29年就業構造基本調査」の結果によると、全国で年間約10万人が介護を理由として仕事を辞めています。特に、30代～40代の男女、50代の男性の離職者が増えています。仕事を続けるために、介護を家族以外の人に頼むと費用がかかります。ホームヘルパーや訪問看護などの利用料や施設入所にも多額の費用が必要です。自分で介護を行えば費用の負担は少なくなりますが、精神的・身体的な負担が増します。さらに仕事にも影響するので、離職という選択をする人は少なくないのです。

　最後に「⑤退職後の生活」のステージです。人は必ず歳をとります。サラリーマンであれば、高齢期を迎えて一定の年齢に達した時期に、仕事を退職するという選択を行うことになります。自営業の人であれば、昔の言葉でいうところの隠居です。生涯現役という人もいるかもしれませんが、多くの人は仕事を辞めて収入が減少する問題に直面します。このことは、ほとんどの人に予想される生活上のリスクといえます。

③社会保障制度を学ぶ理由（自分のため、人のため）

　私たちは一人ひとりが自らの責任と努力によって生活を営んでいます。しかし、これまで述べてきたように、病気やけが、老齢や障害、失業などのさまざまな生活上のリスクにより、自分の努力だけでは解決できず、生活に困窮する場合が生じます。このように個人の責任や努力だけでは対応できない

リスクに対して、みなで相互に連帯して支え合い、それでもなお困窮する場合に必要な生活保障を行うのが社会保障制度の役割です。

ではここで、社会保障制度がどのように私たちの生活を保障しているのかについて、先ほどの表１－１より「雇用保険」を例に挙げて説明したいと思います。なお、それぞれの制度の詳細については、本書に該当するページを記載してありますので、参考にしてください。

失業する理由（離職理由）は、「自己都合によるもの」と「会社都合によるもの」に大別されます。自己都合による離職とは、仕事や会社が嫌になったので、自分自身で希望して辞めることなどです。一方、会社都合による離職（特定受給資格者）とは、会社が倒産したり、倒産を避けるために事業規模を縮小して社員を減らしたりすることなどが該当します。いずれにしても、失業した場合には収入がなくなりますので、生活に困ることを防ぐために、雇用保険から求職者給付の「基本手当」が支給されます。しかし、この手当は失業した理由（離職理由）が、自己都合によるものか会社都合によるものかにより、その内容が大きく異なります。自己都合の場合、３か月間は基本手当は支給されず（給付制限）、手当を受け取ることができる日数も最大で150日しかありません（第３章p.60表３－１参照）。雇用保険加入（被保険者）期間が10年未満だと、さらに短く90日となります。一方、会社都合の場合（特定受給資格者）には給付制限はなく、再就職が難しい年齢層（45歳以上60歳未満）では最長で330日の受給が可能となります。

なお、「体力不足、疾病、負傷」などが理由の場合や「結婚によって転居をせざるを得ない」離職などは、自己都合ではなくなります。これを「特定理由離職者」といい、会社都合による離職（特定受給資格者）と保障内容が同等の扱いになります。もしみなさんが、長時間労働や身体的負担により身体を壊した、あるいは体力不足で仕事を辞めることになった場合には、「特定理由離職者」に該当する可能性が高いのです。しかし、この制度を知らずに、そのまま退職届を提出すれば自己都合の離職者として扱われることになります。また、「長時間の残業」や「給与が一定の割合以上減ったり、遅配されたりした」場合にも、会社都合の離職（特定受給資格者）として扱われることがあります。

一方で、基本手当を受けるためには、自己都合離職の場合、離職前２年間

のうち１年間の勤務が必要ですが（離職日以前の２年間に、賃金の支払いの基礎となった日［賃金を得て働いた日］が11日以上または賃金の支払いの基礎となった時間数が80時間以上ある月が通算して12か月以上あること）、「特定受給資格者」や「特定理由離職者」は、その期間が６か月間に短縮されます。

　このように、生活上のリスクに対応する社会保障制度ですが、その中身を知っているのと知らないのでは、大きな差ができます。しかも、ここで紹介した雇用保険は、社会保障制度全体のほんの一部に過ぎません。人を支援するためだけでなく、大切な家族を守り、自分を守るためにも制度をしっかりと理解する必要があるのです。

2　社会保障制度とは何か

社会保障制度を大きく分類すると、社会保険・公的扶助・社会福祉・公衆衛生の４つになります。

　歴史的に、日本の社会保障制度は第二次世界大戦の敗戦後に本格的につくられました。みなさんがよく耳にする「50年勧告」（社会保障制度に関する勧告）とは、戦勝国の中心であったアメリカから来た調査団の報告書（ワンデル勧告）を受けて設置された社会保障制度審議会が、1950（昭和25）年に日本の社会保障制度に関する基本的なあり方を当時の日本政府に対して示したものです。これによると、社会保障は次のように定義されています。

　「いわゆる社会保障制度とは、疾病、負傷、分娩、廃疾、死亡、老齢、失業、多子その他困窮の原因に対し、保険的方法又は直接公の負担において経済保障の途を講じ、生活困窮に陥った者に対しては、国家扶助によって最低限度の生活を保障するとともに、公衆衛生及び社会福祉の向上を図り、もってすべての国民が文化的社会の成員たるに値する生活を営むことができるようにすることをいうのである」。

　本章の第１節でも説明したように、病気やけが、障害、死亡、老化、失業などで収入が途絶えることは誰にも起こり得る生活上のリスクです。こうした事態は想定できるものもあれば、予測することができず、個人や家族では対応することが難しくなるケースも考えられます。このように日本の社会保障制度の目的は、誰にでも起きる可能性のあるさまざまな理由によって生活困窮状態になることを事前に防ぐとともに、防ぐことができなかった人に対しても事後に救済することです。そのほかにも、公衆衛生や社会福祉を向上することも示されています。これらの具体的な内容をまとめると、表１－２

表1-2　社会保障制度の分類

①社会保険	年金保険、医療保険、介護保険、雇用保険、労働者災害補償保険
②公的扶助	生活保護、（社会手当）
③社会福祉	児童家庭福祉、身体障害者福祉、知的障害者福祉、高齢者福祉、母子・父子・寡婦福祉
④公衆衛生	感染症対策、母子保健、予防接種、上下水道の整備保守　など

のようになります。

　現在も、この社会保障制度の基本的な分類と考え方は有効です。このように、社会保障制度を大きく分類すると社会保険、公的扶助、社会福祉、公衆衛生の4つになります。これは社会保障制度の大きな枠組みともいえます。それでは、それぞれの制度をもう少し詳しく説明します。

①社会保険

　これまで説明したように、人には誰にでも起こり得る生活上のリスクがあります。このような万が一の事態に備えるために国があらかじめ用意した制度が社会保険です。この制度の特徴は、一言でいうと社会全体の助け合いです。原則として、対象となった人には全員に加入を義務づけるとともに、保険者（保険を運営する国、自治体、団体）

が保険料を集めます。その保険料を貯める（プール）と同時に、国や自治体もそこにお金を支出します。そして生活上のリスクで困った人が現れたときに、プールされたお金から現金やサービスを給付します。第10章で学ぶ民間保険と似ているところもありますが、民間保険は保険会社と加入者の自由な契約によります。社会保険のような加入の義務づけはありません。また、国や自治体からの支出もありません（図1-1参照）。

　なお、社会保険の保険料額については、原則として加入者（被保険者）の収入によって決められます。収入が少ない方にはより少なく、多い方にはより多く負担いただくというのも社会保険の特徴です。しかし、国が定めた一定の保険料を負担しない（できない）方には、保障が十分でないばかりか何の救済もされない場合もあります。保険料の負担をしなくても、生活困窮状態になった場合に、事後救済がされるといった救貧機能を持つ公的扶助（生活保護制度）との違いもここにあります。

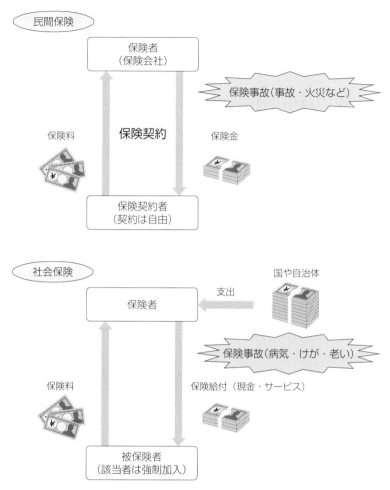

図１−１　民間保険と社会保険

　さて、社会保険の種類ですが５つしかありません。費用が多い順に、年金保険、医療保険、介護保険、雇用保険、労働者災害補償保険となります。まず、「年金保険」です。この保険が対応する生活上のリスクは、次の３つのいずれかとなります。①65歳以上の高齢期を迎えて収入が減少した場合などに対応する「老齢年金」、②病気やけがまたは生まれつきの障害によって仕事に就くことが難しい、収入が減少した場合などに対応する「障害年金」、③一家の生活を支えていた人が亡くなり、残された家族が生活困窮状態となった場合などに対応する「遺族年金」となります。

　２つ目は「医療保険」です。人は病気やけがをしたときに、病院や診療所などの医療機関に行くことがあります。特に、重い病気やけがのときには多くの治療費がかかります。同様に薬代も高額になる場合があります。数十万円なんてことも珍しくありません。医療保険があることによって全額を自己

負担で支払うことなく、一部の負担（年齢や所得により１割・２割・３割のいずれか）で診てもらうことができるのです。

　３つ目は、「介護保険」です。最近よく「ぴんぴんころり」という言葉を耳にします。これは、歳をとっても元気でぴんぴんして活動的に日常生活を送り、突然ころりと亡くなることを意味しているそうです。戦後間もなくの日本人の平均寿命は50歳を少し超えたくらいでした。しかし、2019（令和元）年現在、男性は約81歳、女性も約87歳になりました。ここで重要なことは、ぴんぴんではなくなってからの余命期間です。健康上の問題がなく、日常生活を普通に送れる状態を指す健康寿命の平均は、2016（平成28）年現在で男性が約72歳、女性は約75歳です。平均寿命との差が、男性で９年、女性で12年ありますが、この期間は介護など人の手助けが必要となる可能性が高いということになります。

　以前、親の介護については、子どもやその配偶者が担うことが多かったのですが、現在では高齢化の進展や介護が必要な期間が延びたことによって、家族だけでは担いされない深刻な状況があります。そこで、2000（平成12）年に介護保険制度が施行されました。これにより、ホームヘルパーやデイサービスなどの在宅サービスや特別養護老人ホームや老人保健施設入所の施設サービスの充実が図られています。また自治体は、住みなれた地域でできる限り住み続けることを可能とする「地域包括ケア」の構築に、医療や介護の事業者、地域住民や活動団体と協力して取り組んでいます。

　４つ目は「雇用保険」です。人は、働くことによって生活の糧となる収入を得ています。その働き方は人によってさまざまではありますが、失業した場合や、育児や介護などの雇用の継続が困難になった場合、または職業に関する教育訓練を受ける場合などに必要な給付がされます。つまり、失業者の生活の安定を図って新たな求職活動を容易にするとともに、失業を防いで労働の安定を図ります。

　５つ目は、「労働者災害補償保険」です。労災保険と呼んだほうが聞きなれていると思います。労災保険は、実際に会社の管理のもとで働いているときに起きる業務災害と、通勤による災害が原因で起こった病気、けが、障害および死亡に関する補償を行います。また、原則として一人でも労働者を雇用している会社は、業種や規模の大小を問わず、すべてに適用されることになっています。さらに、ここでいう労働者とは「職業の種類を問わず、労働の対価として賃金を支払われる方」となります。つまり、学生であってもアルバイトとして雇用されている人は、原則として加入する社会保険です。

②公的扶助

　公的扶助は保険料を集めるのではなく、広く税という形で納付されたお金の一部を生活に困窮した人に支給するというものです。日本では現在、生活保護がこれに該当します。大きな特徴は、社会保険のように事前にリスクに備えるということではなく、社会保険では予防できずに生活困窮状態になった人に対して、事後的に金銭やサービスを給付することです。また、給付の対象であることを証明するために、収入や資産などの調査（ミーンズテスト）を受けなければなりません。

　公的扶助と同様に、税金を使って救済を行う制度に社会手当があります。これは、ある一定の要件に該当する人々に現金を給付するものです。例えば、ひとり親世帯の親に支給する児童扶養手当、重度の障害者に支給する特別障害者手当などが代表的なものです。この社会手当も５種類のみになります。上記の２つのほかには、児童手当、特別児童扶養手当、障害児福祉手当があります。

③社会福祉

　社会福祉は、そもそも社会保障のなかの一つの分類としてとらえられています。社会保険や公的扶助は、主に金銭的な給付を行いますが（医療保険や介護保険、生活保護の現物給付など、一部の制度は金銭的給付ではありません）、社会福祉は、さまざまな理由で生活に支障がある人に対して、金銭的以外の方法で支援するものです。例えば、親と一緒に生活できない子どもや生活上のさまざまな支援が必要な障害者・高齢者を対象として行われる施設・在宅サービスなどの物品、人によるサービスの提供を行うことです。つまり、児童家庭福祉、高齢者福祉、障害者福祉、ひとり親世帯への福祉などを総称して社会福祉といってもよいでしょう。

④公衆衛生

　人々が病気になることを予防し、健康の維持・増進をしていくために必要

なことは何でしょうか。例えば、結核や新型インフルエンザなどの感染症予防は、限られた人々に対してではなく、広い範囲で組織的に行わなければ効果はありません。定期的な健康診断検査なども早期の病気の発見のためには必要です。乳幼児健康診査や妊婦健康診査も、次世代を担う子どもたちの健やかな発育のためには重要でしょう。また、健康を損なう原因となる環境問題に対応することのほか、健康を維持するために安全な飲料水の確保を行うことも欠かすことができません。ごみの適切な処理も衛生上大切なことです。このように、国や自治体が地域社会と協働して、病気になることを予防し、健康で生命を延ばし、身体と心の機能の増進を図る取り組みを公衆衛生といいます。

　以上のように、社会保障制度には大きく4つの分野があることが理解できたと思います。社会保障という言葉は、一般的には社会福祉と同じ意味で使われることも多いのですが、実際には社会福祉のほかに公衆衛生をも含む、より広い概念で使用されます。私たちが授業のなかで社会福祉として学んでいることが、実は社会保障制度全体を学んでいるということに気づいた人も多いと思います。ここで改めて社会保障制度の大切さについて理解するとともに、さらに学びを深めてほしいと思います。

第2節　少子高齢化と社会保障

事例

　授業で少子高齢化の実態について学びました。現在、高齢化が進行していることは理解できましたが、自分の問題としてとらえることができません。私たちの将来にどのような影響があるのでしょうか。

　2020（令和2）年現在、65歳以上の高齢者1人を2人の現役世代（15歳〜64歳）の負担によって支えています。みなさんが高齢者になる頃（2065年）には、この人数が1.3人になることが推計されています。この状況になれば、現役世代の負担だけで支えることに限界が生じます。年金の減額、医療や介護の負担割合の増加など、多くの生活の場面でその影響を受けることになります。その影響をできる限り小さくするためにも、社会保障制度への学びを深めて対策を考えていく必要があります。

🔑キーワード🔒

□少子高齢化　　□社会保障の費用　　□負担増

1　少子高齢化がもたらすもの

　日本の総人口が減少するなかで、高齢化率はますます上昇します。現在学生であるみなさんが65歳になる頃の2065年には、高齢化率は38.4%に達し、2.6人に1人が65歳以上となります。それとは反対に、高齢者の社会保障に必要な費用の多くを負担する現役世代（15歳〜64歳）は、少子化の影響を受けて大きく減少します。2065年には、1人の65歳以上の高齢者を、1.3人の現役世代が支えることになります。みなさんの老後に必要な社会保障は、本当に大丈夫なのでしょうか。

　日本は高齢化が進んでいるといわれています。WHO（世界保健機構）や国連の定義によると、高齢化社会とは、65歳以上の高齢者人口に占める比率が7%を超えた社会をいいます。また、14%を超えた社会を高齢社会、21%を超えた社会を超高齢社会といいます。2020（令和2）年に総務省が公表した高齢化率は28.7%で、日本は完全に高齢化社会から高齢社会、そして超高齢社会に入っているのです。このように7%刻みで名称は進化しますが、日本は世界の国々に先駆けて、すでに次のステージの28%を超えているのです。ちなみに、超高齢社会以上の定義はありません。そういった状況まで日本は

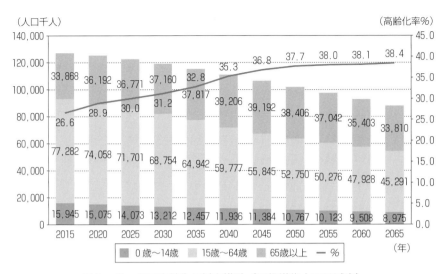

（人口千人）

| | | | | | | | | | | | （高齢化率%） |

図１−２　少子高齢化の将来推計（現役世代人口の減少）

資料：国立社会保障・人口問題研究所「日本の将来推計人口（平成29年推計）」より作成

高齢化が進んでいるといえます。

　図１−２をご覧ください。この表は、将来人口の推計と各世代の人口数を棒グラフ化し、高齢者の割合（高齢者の比率）を折れ線グラフで表しています。高齢者人口は、いわゆる「団塊の世代」（1947［昭和22］年〜1949［同24］年に生まれた人）が65歳以上となる2015（平成27）年には、3,386万人となりました。そして、2042（令和24）年に3,935万人でピークを迎え、その後は減少に転じますが、高齢化率は上昇していくことがわかっています。

　また、2020（令和２）年現在の高齢化率は約29％ですが、2065（同47）年には高齢化率は38.4％に達し、2.6人に１人が65歳以上となります。加えて、同年には75歳以上人口が総人口の25.5％となり、４人に１人が75歳以上となります。2065（同47）年といえば（今から40数年後）まさに今、学生として学んでいるみなさんが高齢期を迎える65歳ぐらいのときでしょう。みなさんは将来、今よりも、もっと高齢化の進んだ社会の一員として生活していくことになります。

　一方、15歳〜64歳までの、高齢者を支える現役世代といわれる人たちの状況はどのように予想されているのでしょうか。この世代の人たちはますます人口が減り続けていき、驚くことに2065（令和47）年には4,529万人と、2020（同２）年現在の7,405万人の約６割に減少します。同様に、15歳未満の子ども人口も減り続けていきます。2065（同47）年には、2020（同２）年と比較して約６割になってしまいます。あまり知られていないのですが、40数年後の高齢者人口は現在の高齢者人口とほとんど変わらないのです。つまり、

高齢化率の進行の主な要因は、高齢者人口の増加ではなく、少子化に伴う現役世代人口の激減によるものなのです。

2020年　2人

2065年　1.3人

　ところで、現在は2人程度で1人の高齢者を支えていますが、将来は一体何人で1人の高齢者を支えるということになるのでしょうか。答えは、1.3人です。みなさんが高齢者になったそのときに、1人の現役世代の人に肩車をしてもらうと考えるとわかりやすいかもしれません。しかも、この1.3人には、就労していない学生や主婦も含まれます。

　では、高齢者になったら、一体どのくらいの費用がかかるのでしょうか。まずは医療費です。2015（平成27）年現在、65歳以上の高齢者は、平均して年間80万円程度の医療費を使っています。次に必要なのは年金です。仕事を退職した後の主な収入は、年金に頼る人が多いのが実態です。同年現在、老齢年金では国民年金と厚生年金を合せて平均受給額が月額20万円程度です。年間では200万円以上の給付が行われています。さらに、介護が必要な方も増えることになります。こちらは、費用だけでなく人手の問題も深刻です。介護分野の仕事は離職率が高く、人材の定着が難しいとされる状況で、2025（令和7）年までに約55万人の人材確保が必要であると厚生労働省が推計しています。

　このように、将来の社会保障の問題として主にクローズアップされていることは、医療・年金・介護の費用とサービスを担う人材不足です。そのとき、みなさんは支える側ではありません。支えられる側としてこの問題を考える必要があります。高齢化の進行は、みなさん一人ひとりにとっての問題です。さらに、みなさんを支える次の子どもたちの世代、または孫たちの世代にとっても重要な問題です。自分のことだけではなく、これからの世代のためにも社会保障のあり方について、学びを深めていく必要があるのです。

参考文献

・国立社会保障・人口問題研究所『人口問題研究　第71巻第2号』厚生労働統計協会 2015年

💡 実務に役立つQ＆A　こんなときどうする？

Q：病気で会社を長期にわたり休むことになりそうです。仕事は辞めたくありません。給料は出ないので、生活が不安です。

A：被保険者が業務外の病気やけがの療養のため、仕事ができなくなったときは、働けなくなった日から起算して3日を経過した日から、働けない期間について最長で1年半の間「傷病手当金」が支給されます。給付金額は、1日につき標準報酬日額の3分の2とされています。ただし、国民健康保険では実施されていません（新型コロナウイルス感染症関連で、自治体によっては期限付きで実施しているところもあります）。サラリーマンなどが加入する「協会けんぽ」や「組合管掌健康保険」で実施されている制度です。詳しくは第2章で学びます。

Q：正社員として会社で働いています。先日、初めての子どもを妊娠しました。しかし、出産で仕事を休む間、夫の稼ぎだけでは不安です。何か良い方法はありませんか。

A：その場合は、医療保険から出産手当金が支給されます。被保険者（任意継続被保険者を除く）が、出産のために休職し、給料を支給されないとき、または支給されても出産手当金より少額な場合にその差額が支給されます。休職1日につき標準報酬日額の3分の2の額が支給されます。出産日前6週間（42日）および出産後8週間（56日）の範囲内です。双子等の多胎妊娠の場合は出産後98日となります。産後休暇の後、育児休業を取得する場合でも、雇用保険から育児休業給付金が1歳になるまで支給されます（保育園に入園できないなど特別な事情がある場合には2歳まで延長されます）。詳しくは第2章・第3章で学びます。

Q：大学生です。20歳になって国民年金に加入しましたが、保険料が高くて支払うことができません。将来、無年金で暮らしていくことも不安です。保険料免除や減額制度などの方法はありませんか。

A：学校教育法に規定する高等学校の生徒、大学の学生その他の生徒または学生であって、前年の所得が118万円以下の場合は、申請に基づいて保険料の納付を行わなくてもよいとされています。これを、学生納付特例制度といいます。なお特例制度の期間から10年間は、保険料を追納できますが、保険料を追納しない場合は老齢基礎年金の額の計算には反映されません。ただし、年金の受給資格合算期間には算入されます。また、申請は毎年必要となります。所得額にも注意してください。この場合の所得とは、必要経費を差し引いた額を指します。アルバイト収入であれば経費は収入金額×40％－10万円とされ、年収180万円以下の学生が対象となります。詳しくは第5章で学びます。

✏️第1章 ミニットペーパー

年　　月　　日（　）第（　）限　　　　　学籍番号 ＿＿＿＿＿＿＿＿＿

氏　　名 ＿＿＿＿＿＿＿＿＿

本章で学んだこと、そのなかで感じたこと

_____

_____

_____

_____

_____

_____

理解できなかったこと、疑問点

_____

_____

_____

_____

_____

_____

🏈TRY してみよう

① 「50年勧告」によると、日本の社会保障制度は、（　　　　　　）と（　　　　　　）、
（　　　　　　）、（　　　　　　）の4つに大別されている。

② 日本の社会保険制度には、（　　　　　　）、（　　　　　　）、（　　　　　　）、
（　　　　　　　　　　）があったが、（　　　）年に（　　　　　）
が追加され、現在の5つの保険制度の形になった。

③ 日本の高齢化率は、2020（令和2）年で約29%であるが、2065年には（　　　　）
%に達し、（　　　）人に1人が65歳以上となることが予想されている。加えて、
2065年には75歳以上人口が総人口の（　　　　　）%となり、（　　　）人に1人
が75歳以上となる。

第 **2** 章

医療保険制度

―生命を支える制度は
どうなっているの？―

　　　先日、急な腹痛で近くの病院を受診しました。そのときは健康保険証を持っていなかったので、10割負担だと言われました。後日、保険証を病院へ提示すると、3割負担になりました。健康保険証のありがたさを改めて知ったのですが、そもそも医療保険制度とはどのようなものなのでしょうか。

　　　日本では、医療保険が社会保険の一つとして位置づけられています。あらかじめ保険料を支払うことにより、病気やけがが生じたときに、高額な支払いにならないように経済的な負担を最小限にとどめ、医療機関へのアクセスを保障しているのです。健康保険証は、一定の負担割合で医療を受けられる、いわばパスポートのようなものです。

キーワード

□保険事故　　□大数の法則　　□収支相等の原則　　□国民皆保険　　□フリーアクセス

1　医療保険制度の仕組み

　日本は、国民皆保険制度であり、健康保険証を持っていれば全国どこの医療機関でも一定の自己負担で受診することが可能です。

①医療保険の仕組み

　社会保険は、現在5種類ありますがすべて挙げられますか。年金保険、医療保険、介護保険、雇用保険、労働者災害補償保険の5つです。これら5つは、国が「保険事故（偶然の事故）」を想定して、社会におけるリスクに対する経済的準備のために国民に課しているものなのです。つまり「保険」とは、「保険事故」によって生じる損害を補償するために、「保険給付」を決めて、これに対し被保険者である国民が「保険料」を支払います。そして、被保険者（患者）に保険事故が起きると、保険者（医療保険を運営する機関）から保険給付が支給されるという制度なのです。

　保険の基本的な原理は、大数の法則と収支相等の原則です。大数の法則とは、保険料を算出する際の考え方で、ある試行を何回も行えば確率は一定値

に近づくという法則です。よく例えに出されるのがサイコロです。サイコロを1回振っても1〜6のどの目が出るかはわかりませんが、何千回、何万回と振っていくと、1〜6のどの目が出る確率もほぼ6分の1になります。つまり、少数だと不確定なことも多数（大数）で見ると、一定の法則があるということです。医療保険の考え方は、この大数の法則に基づいて成り立っています。

　一方、収支相等の原則とは、被保険者全体が支払う保険料の総額と、保険者が受取人全体に支払う保険金の総額が等しくなるように計算するという原則のことです。多くの人がリスクを共有し、集団をつくることで、リスクが起きる確率を予想できるようになるのです。

　医療における保険事故（病気）を例に考えてみましょう。Aさんが一生涯で胃がんにかかる確率はわかりませんが、何百万、何千万人の人が集まり保険集団をつくれば、胃がんにかかる確率は推測できるようになります。仮に人が一生涯で胃がんにかかる確率が100分の1であると推測できたとしましょう。そして、胃がんの治療費が100万円だとします。個人で胃がんの治療費を捻出するとなると100万円が必要ですが、医療保険を活用すれば100万円×1分の100（一生涯で胃がんにかかる確率）＝1万円（保険料）という計算になります。つまり、胃がんにかかる可能性のある人が1万円ずつ保険料として払えば、胃がんの治療費への対応ができるわけです。病気やけがはいつ発症するかわかりません。「備えあれば憂いなし」といいますが、個人で対応する100万円とみんなでリスクを分散する1万円、どちらが安くて安心かは一目瞭然です。こういった事態に備えて、日本は医療保険を強制保険である社会保険の一つに加えているのです。

②日本の医療保険の特徴

　日本では患者が受診したい医療機関を選べます。近くの診療所[*1]でも大学病院でも、個人の自由で受診先を選べるフリーアクセスであるのが特徴です。「近くの診療所で診てもらったけれど、レントゲンも撮ってもらえず医師の対応に不満を持ったので、翌日大きな病院に受診する」ということもできるわけです。日本人はこのフリーアクセス制度を普通だと思っていますが、海外ではそういうことはできません。しかし、このフリーアクセスは、患者が容易に好きな医療機関で医療サービスを受けることができるメリットがある一方、患者の受診行動が自由なため、医療費の増大を引き起こす要因の一つにもなっています。

　もう一つ、日本の医療保険の最大の特徴として、1961（昭和36）年に確立

*1　診療所
「病院」と「診療所」の違いは医療法で決まっています。「病院」とは、医師または歯科医師が、公衆または特定多数人のため医業または歯科医業を行う場所であり、20人以上の患者を入院させるための施設を有するものをいいます。一方「診療所」とは、患者を入院させるための施設を有しないものまたは19人以下の患者を入院させるための施設を有するものをいいます。

35

した国民皆保険制度が挙げられます。国民皆保険制度は相互扶助の精神を基調にし、貧富の差がなく安心して医療を受けられるための制度なので、国民はみな、医療保険に入る権利と義務を持っており、健康だから医療保険には加入しないということは認められないのです。

2　保険診療の仕組み

保険診療は、被保険者、保険者、保険医療機関等、審査支払機関の４者で構成されています。

①保険診療と自由診療（自費）

　私たちが通常、健康保険証を使って医療機関で診療を受けることを保険診療といいます。一方、保険が適用されないものを自由診療といいます。例えば、美容整形などは病気の治療ではないので保険が適用されません。歯科の詰め物も、保険適用される材質よりも良い材質の物を使う場合などは自費になります。そして、日本では保険診療と自由診療の混合診療は禁止されています。保険診療と一部保険が適用されない治療をする場合は、一連の診療行為すべてを自由診療、つまり全額患者の自己負担にしなければならないというルールがあります。これは混合診療が、貧富の差がなく国民が平等な医療を受ける機会を保障した国民皆保険制度の主旨に反するからというのがその理由です。ただし、一部混合診療が許可されているもの（保険外併用療養費）もあるので、それは第３節第２項で説明します。

②保険診療の仕組み

　保険診療は、図２－１のような仕組みになっており、以下では図の①～⑦に沿って説明していきます。医療保険は、第１項の「医療保険制度の仕組み」で説明した通り、保険事故を想定してリスクをプールし、保険集団を構成しています。そのため、①まず被保険者（患者）は、毎月一定の保険料を掛け金として保険者に支払っています。そして体調が悪くなったときに、②患者は保険医療機関へ行き、保険証を持参して診療サービス（療養の給付）を受けます。その際、③患者は一部負担金を保険医療機関の窓口で支払います。その後、④保険医療機関は、患者が支払った一部負担金を差し引いた額を審査支払機関に請求します。⑤審査支払機関は、診療報酬請求明細書（通称：レセプト）の内容が診療報酬点数表等に合致し、診療内容が妥当か審査をしたうえで、審査済みの請求書を保険者へ送付します。その後、⑥保険者は審査支払機関に請求金額を払い、⑦審査支払機関は保険医療機関に診療報酬の

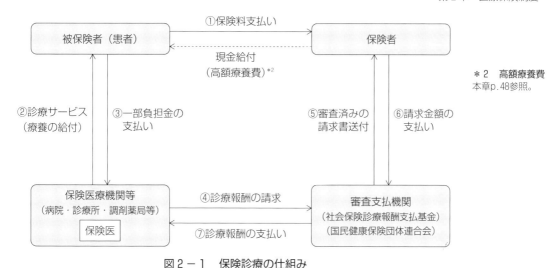

図2-1　保険診療の仕組み

出典：厚生労働省編『令和2年版　厚生労働白書』日経印刷　2020年　資料編p.30を一部改変

支払いをします。保険医療機関等と保険者とが直接やり取りすることはなく、必ず審査支払機関が審査や支払い業務の仲介をしているところが特徴的です。

第2節　医療保険の種類

事例

　私は自営業をしているため国民健康保険に加入し、妻は会社員で別の健康保険に加入しています。来年4月から社会人になる息子は地方公務員になることが決まっています。公的な医療保険にもさまざまな種類があるようですが、どのような種類があるのでしょうか。

　日本の医療保険制度は、職業、地域、年齢により区分された複数の制度で成り立っており、これらすべてで国民皆保険制度を実現させています。

キーワード

□職域保険（被用者保険）　　　□地域保険（国民健康保険）

□全国健康保険協会（協会けんぽ）　　　□健康保険組合　　　□船員保険　　　□各種共済組合

医療保険制度は、職域保険（被用者保険）、地域保険、後期高齢者医療制度の３つに大別されます。

①医療保険制度の概要

　医療保険は、サラリーマン等が加入する職域保険（被用者保険）と、自営業者・定年を迎えるなどして会社を退職した者などが加入する地域保険（国民健康保険）、75歳以上の方が加入する後期高齢者医療制度に大別され、すべての国民は必ずどこかの医療保険に加入しています。例外として、生活保護受給者は国民健康保険と後期高齢者医療制度には未加入となり、医療扶助*3により医療を受けることができます（職域保険の該当者は、加入して医療扶助と併用する）。

　職域保険は職業ごとにいくつかの種類があり、企業のサラリーマンが加入する協会けんぽと組合管掌健康保険（健保組合）、船員が加入する船員保険、公務員等が加入する各種共済組合などに分かれています（表２−１）。

＊3　医療扶助
第7章p.147参照。

表２−１　医療保険制度の体系

年齢	年齢保険分類	制度および被保険者			保険者
75歳未満	職域保険（被用者保険）	健康保険	一般被用者	協会けんぽ	全国健康保険協会
				組合管掌健康保険	健康保険組合
			健康保険法第3条第2項被保険者（日雇特例）		全国健康保険協会
		船員保険			全国健康保険協会
		各種共済	国家公務員		20共済組合
			地方公務員		64共済組合
			私学教職員		1事業団
	地域保険	国民健康保険	農業者自営業者等		市町村
					国保組合
			被用者保険の退職者		市町村
75歳以上	75歳以上（後期高齢者）	後期高齢者医療制度			後期高齢者医療広域連合

出典：図２−１に同じ　資料編p.27をもとに作成

②医療保険の種類

〈協会けんぽ〉

協会けんぽとは、全国健康保険協会を保険者とする全国健康保険協会管掌健康保険のことで、本部と47都道府県で構成されています。根拠法は健康保険法です。従来、中小企業等で働く従業員やその家族は、国（旧社会保険庁）が運営する政府管掌健康保険に加入していましたが、2008（平成20）年10月に全国健康保険協会が設立され、運営も協会が担うことになりました。強制適用される事業所は下記の２つです*4。

①常時５人以上の従業員を使用する事業所（一部を除く）
②人数にかかわらず、常時従業員を使用する国、地方公共団体または法人の事業所

上記の強制適用事業所以外であっても、一定の要件を満たせば任意適用事業所として協会けんぽに加入することができ、適用事業所になると、保険給付や保険料などは、強制適用事業所と同じ扱いになります。

〈組合管掌健康保険（健保組合）〉

組合管掌健康保険とは、一定数以上の社員がいる大企業が単独で、あるいは同業種の企業が共同で組合（保険者）を設立し運営しています*4。根拠法は健康保険法です。自主的な事業運営ができるため、付加給付*5等の手厚い支援、サービスを行えるというメリットがあります。しかし、景気が悪くなると母体企業が従業員をリストラし、被保険者数は減少します。保険者規模が小さくなると安定した運営が難しくなり、赤字を抱えてしまうというリスクがあります。

〈共済組合〉

共済組合は、国、地方自治体、公立学校、警察、私立学校などの職域ごとに設立されています。根拠法は、国家公務員共済組合は国家公務員共済組合法、地方職員共済組合、公立学校共済組合、警察共済組合などは地方公務員等共済組合法、私立学校振興・共済事業団は、私立学校教職員共済法です。国家公務員の共済組合は、原則各省庁に１つの組合があり、現在20組合あります。地方公務員の共済組合は64組合、私立学校教職員は１事業団です。各共済の医療保険は、病気やけが等に対しては短期給付、組合員や家族の生活の保障を目的とした事業は長期給付として、障害給付や遺族給付などを設けています。

*4　被用者保険の適用範囲の拡大
パートやアルバイトなど短時間で働く人でも以下の①～⑤の要件すべてを満たす場合には、保険適用の対象となります。①１週間あたりの決まった労働時間が20時間以上であること。②１か月あたりの決まった賃金が8.8万円以上であること。③雇用期間の見込みが１年以上あること。④学生でないこと。⑤以下のいずれかに該当すること。ａ．従業員数が501人以上の会社（特定適用事業所）で働いている。ｂ．従業員数が500人以下の会社で働いていて、社会保険加入について労使で合意されている。なお、2020（令和２）年の「年金制度の機能強化のための国民年金法等の一部を改正する法律」（年金制度改正法）により、従業員数の要件が2022（同４）年には「101人以上」、2024（同６）年には「51人以上」に引き下げられる予定になっています。

*5　付加給付
本章ｐ.41参照。

〈船員保険〉

　船員保険は、海上で働く船員として船舶所有者に雇われている方を対象に、生活の安定と福祉の向上に寄与することを目的としています。保険者は全国健康保険協会であり、根拠法は船員保険法です。職域保険（被用者保険）の一つですが、独特の勤務体系のため独立した保険制度になっています。

〈国民健康保険〉

　国民健康保険（国保）には、都道府県が財政運営の責任主体となり、市町村が事務運営するものと、医師、弁護士などの同業者が集まって国民健康保険組合（国保組合）を運営しているものがあります。根拠法はいずれも国民健康保険法です。

　国民健康保険は、自営業者や農業従事者に加え、定年などによって会社を退職した方や非正規労働者なども加入しています。市町村区域内に住む方で被用者保険に加入していない方は、国保に強制加入となります。ただし生活保護世帯は加入できません。なお、2008（平成20）年４月に75歳以上の高齢者が後期高齢者医療制度に移ったため加入者数が大幅に減少しました。年齢が高く医療費水準が高い、収入が少ない、もしくは無業の方も対象としているため、景気の影響を大きく受ける形で低所得者の占める割合が増え、運営には苦慮していました。そのため2018（平成30）年度から制度を安定させるために、都道府県が財政運営の責任主体となり、国保運営の中心的な役割を担うことになりました。給付に必要な費用は都道府県が市町村に全額を交付、都道府県が市町村ごとの標準保険料率を提示、都道府県が国保の運営方針を定め、市町村の事務の効率化・広域化を推進するなど、国保運営のあり方の見直しが図られています。市町村は、地域住民と近しい関係のなか、資格管理、保険給付、保険料率の決定、賦課・徴収などきめ細かい事務を引き続き担っています。

　国民健康保険組合は、医師や弁護士、美容師や土木建築などに従事する者等が同業者間で設立していますが、厚生労働省は現在新規設立を認めていません。

医療保険の給付

事例

　先日、足をけがしたので医療機関へ行き、診察やレントゲン検査を受け、その後薬局で薬をもらいました。医療機関でも調剤薬局でも保険証を提示したのですが、私がどのような給付内容を受けていたのか教えてください。

　健康保険は、主に業務外の病気、けが、出産、死亡に関する給付を行います。医療機関で診察を受けたり、調剤薬局で処方薬を受け取ったりしたときに患者側が支払う一部負担額を除いた金額で、保険者から医療機関に支払われるものを「療養の給付」と呼びます。

キーワード

□法定給付　　□付加給付　　□任意給付　　□医療給付（現物給付）　　□現金給付
□療養の給付　　□療養費　　□医療給付以外の現金給付（傷病手当金、出産育児一時金等）
□入院時食事療養費　　□入院時生活療養費　　□保険外併用療養費　　□訪問看護療養費
□高額療養費　　□高額介護合算療養費

1　法定給付と付加給付（任意給付）

　医療保険の給付には、健康保険法・国民健康保険法で必ず支給しなければならないと定められている法定給付と、法定給付への上乗せ給付である付加給付（任意給付）があります。

①法定給付と付加給付（任意給付）

　法定給付とは、健康保険法・国民健康保険法によってその種類と要件が定められているもので、付加給付とは、健康保険組合などがそれぞれ独自の規約に基づき、法定給付に加えて任意に上乗せで行う給付のことです（国民健康保険では「任意給付」といいます）。付加給付・任意給付は、健康保険組合、共済組合、国民健康保険組合等の保険者が実施していますが、市町村国保は、任意給付をほとんど行っていません。

②医療給付（現物給付）

　法定給付には医療給付（現物給付）と現金給付の2つがあります。医療給付には、「療養の給付」と「療養費」があり、最もみなさんに身近なのは「療養の給付」でしょう。

現物給付

〈療養の給付〉

　「療養の給付」とは、患者である被保険者が医療機関に受診したときに、患者の自己負担金を除いた費用を、保険者が医療機関へ支払うという給付です。例えば、診療にかかった医療費の全額が1,000円で、そのうち3割が患者負担の場合、患者は自己負担額300円を病院窓口で支払います。そして残りの700円を「療養の給付」として保険者が医療機関へ支払うことになります。この「療養の給付」が受けられるのは、厚生労働大臣が指定した保険医療機関に限定されています。

　みなさんは、新聞やニュースなどで「○○病院は保険医療機関としての指定を取り消された」と聞いたことがありませんか。前述しましたが、日本は国民皆保険制度を敷いています。つまり、国が社会保険として国民の医療を受ける権利を保障する代わりに、国民全員に保険料を納めるよう義務化しているわけです。国民健康保険で"国民健康保険税"などといわれたりするのがその所以(ゆえん)です。ということは、国が医療機関の質の保証をし、「保険医療機関」と指定した機関だけが、"医療保険を使った"医療サービスを提供できるということなのです。そのため、保険医療機関としての指定が取り消されると、その医療機関では医療保険が使えなくなります。つまり、先ほどの例でいうと、診療にかかった医療費1,000円全額を患者が支払わなければならなくなるのです。医療保険が使える医療機関ならば300円でよいのに、医療保険が使えない医療機関では同じ医療サービスでも1,000円支払わなければならないのであれば、そのような医療機関には行きませんよね。ですから、この保険医療機関として指定されていることは重要ですし、みなさんが普段受診しているときに保険証を会計窓口で見せて、「療養の給付」を受けられているということは、紛れもなくその病院は保険医療機関として指定されているということになります。なお、表2－2の療養の給付と同じ欄に、「家族療養費」と示してありますが、これは被用者保険の被扶養者が受診した際に給付されるもので、実際には現物給付として運用されています。

表2－2　医療保険の保険給付

制度名		法定給付			付加給付
		医療給付		現金給付	
		療養の給付・家族療養費	療養費等	休業補償・慶弔一時金	
被用者保険		原則7割給付。ただし年齢により異なる	入院時食事療養費 入院時生活療養費 保険外併用療養費 療養費 移送費 高額療養費 訪問看護療養費 高額介護合算療養費	傷病手当金 出産手当金 出産育児一時金 埋葬料	健保組合、共済組合の一部で実施

制度名		法定給付			任意給付
		医療給付		現金給付	
		療養の給付	療養費等	休業補償・慶弔一時金	
国民健康保険	市町村^{注2}	原則7割給付。ただし年齢により異なる	入院時食事療養費 入院時生活療養費 保険外併用療養費 療養費 移送費 高額療養費 訪問看護療養費 高額介護合算療養費	出産育児一時金 埋葬料	傷病手当金（新型コロナウイルス感染症関連について、一部の自治体で実施）、出産手当金
	国保組合	同上	同上	同上	傷病手当金、出産手当金（ほとんどの組合で実施）

注1：被用者保険における「移送費」「訪問看護療養費」「出産育児一時金」「埋葬料」の被扶養者への給付については、健康保
　　　険法で「家族移送費」「家族訪問看護療養費」「家族出産一時金」「家族埋葬料」の名称で規定されている。
　　2：財政運営は都道府県が主体。

〈療養費〉

　次に「療養費」についてです。これは、保険証が未交付の場合や近隣に保
険医療機関が存在しない等のやむを得ない事情で、保険医療機関では保険診
療を受けることができず自費で受診した場合など、特別な場合に支給される
救済措置的な給付です。後日保険者に支給申請すると現金が償還払いされま
す。そのほか、入院時食事療養費、入院時生活療養費などのように「療養費」
と命名されてはいても、実際には現物給付として運用されている給付があり
ます。それらについては次項で説明します。

③現金給付

現金給付とは、傷病手当金、出産手当金、出産育児一時金、埋葬料の保険給付を現金で給付することを指します。つまり、休業補償と慶弔一時金的な給付です。

休業補償は、傷病手当金と出産手当金の2つです。

現金給付

〈傷病手当金〉

傷病手当金は、休業中に被保険者とその家族の生活を保障するために設けられた制度で、被保険者が業務外の病気やけがのために会社を休み、事業主から十分な報酬が受けられない場合に支給されます。支給される1日あたりの金額は、

$$\left[\begin{array}{l}\text{支給開始日以前の継続した12か月間の}\\\text{各月の標準報酬月額}^{*6}\text{を平均した額}\end{array}\right]\div30\times\frac{2}{3}\text{です。}$$

＊6 標準報酬月額
第5章p.99参照。

支給開始日以前の期間が12か月に満たない場合などは別途計算式があります。

傷病手当金が支給される期間は、支給開始した日から最長1年6か月です（図2−2）。これは、1年6か月分支給されるということではなく、1年6か月の間に仕事に復帰した場合は、その時点で支給されなくなります。その後再び同じ病気やけがにより仕事に就けなくなった場合であっても、復帰期間は1年6か月に算入されます。支給開始後1年6か月を超えた場合は、仕事に就くことができない場合であっても、傷病手当金は支給されません。

なお、国民健康保険では任意給付となっており、市町村国保の場合は給付実績がありません。

傷病手当金をもらうための条件は4つあり、これら4つをすべて満たしている必要があります。

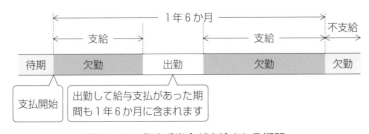

図2−2　傷病手当金が支給される期間

出典：全国健康保険協会ホームページ：病気やケガで会社を休んだとき
http://www.kyoukaikennpo.or.jp/（2020［令和2］年9月10日閲覧）

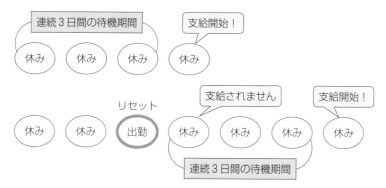

図２-３　傷病手当金の支給要件：待機期間の考え方

①病気やけがの療養中であること

病気やけがの療養のためであれば、健康保険でなく自費で診療を受けていても対象になりますが、業務上・通勤災害によるもの（労働者災害補償保険*7の給付対象）や病気とみなされないもの（美容整形など）は支給対象外です。

＊7　労働者災害補償保険
第４章参照。

②仕事に就くことができないこと

仕事に就くことができない状態の判定は、担当医師の意見等をもとに、被保険者の仕事の内容を考慮して判断されます。

③連続する３日間を含み４日以上仕事に就けなかったこと

図２-３のように、病気やけがの療養のため、仕事を休んだ日から連続して３日間の待機期間が必要で、４日目から傷病手当金の支給が受けられます。待機期間には、有給休暇、土日・祝日等も含まれるため、給与の支払いがあったかどうかは関係ありません。

④給与の支払いがないこと

給与が支払われている間は、傷病手当金は支給されません。ただし、給与の支払いがあっても、傷病手当金の額よりも少ない場合は、その差額が支給されます。

〈出産手当金〉

被保険者が出産のために会社を休み、報酬が得られない場合に支給されます。出産手当金の額は傷病手当金と同じく、１日あたり、

$$\left[\begin{array}{l}支給開始日以前の継続した12か月間の\\各月の標準報酬月額*5を平均した額\end{array}\right] \div 30 \times \frac{2}{3}です。$$

出産手当金が支給される期間は、出産日（出産予定日より遅れた場合は出産予定日）以前42日（多胎妊娠は98日）から出産後56日までの期間です。

出産手当金の支給条件は３つあり、以下の条件をすべて満たしている必要があります。

①被保険者が出産した（する）こと

　被扶養者は支給対象外です。

②妊娠４か月（85日）以上の出産であること

　早産、死産、人工妊娠中絶も含まれます。

③給与の支払いがないこと

　給与の支払いがあっても、出産手当金の額よりも少ない場合は支給されます。

なお、国民健康保険では任意給付となっており、市町村国保の場合は給付実績がありません。

〈出産育児一時金・埋葬料〉

慶弔（けいちょう）一時金的給付は、出産と死亡が対象で、出産育児一時金あるいは家族出産育児一時金、被保険者または被扶養者が死亡した場合の埋葬料および家族埋葬料があります。出産育児一時金は、被保険者、被扶養者が出産したときに１児につき42万円が支給されます。ただし、産科医療補償制度に加入していない医療機関で出産した場合は、40.4万円となります。国民健康保険では、一人ひとりが「本人」という扱いのため、家族出産育児一時金はありません。埋葬料（家族埋葬料）は、一律５万円となっています。

2　年齢別給付率と医療給付の内容

「療養の給付」と「自己負担割合」は、年齢によって異なります。

①年齢別給付率

療養の給付（家族療養費）は、被保険者本人、被扶養者への給付率が年齢

表２−３　年齢別給付率

年齢	療養の給付率	一部負担
０〜就学直前	８割	２割
就学後〜70歳未満	７割	３割
70〜75歳未満注	８割	２割
75歳以上注	９割	１割

注：現役並み所得者は、療養の給付が７割、一部負担が３割になる。
出典：厚生労働省ホームページ：「我が国の医療保険について」をもとに作成
　　　http://www.mhlw.go.jp（2020［令和２］年９月10日閲覧）

と所得により異なります（表2-3）。

②医療給付の内容

　第3節第1項で、医療給付には「療養の給付」と「療養費」があることを説明してきました。ここでは「療養の給付」以外の給付内容にふれたいと思います。なお、「高額療養費」と「高額介護合算療養費」は第3項で詳しく説明します。

〈入院時食事療養費〉

　保険医療機関に入院した場合に、食事療養にかかった費用について「入院時食事療養費」が支給されます。患者（被保険者、被扶養者）は標準負担額*8を支払い、残りが医療機関に支給されます。

〈入院時生活療養費〉

　医療療養病床*9に入院する65歳以上の者の生活療養にかかる費用（食費、居住費）について「入院時生活療養費」が支給されます。患者（被保険者、被扶養者）は、食費と居住費の標準負担額*10を支払い、残りが医療機関に支給されます。

〈保険外併用療養費〉

　第1節で説明したように、日本は混合診療を認めていないため、保険診療と自由診療（保険外診療）が混在した診療の場合は、医療費の全額が自己負担になります。しかし、厚生労働省が定める一部の療養（「評価療養」「患者申出療養」「選定療養」の3つ）については、保険診療との併用が認められており、通常の診察料や入院料、検査料などは保険適用を受けることが可能です。これを「保険外併用療養費」といいます。
　・評価療養：先進医療、医薬品・医療機器・再生医療等製品の治験に係る
　　　　　　　診療など
　・患者申出療養：国内で承認されていない医薬品等を迅速に保険外併用療養として使用したいという患者の思いに応えるため、患者からの申し出を起点とする仕組み
　・選定療養：特別の療養環境（差額ベッド）、歯科の金合金、金属床総義歯、予約診療、時間外診療、大病院で紹介なしに初診および再診を受ける場合、180日以上の入院（入院療養の必要性が高い場合を除く）など

＊8
一般患者は1食460円、低所得者は1食100円・160円・210円の範囲で標準負担額が定められています（2020［令和2］年現在）。

＊9　医療療養病床
療養病床とは、主として長期にわたり療養を必要とする患者のための病床で、①医療保険適用型の療養病床、②介護療養病床の2種類があります。①医療療養病床は、病状が安定している長期療養患者のうち、密度の高い医学的管理や積極的なリハビリテーションを必要とする者が入院する病床です。一方、②介護療養病床は病状が安定期にあり、療養上の管理・看護・介護・機能訓練が必要な要介護者が入院する病床です。この介護療養病床は2017（平成29）年度末で廃止されることになっていましたが、経過措置期間が6年間延長されることになりました。この6年の経過措置期間で順次介護医療院（第6章p.119参照）等に転換されることとなります。

＊10
一般患者は1食につき420円あるいは460円の食費と、1日につき370円の居住費の負担が、低所得者は1食につき130円あるいは210円の食費と、1日につき370円の居住費の負担が定められています（2020［令和2］年現在）。

〈訪問看護療養費〉

　在宅で療養している方が、訪問看護ステーションの訪問看護師から療養上の世話や必要な診療の補助を受けた場合に「訪問看護療養費」として支給されます。

3　高額療養費制度

　高額療養費制度とは、長期入院や通院で治療が長引く場合、家計の負担を軽減するために自己負担限度額を超えた部分が払い戻される制度です。

---

①高額療養費

　高額療養費制度とは、重い病気などで長期入院したり、治療が長引き医療費の自己負担額が高額となった場合を想定し、家計の負担が軽減されるよう一定の金額（自己負担限度額）を超えた部分が払い戻される制度です。後述する後期高齢者医療制度を含むすべての医療保険制度が対象ですが、高額療養費の対象となるのはあくまでも保険診療の部分であり、保険外併用療養費の差額ベッドや入院時食事療養費、入院時生活療養費の自己負担額は対象外です。なお、この高額療養費制度は、受診した月の翌日１日から起算して２年の時効があります。

　被保険者、被扶養者ともに同一月内の医療費の自己負担限度額は年齢、所

表2−4　高額療養費（70歳未満）

適用区分		ひと月あたりの自己負担限度額
ア	年収約1,160万円〜 健保：標準報酬月額83万円以上 国保：旧ただし書き所得901万円超	252,600円＋（医療費−842,000円）×１％
イ	年収約770〜約1,160万円 健保：標準報酬月額53万円〜79万円 国保：旧ただし書き所得600万円〜901万円	167,400円＋（医療費−558,000円）×１％
ウ	年収約370〜約770万円 健保：標準報酬月額28万円〜50万円 国保：旧ただし書き所得210万円〜600万円	80,100円＋（医療費−267,000円）×１％
エ	〜年収約370万円 健保：標準報酬月額26万円以下 国保：旧ただし書き所得210万円以下	57,600円
オ	住民税非課税の方	35,400円

注：同一の医療機関等における自己負担（院外処方代を含みます。）では上限額を超えないときでも、同じ月の複数の医療機関等における自己負担（70歳未満の場合は２万１千円以上であることが必要です。）を合算することができます。この合算額が負担の上限額を超えれば、高額療養費の支給対象となります。

出典：厚生労働省ホームページ：高額療養費制度を利用される皆さまへ（平成30年8月診療分から）PDF資料
　　　http：//www.mhlw.go.jp（2020［令和２］年９月10日閲覧）

得に応じて以下の基準で算出されます（表2-4、2-5）。

　高額療養費の自己負担額については、表2-4の通り、2015（平成27）年1月から70歳未満は5段階に見直されました。70歳以上75歳未満も2017（同29）年8月から段階的に引き上げられ、表2-5のようになっています。

　70歳未満の方の場合は、1か月の自己負担額が限度額に達しない場合でも、同一月に同一世帯で2万1,000円以上超えるものが2件以上生じたときは、これらを合算して自己負担限度額を超えた金額が支給されます。これを「世帯合算」といいます。

　また、同一人が同一月に2つ以上の医療機関で受診し、自己負担額がそれぞれ2万1,000円以上になった場合も同様に合算することができます。

　そして、同一世帯で1年間（直近12か月）に3回以上高額療養費の支給を受けている場合、4回目からは自己負担限度額が引き下げられます。これを「多数回該当」といいます（図2-4）。

　さらに、長期高額疾病患者（人工透析を伴う慢性腎不全、血友病、抗ウイルス剤を投与している後天性免疫不全症候群）の場合は、自己負担限度額が月額1万円（慢性腎不全で70歳未満の高所得者は2万円）とされています。

表2-5　高額療養費（70歳以上75歳未満）

適用区分		外来(個人ごと)	ひと月の上限額(世帯ごと)
現役並み	年収約1,160万円〜 標準報酬月額83万円以上／課税所得690万円以上	252,600円＋（医療費−842,000円）×1%	
	年収約770〜約1,160万円 標準報酬月額53万円以上／課税所得380万円以上	167,400円＋（医療費−558,000円）×1%	
	年収約370万円〜約770万円 標準報酬月額28万円以上／課税所得145万円以上	80,100円＋（医療費−267,000円）×1%	
一般	年収156万円〜約370万円 標準報酬月額26万円以下 課税所得145万円未満等	18,000円〔年14万4,000円〕	57,600円
非課税等 住民税	Ⅱ　住民税非課税世帯	8,000円	24,600円
	Ⅰ　住民税非課税世帯 （年金収入80万円以下など）		15,000円

注：1つの医療機関等での自己負担（院外処方代を含みます。）では上限額を超えないときでも、同じ月の別の医療機関等での自己負担を合算することができます。この合算額が負担の上限額を超えれば、高額療養費の支給対象となります。
出典：表2-4に同じ

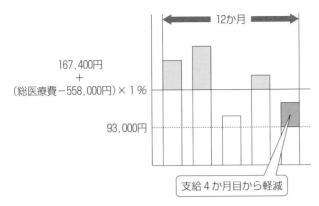

図2－4 多数回該当の場合の高額療養費（例：70歳未満で
年収約770万～1,160万円の場合）

出典：全国健康保険協会ホームページ：高額な医療費を支払ったとき
http：//www.kyoukaikennpo.or.jp/（2020［令和2］年9月10日
閲覧）

②限度額適用認定証

高額療養費制度では、いったん医療機関の窓口で自己負担額を全額支払い、その後医療保険者に申請をすると、自己負担限度額を超えた金額が払い戻されます（自動還付の健保組合もあります）。しかし、後から払い戻されるとはいえ、支給決定されるまで2か月近くかかる場合もあり、一時的な支払いは生活の大きな負担になります。そこで、金銭的な負担を少なくすることを目的とした「限度額適用認定証」という認定証があります。この「限度額適用認定証」を保険証と併せて医療機関の窓口に提示すると、支払いの際に立替払いすることなく、医療費の支払いが自己負担限度額までとなります。

対象は、70歳未満の方については全員、70歳以上の方については、住民税非課税の方に加え、2018（平成30）年8月から新たに現役並みⅠ・Ⅱ（年収約370万円～約1,160万円）の方が対象となりました。なお、70歳未満と70歳以上の住民税非課税の方は各医療保険者に、70歳以上で現役並みⅠ・Ⅱの方は市区町村窓口で交付申請を行うことで認定証が発行されます。

③高額医療・高額介護合算療養費

世帯内の同一の医療保険加入者の方について、毎年8月から1年間にかかった医療保険と介護保険[11]の自己負担額の合計が基準額を超えた場合、超えた額が払い戻される制度です。

＊11 介護保険
第6章参照。

第4節　後期高齢者医療制度の概要

　　超高齢社会を迎え、医療費がますます増加することが予測されたため、75歳以上の後期高齢者医療制度ができたと聞きました。どのような制度なのでしょうか。

　　老人保健法に基づく老人保健制度が改正され、2008（平成20）年に「高齢者の医療の確保に関する法律」に基づく後期高齢者医療制度が始まりました。現役世代の加入する医療保険制度が収支相等の原則に基づいて、被保険者全体が支払う保険料の総額と、保険者が受取人全体に支払う保険金の総額が等しくなるように計算する保険の原理によって運営されているのとは異なり、後期高齢者医療制度は「保険」という文字が入らないことからも本来の意味での保険ではないことを表しています。

キーワード

□老人保健法　　□高齢者の医療の確保に関する法律　　□後期高齢者医療広域連合

1　後期高齢者医療制度の仕組み

　　老人保健法では各市町村が運営していましたが、後期高齢者医療制度では財政の安定化を図るため、その運営が後期高齢者医療広域連合に移行されました。75歳になって後期高齢者医療制度へ加入すると、健康保険、国民健康保険等の被保険者、被扶養者ではなくなります。

　　老人保健制度の給付は、公費負担3割、各医療保険からの拠出金（現役世代の負担）7割でまかなわれていたため、高齢化に伴う医療費の増加は健康保険の財政を急速に圧迫していきました。そのため、高齢者と現役世代の負担の明確化を図る目的で老人保健制度を廃止し、2008（平成20）年に「高齢者の医療の確保に関する法律」が成立、施行されたのです。

　　しかし、国民皆保険とはいうものの、後期高齢者医療制度には「保険」という文字が入らないことからもわかるように、保険本来の「あらかじめ必要な保険料を納める義務」と「保険給付を得る権利」が表裏一体のものであるという原理で運営されてはいないのです。財源は、公費が5割（国：都道府県：市町村＝4：1：1）、現役世代の後期高齢者支援金が4割、残り1割

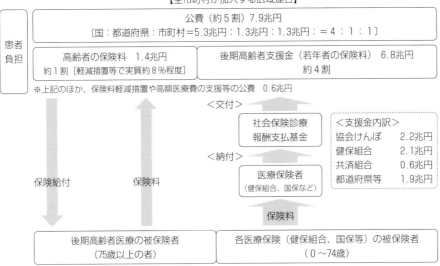

【全市町村が加入する広域連合】

| 公費（約5割）7.9兆円 |
| 〔国：都道府県：市町村＝5.3兆円：1.3兆円：1.3兆円：＝4：1：1〕 |

| 高齢者の保険料　1.4兆円 約1割〔軽減措置等で実質約8％程度〕 | 後期高齢者支援金（若年者の保険料）　6.8兆円 約4割 |

患者負担

※上記のほか、保険料軽減措置や高額医療費の支援等の公費　0.6兆円

＜交付＞

社会保険診療報酬支払基金

＜支援金内訳＞
協会けんぽ　　2.2兆円
健保組合　　　2.1兆円
共済組合　　　0.6兆円
都道府県等　　1.9兆円

＜納付＞

医療保険者
（健保組合、国保など）

保険給付　　　保険料

保険料

後期高齢者医療の被保険者
（75歳以上の者）

各医療保険（健保組合、国保等）の被保険者
（0〜74歳）

図2-5　後期高齢者医療制度（令和2年度予算ベース）

出典：表2-3に同じを一部改変
　　　http://www.mhlw.go.jp（2020［令和2］午9月10日閲覧）

を高齢者の保険料で負担しています。

　運営主体は、都道府県ごとにすべての市町村が加入する「後期高齢者医療広域連合」です。老人保健法では各市町村が運営していましたが、財政の安定化、均衡を保つために広域連合に移行しました。保険料は従来通り各市町村が徴収しています。

　後期高齢者医療制度の被保険者は、①区域内に住所を有する75歳以上の方、②区域内に住所を有する65歳以上75歳未満で一定の障害があり広域連合の認定を受けた方です。

参考文献

・厚生労働統計協会編『国民衛生の動向　2020／2021』厚生労働統計協会　2020年
・厚生労働統計協会編『国民の福祉と介護の動向　2020／2021』厚生労働統計協会　2020年
・小山秀夫・笹岡眞弓・堀越由紀子編『MINERVA社会福祉士養成テキストブック　15　保健医療サービス　第3版』ミネルヴァ書房　2016年
・社会福祉士養成講座編集委員会編『新・社会福祉士養成講座17　保健医療サービス　第5版』中央法規出版　2017年

💡 実務に役立つQ＆A　こんなときどうする？

Q：業務上のけがで仕事を長期に休むことになりました。傷病手当金は支給されますか。

A：業務上・通勤災害によるものは労働者災害補償保険の給付対象になるので支給対象外です。詳しくは第 4 章で学びます。業務外の事由による病気やけがの場合は、療養のため仕事を休んだ日から連続して 3 日（待機期間）経過後、4 日目以降に支給されます。これは自宅療養であっても支給されます。

Q：長期にわたって高額な医療費が必要となる血友病や透析を実施している慢性腎不全の場合に、何か助成制度がありますか。

A：事前に「特定疾病療養受療証交付申請書」を申請し、保険者から交付された「特定疾病療養受療証」と保険証を併せて保険医療機関等の窓口へ提示することで、窓口での負担は 1 か月 1 万円までとなります（70歳未満の透析患者で標準報酬月額が53万円以上の場合は、1 か月 2 万円）。

Q：医療費の自己負担と介護保険サービスの自己負担額が、積もり積もって高額になっているのですが、助成はありますか。

A：世帯内で同じ医療保険に加入している方は、毎年 8 月から 1 年間にかかった医療費の自己負担と介護保険の自己負担を合計し、所定の金額を超えた場合に超過分が還付される高額医療・高額介護合算療養費制度があります。

✏第2章　ミニットペーパー

年　　月　　日（　）第（　）限　　　　　学籍番号 ＿＿＿＿＿＿＿＿＿

氏　　名 ＿＿＿＿＿＿＿＿＿

本章で学んだこと、そのなかで感じたこと

_____

_____

_____

_____

_____

理解できなかったこと、疑問点

_____

_____

_____

_____

🏈TRY してみよう

①医療保険は、サラリーマン等が加入する（　　　　　　　　）と、自営業者・定年を
　迎えるなどして会社を退職した者などが加入する（　　　　　　　　）、75歳以上
　の方が加入する（　　　　　　　　）に大別されている。

②保険診療と自由診療（保険外診療）が混在した診療の場合は、通常全額が自己負
　担になるが、厚生労働省が定める（　　　　　　　）と（　　　　　　　）と
　（　　　　　　　）の場合は、（　　　　　　　）療養費として、診療や入院料、
　検査料などは保険適用を受けることが可能である。

③高額療養費制度は、年齢、所得に応じた同一月内の医療費の自己負担限度額の基
　準があり、2015（平成27）年1月から70歳未満は（　　）段階に見直された。な
　お、高額療養費の申請時効は、受診した月の翌月1日から起算して（　　）年で
　ある。

第 **3** 章

雇用保険制度

―雇用を支える制度は
どうなっているの？―

事例

私は40歳の男性です。会社員として働いていましたが、事情あって会社を辞めることになりました。次の就職先はまだ決まっていません。無職になると収入がなくなってしまうので、とても不安です。失業してしまったとき、生活を支える制度はあるのでしょうか。

会社などで雇われていた人が失業したときに利用できる制度として雇用保険があります。雇用保険は、労働者の生活と雇用の安定を図るとともに再就職を支援するための制度です。失業や雇用の継続が困難になったとき、また職業に関する教育訓練を受けるときに、雇用保険の給付を受けることができます。

キーワード

- □雇用保険法　　□適用事業　　□一般被保険者　　□高年齢被保険者
- □短期雇用特例被保険者　　□日雇労働被保険者　　□失業等給付　　□育児休業給付
- □雇用保険二事業

1　雇用保険制度の目的

雇用保険制度は、失業時の生活保障とともに就職の促進および雇用の安定を図るための制度です。

雇用保険制度は、1974（昭和49）年に制定された雇用保険法に基づき、労働者が失業したときや雇用の継続が困難になったとき、また職業に関する教育訓練を受けた場合に必要な給付を行う制度です。これにより、労働者の生活の安定と就職の促進、さらに雇用の安定を図ることを目的としています。あわせて、労働者の職業の安定のため、失業の予防、雇用状態の是正および雇用機

*1
雇用保険の保険料率は、一般の事業9／1,000（うち労働者3／1,000、事業主6／1,000）、農林水産・清酒製造の事業11／1,000（うち労働者4／1,000、事業主7／1,000）、建設の事業12／1,000（うち労働者4／1,000、事業主8／1,000）となっています（いずれも2020［令和2］年度）。

会の増大、能力の開発および向上など労働者の福祉の増進を図ることも目的
としています（雇用保険法第1条）。

　雇用保険制度は社会保険方式で運営されている社会保障制度であり、事業
主と労働者が負担する保険料*1と国庫負担を財源としています。

2　雇用保険制度の概要

　雇用保険制度では、原則として労働者が雇用されるすべての事業が適用事業であり、適用事業に雇用された労働者は、31日以上の雇用見込みがあることなどの適用基準を満たしていれば被保険者となります。
　雇用保険の事業には、失業等給付、育児休業給付、雇用保険二事業があります。

---

①保険者・被保険者・適用事業

　雇用保険制度は政府を保険者として運営されています。

　雇用保険の適用される事業（適用事業）は、業種や規模を問わず労働者が雇用されるすべての事業となっています。ただし、例外として国家公務員と地方公務員は適用除外、農林水産業で5人未満の労働者を使用する個人事業については任意適用となっています。

　雇用保険の被保険者は適用事業に雇用される労働者です（ただし、雇用保険法第6条に掲げられている労働者は適用除外）。ここでの雇用される労働者とは、雇用関係（労働者が事業主の支配を受けて、その規律のもとに労働を提供し、その提供した労働の対償として賃金、給料その他これらに準ずるものの支払いを受けている関係）によって得られる収入によって生活する者をいいます。事業主と雇用関係を結んでいる労働者であれば、従業上の地位（雇用形態）を問わず被保険者となります。なお、被保険者となるための適用基準として、「31日以上の雇用見込みがあること」および「1週間当たりの所定労働時間が20時間以上であること」という要件があり、これを満たす場合は非正規労働者（短時間就労者や派遣労働者）であっても被保険者（一般被保険者）となることができます。

　被保険者の種類として、一般被保険者、高年齢被保険者、短期雇用特例被保険者、日雇労働被保険者がありますが、ほとんどの労働者は一般被保険者になります。なお、高年齢被保険者とは、適用事業所に被保険者として65歳以上で雇用されている労働者です。短期雇用特例被保険者とは、季節的・短期的雇用に就くことを常態としている労働者です。日雇労働被保険者とは、日々雇用または30日以内の期間を定めて雇用される日雇労働者のことです。上記以外の労働者は一般被保険者となります。

②事業の種類

　雇用保険では、図３－１に示されているさまざまな事業が行われており、大きく分けると失業等給付、育児休業給付、雇用保険二事業があります。

　失業等給付は失業や雇用の継続が困難な状況になったとき、あるいは職業に関する教育訓練を受けるときに受給できる給付です。求職者給付（失業保険や失業手当と呼ばれているものです。雇用保険の代表的な給付です）、就職促進給付、教育訓練給付、雇用継続給付があります。

　育児休業給付は、子を養育するために休業した労働者の生活および雇用の安定を図るための給付です。従来は失業等給付（雇用継続給付）に含まれていましたが、2020（令和２）年４月施行の法改正で失業等給付から独立した給付となりました。

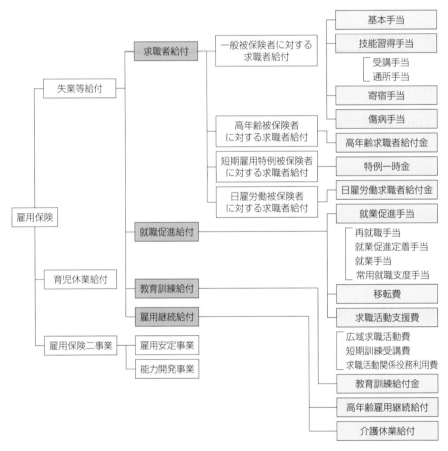

図３－１　雇用保険制度の概要

出典：ハローワークインターネットサービスを一部改変
　　　https：//www.hellowork.mhlw.go.jp/insurance/insurance_summary.html（2020［令和２］年８月15日閲覧）

　雇用保険二事業には、雇用の安定を図ることを目的とする雇用安定事業、労働者の能力開発・向上を促進することを目的とする能力開発事業があります。雇用保険二事業の費用は全額事業主の負担となっています。

第2節　求職者給付

事例

　私は30歳の男性です。大学卒業後システムエンジニアの仕事をしていましたが、昨年自己都合で辞めてしまいました。今は雇用保険の基本手当を受けながら求職活動をしています。何社か面接を受けましたが、なかなか採用してもらえません。雇用保険の受給期間がそろそろ終わるので、とても焦っています。

　失業の状態にある方の生活において、求職者給付の中心である基本手当はとても重要なものです。これにより、失業中の生活が保障され、再就職に向けて求職活動に励むことができます。しかしながら、基本手当には受給期間が定められており、とりわけ自己都合による離職の場合、倒産や解雇による離職よりも短い期間で支給が終了することになります。受給期間中に再就職先を決めることができなければ、その後は生活に困窮することも考えられます。

🔑 キーワード 🔒

□求職者給付　　□基本手当　　□失業　　□ハローワーク（公共職業安定所）

1　基本手当

　求職者給付のうち、通常の失業給付にあたるのが基本手当です。基本手当は、失業の状態にある方に対し、求職活動中の生活を保障するために給付されます。

①求職者給付の目的と対象

　求職者給付は、離職して職業を失い、再就職を目指す方を対象とする給付です。このうち、通常の失業給付にあたるのが基本手当です。基本手当は、一般被保険者が退職し、働く意思と能力がありながら再就職できない場合に支給され、求職活動中の生活を保障する役割を果たします。

　求職者給付を受けるためには、ハローワーク（公共職業安定所）で「失業」

の状態であると認定される必要があります。「失業」の状態とは、働く意思（積極的に就職しようとする気持ち）と能力（いつでも就職できる環境的・身体的能力）があり、積極的に就職活動を行っているにもかかわらず就職できない状態を意味しています。

②基本手当の受給要件

　基本手当を受給するためには、次の３つの要件をすべて満たす必要があります。

(1)雇用保険の一般被保険者であった方が離職し、被保険者でなくなったこと。

(2)①特定受給資格者*² または特定理由離職者*³ の場合は、離職の日以前１年間に、被保険者期間が通算して６か月以上あること。

　②①以外（正当な理由のない自己都合などによる離職）の場合は、離職の日以前の２年間に、被保険者期間が通算して12か月以上あること。

(3)ハローワーク（公共職業安定所）に求職の申込みをしていること。

表３－１　基本手当の受給期間

(1)特定受給資格者及び一部の特定理由離職者の場合（就職困難者を除く）

区分 ＼ 被保険者であった期間	1年未満	1年以上5年未満	5年以上10年未満	10年以上20年未満	20年以上
30歳未満	90日	90日	120日	180日	—
30歳以上35歳未満	90日	120日	180日	210日	240日
35歳以上45歳未満	90日	150日	180日	240日	270日
45歳以上60歳未満	90日	180日	240日	270日	330日
60歳以上65歳未満	90日	150日	180日	210日	240日

(2)(1)以外の理由による離職の場合（就職困難者を除く）

区分 ＼ 被保険者であった期間	1年未満	1年以上5年未満	5年以上10年未満	10年以上20年未満	20年以上
全年齢	—	90日	90日	120日	150日

(3)就職困難者の場合

区分 ＼ 被保険者であった期間	1年未満	1年以上5年未満	5年以上10年未満	10年以上20年未満	20年以上
45歳未満	150日	300日	300日	300日	300日
45歳以上65歳未満	150日	360日	360日	360日	360日

出典：図３－１に同じ

＊２　特定受給資格者
特定受給資格者とは、「倒産」や「解雇」などの、主に会社（事業主）都合による離職者をいいます。

＊３　特定理由離職者
特定理由離職者とは、期間の定めのある労働契約の期間が満了し、かつ、当該労働契約の更新がないことによる離職者、正当な理由のある自己都合による離職者をいいます。なお、正当な理由のある自己都合として、①体力の不足、心身の障害、疾病、負傷、視力の減退、聴力の減退、触覚の減退、②妊娠・出産・育児、③父や母あるいはその他の親族の扶養、④配偶者または扶養すべき親族と別居生活を続けることが困難、⑤通勤が不可能または困難などの場合が該当します。

③基本手当の支給額・受給期間

　基本手当の１日当たりの支給額（基本手当日額）は、賃金日額×50〜80%（60歳以上65歳未満の場合は、賃金日額×45〜80%）となっており[4]、前職の賃金が低い方ほど高い率で計算します。基本手当日額は下限額2,059円、上限額は30歳未満6,850円、30歳以上45歳未満7,605円、45歳以上60歳未満8,370円、60歳以上65歳未満7,186円となっています（2020［令和２］年８月１日現在）。

　基本手当の受給期間に関しては、表３−１の通り被保険者期間、離職時の年齢、離職の理由などによって所定給付日数が設定されており、この日数まで支給されます。ただし、基本手当の受給期間は原則として離職の翌日から１年間（所定給付日数330日の方は１年と30日、360日の方は１年と60日）となっています（病気、けが、妊娠、出産、育児等の理由で再就職できない期間については、最長で３年間受給期間を延長することができます）。

＊4　賃金日額
離職した日の直前の６か月に毎月定まって支払われた賃金の合計（賞与を除く）を180で割って算出した金額をいいます。

離職
・会社はハローワークに「離職証明書」を提出する。
・会社から離職者本人に「離職票」が届く。

受給資格決定
・離職者はハローワークに行き、「求職申込み」をしたのち、「離職票」を提出する。

受給説明会
・雇用保険制度について説明を受ける。
・「雇用保険受給資格者証」「失業認定申告書」を受け取る。

求職活動
・失業の認定を受けるまでの間、ハローワークの窓口で職業相談、職業紹介などを受ける。

失業の認定
・原則として、４週間に１度、失業の認定（失業状態にあることの確認）を行う。
・「失業認定申告書」に求職活動の状況等を記入し、「雇用保険受給資格者証」とともに提出する。

受給
・雇用保険の基本手当が給付される（失業の認定日から通常５営業日で、給付金が指定した口座に振り込まれる）。
※受給資格決定から通算して７日間は「待機期間」といい、基本手当は支給されない。
※正当な理由のない自己都合などによる離職の場合、待機期間終了後さらに３か月間の給付制限がある。

図３−２　基本手当受給までの手続き

出典：図３−１に同じを一部改変

④基本手当受給までの手続き

　離職してから基本手当の受給に至るまでの流れは図3－2の通りです。手続きの窓口となるのはハローワーク（公共職業安定所）です。ハローワークは、職業紹介、職業指導、雇用保険などの業務を行う機関で、失業した方の求職活動にかかわる相談・支援や雇用保険にかかわる手続きを行います。

第3節　就職促進給付・教育訓練給付・雇用継続給付および育児休業給付

事例

　私は25歳の女性で夫と共働きです。この度妊娠したので、出産したら育児休業を取得する予定ですが、育児休業中は賃金が減ってしまうということで、やりくりが大変になりそうです。子どもが生まれたらいろいろとお金がかかりそうですので、今後のことを考えると不安です。

　雇用保険制度には、育児のため休業する場合の賃金低下を補うために支給される育児休業給付があります。子どもが1歳または1歳2か月（特に必要と認められる場合は1歳6か月または2歳）になるまで受けることができます。育児休業開始前の賃金に対して67％（出産6か月経過後は50％）の額が支給されます。

🔑 キーワード 🔒

□就職促進給付	□就業促進手当	□再就職手当	□就業促進定着手当
□就業手当	□常用就職支度手当	□教育訓練給付	□雇用継続給付
□高年齢雇用継続給付	□介護休業給付	□育児休業給付	

1　就職促進給付

　就職促進給付は、職を失っている方の再就職の促進を図ることを目的としています。このうち就業促進手当には、再就職手当、就業促進定着手当、就業手当、常用就職支度手当があります。

　就職促進給付は、職を失っている方の再就職の促進を図るための給付です。このうち、就業促進手当は、基本手当の受給資格のある方が再就職したときに支給されるもので、再就職手当、就業促進定着手当、就業手当、常用就職

支度手当があります。

　再就職手当は、基本手当の受給資格のある方が所定給付日数の３分の１以上を残して安定した職業（１年を超える雇用）に就いたときに支給されます。

　就業促進定着手当は、再就職手当の支給を受けていた方が引き続き再就職先に６か月以上雇用され、かつ賃金額が離職前の賃金日額に比べて低下した場合に支給されます。

　就業手当は、基本手当の受給資格のある方が再就職手当の対象とならない常用雇用以外の仕事に就いたときに支給されます。ただし、基本手当の所定給付日数を３分の１以上かつ45日以上を残して再就職することなどの要件があります。

　常用就職支度手当は、基本手当等の受給資格のある方で、障害などによって就職に困難がある方が安定した職業に就いたときに支給されます。基本手当支給の残り日数が所定給付日数の３分の１未満で、一定の要件に当てはまる方が対象です。

2　教育訓練給付

　教育訓練給付は、雇用の安定および就職の促進を図ることを目的として、職業に関する教育訓練を受けた場合にその費用の一部が支給されます。

　教育訓練給付は、雇用の安定および就職の促進を図るため、一般被保険者または一般被保険者であった方が必要な職業に関する教育訓練を受ける場合に支給されます。一般教育訓練給付金、専門実践教育訓練給付金、特定一般教育訓練給付金、加えて2022（令和４）年３月31日までの時限措置として教育訓練支援給付金があります。

　一般教育訓練給付金は、働く人の主体的な能力開発を図るため、厚生労働大臣の指定を受けた講座を受講した場合に、その費用の20％（上限10万円）が支給されます。被保険者期間が通算３年以上（初回に限り１年以上）で、過去に受給してから３年以上経過していることなどが受給要件です。

　専門実践教育訓練給付金は、働く人の中長期的なキャリアアップを支援するため、厚生労働大臣の指定を受けた講座を受講した場合に、その費用の50％（ただし、１年間で40万円を超える場合の支給額は40万円）が支給されます。支給要件期間（受講開始日までの間に同一の事業主の適用事業に引き続いて被保険者等として雇用された期間）が３年以上などの受給要件があります。

　特定一般教育訓練給付金は、働く人の速やかな再就職と早期のキャリア形

成を図るため、厚生労働大臣の指定を受けた講座を受講した場合に、その費用の40%（上限年間20万円）が支給されます。雇用保険の被保険者（在職者）または被保険者であった方（離職者）のうち、被保険者資格を喪失した日以降、受講開始日までが1年以内（妊娠、出産、育児、疾病等の理由により教育訓練給付の適用対象期間が延長された場合は最大20年以内）の方で、かつ受講開始日までの雇用保険の被保険者期間が3年以上（初回の場合は1年以上）あることなどの受給要件があります。

　教育訓練支援給付金は、初めて専門実践教育訓練（通信制、夜間制を除く）を受講する方のうち、受講開始時に45歳未満で訓練期間中失業の状態にある場合に支給されます。

3　雇用継続給付

雇用継続給付には、高年齢雇用継続給付、介護休業給付があります。定年後の再雇用や介護のため休業したときの賃金低下を補うため、給付金が支給されます。

①高年齢雇用継続給付

　高年齢雇用継続給付は、定年後の雇用継続に伴う賃金低下を補うための給付です。高年齢雇用継続基本給付金（基本手当・再就職手当を受けずに就職した方を対象）と高年齢再就職給付金（基本手当を受けていたが所定給付日数を100日以上残して再就職［1年を超えて引き続き雇用されることが見込まれる］した方を対象。ただし、再就職手当を受けた方を除く）があります。

　給付を受けるためには、次の5つの要件をすべて満たす必要があります。

①60歳以上65歳未満で、雇用保険の一般被保険者であること。

②雇用保険の被保険者であった期間が5年以上あること。

③60歳以後の賃金月額が60歳時点の賃金月額に比べて75%未満に低下していること。

④各月の賃金額が支給限度額（36万5,114円）未満であること（ただし、給付金算定額が最低限度額2,059円を超えない場合は支給されない）＊5。

⑤育児休業給付・介護休業給付の支給対象となっていないこと。

　支給額は、60歳以後の賃金月額×15%となっています（ただし、60歳時点の賃金と比べて61%以上75%未満の場合、15%から一定の割合で逓減する率で計算します）。

＊5
支給限度額および最低限度額は2020（令和2）年8月1日現在の金額です。

②介護休業給付

　介護休業給付は、家族を介護するために休業する場合の賃金低下を補い、退職をせずに休業期間が終了した後に職場復帰できるよう支援するために給付金を支給するものです。対象家族[6]の介護を行うために介護休業を取得した一般被保険者および高年齢被保険者で、所定の要件を満たした場合に介護休業給付金が支給されます。

　受給期間は、支給対象となる同じ家族について93日を限度に3回までとなっています。

　支給月額は、休業開始時賃金日額×支給日数の67%（支給限度額33万6,474円[7]）です。

> [6]
> 対象家族は、被保険者の「配偶者（事実上婚姻関係と同様の事情にある者を含む）」「父母（養父母を含む）」「子（養子を含む）」「配偶者の父母（養父母を含む）」「祖父母」「兄弟姉妹」「孫」です。

> [7]
> 支給限度額は2020（令和2）年8月1日現在の金額です。

4　育児休業給付

育児休業給付は、子を養育するために育児休業を取得した場合に受給できる給付で、育児休業期間中に支給される育児休業給付金があります。

　育児休業給付は、育児のために休業する場合の賃金低下を補い、退職をせずに休業期間が終了した後に職場復帰できるよう支援するために給付金を支給するものです。対象は1歳未満（パパママ育休プラス制度[8]を利用した場合1歳2か月未満。支給対象期間の延長に該当する場合[9]は1歳6か月または2歳未満）の子を養育するために育児休業（育休）を取得した被保険者で、所定の要件を満たした場合に育児休業給付金が支給されます。

　受給期間は子どもが1歳に達する日の前日（支給対象期間の延長に該当する場合は1歳6か月または2歳に達する日の前日）までの育児休業期間中となります。なお、父母がともに育休を取得する場合は子が1歳2か月に達するまで育児休業を延長できますが（パパママ育休プラス制度）、その場合は子どもが1歳2か月に達する前日までの間で最大1年間の受給となります。

　支給月額は、休業開始時賃金日額×支給日数×支給率67%（支給限度額30万5,721円[10]）です。ただし、育児休業開始から6か月経過後の支給率は50%（支給限度額22万8,150円[11]）となります。

> [8]　パパママ育休プラス制度
> 父親と母親の両方が育児休業を取得した場合に、育児休業取得可能期間が1歳2か月まで延長される制度です。

> [9]
> 支給対象期間の延長事由には、保育所における保育の実施が行われないなどの理由が該当します。

> [10]
> 支給限度額は2020（令和2）年8月1日現在の金額です。

> [11]
> 支給限度額は2020（令和2）年8月1日現在の金額です。

参考文献

・厚生労働省編『厚生労働白書　令和2年版』日経印刷　2020年
・厚生労働統計協会編『保険と年金の動向　2020／2021』厚生労働統計協会　2020年

参考ホームページ

・厚生労働省　https：//www.mhlw.go.jp/（2020年8月15日閲覧）
・ハローワークインターネットサービス　https：//www.hellowork.mhlw.go.jp/（2020年8月15日閲覧）

💡実務に役立つQ＆A　こんなときどうする？

Q：私が雇用保険に加入しているかどうかを確認したいのですが、どうしたらよいですか。

A：雇用保険の加入手続きは事業主が行います。加入すると事業主から「雇用保険被保険者資格取得等確認通知書」と「雇用保険被保険者証」が交付されます。これらの書類が交付されず、加入すべきであるにもかかわらず事業主が手続きをしていないと思われるときは、労働者自身がハローワークに対して加入しているかどうかの確認を求めることができます。

Q：離職理由はどのようにして決まるのですか。

A：「離職証明書」および「離職票」に記載されている離職理由について、事業所・住居所それぞれの管轄公共職業安定所（ハローワーク）で客観的資料などによって確認します。離職者からの異議がある場合は、離職者の記載した離職理由、事業主からの聴取、両者から収集した客観的資料を吟味します。最終的には公共職業安定所長（または地方運輸局長）が判断し、決定します。

Q：基本手当の受給期間が終了してしまいましたが、再就職先が見つかりません。ほかに利用できる制度はありますか。

A：雇用保険が適用されない、受給資格期間を満たさない、受給期間の終了などの理由で雇用保険を受給できない求職者に対しては、求職者支援制度があります。これは、職業訓練を受講する場合、一定の要件（収入や貯金額など）を満たせば、職業訓練受講給付金（職業訓練受講手当［月額10万円］、通所手当、寄宿手当）が支給されるもので、ハローワークで申し込むことができます。

✏️第3章　ミニットペーパー

　　　年　　月　　日（　）第（　）限　　　学籍番号 _____

　　　　　　　　　　　　　　　　　　　　　氏　　名 _____

本章で学んだこと、そのなかで感じたこと

_____

_____

_____

_____

_____

_____

_____

理解できなかったこと、疑問点

_____

_____

_____

_____

_____

_____

_____

🏉TRY してみよう

①雇用保険制度の保険者は（　　　　　）である。また、雇用保険の被保険者は適用
　事業に雇用される（　　　　　）である。

②「失業」の状態とは、働く（　　　　　）と（　　　　　）があり、積極的に就職活
　動を行っているにもかかわらず就職できない状態のことである。

③雇用保険にかかわる手続きの窓口となる機関は（　　　　　　　）である。

第 **4** 章

労働者災害補償 保険制度

―労働者を支える制度は
どうなっているの？―

事　例

　大学生のＡさんは、最近近所のコンビニエンスストアでアルバイトを始めました。そのコンビニエンスストアは、店で調理をするから揚げが評判であり、Ａさんもオーナーで店長のＢさんの指導のもと、から揚げの調理に携わっていました。ところが、ある日Ａさんは、アルバイトの最中、フライヤーにから揚げを誤って勢いよく入れてしまったため、油が手にはね、やけどをしてしまいました。Ａさんは、医療保険を使って病院で治療を受けましたが、思いのほか治療費がかさんでしまいました。このことを友人に話したところ、その友人に「それって労災になるんじゃない？」と言われました。

　この事例では、労働者災害補償保険（労災保険）という制度が適用されます。労災保険とは、業務上の災害や通勤災害によって労働者が病気やけがを負った場合に保険給付を行う制度です。労災保険は、事業の規模や形態にかかわらず、労働者を１人でも使用しているすべての事業について適用されることになり、その適用事業で使用される労働者であれば、いわゆる正社員以外のパートタイマーやアルバイトの学生でも適用対象となります。この場合、Ａさんはアルバイト中にやけどをしたわけですから、その治療費は労災保険の給付対象となります。

🔑キーワード🔒

□労働者災害補償保険（労災保険）　　□適用事業　　□労働基準監督署

□特別加入制度　　□メリット制

1　労働者災害補償保険（労災保険）の意義

　労働者災害補償保険（労災保険）は、労働者やその家族に対して、使用者の過失の有無を要件とせず、被災した労働者への補償を迅速かつ公正に行うことを目的としてつくられた制度です。労働者災害補償保険法（労災保険法）は、使用者の補償の実効性を保障するために制定されましたが、その後の制度の展開により、被災労働者やその家族の生活保障に重点を置くようになっていきます。

①労働者災害補償保険（労災保険）とは

　労働災害とは、労働者が仕事によって遭遇する病気・けが・障害・死亡などの事故のことをいいます。労働災害に遭った労働者やその家族は、たちま

ち生活が困難な状態に陥ります。このような労働者やその家族は、使用者に対して民法上の損害賠償請求をすることができますが、損害賠償を得るためには、物が散らかっている、床がすべりやすいなどの労働者への安全対策が不十分であることや、労働時間の管理をしていないなど、事故の発生について使用者に過失があったことを労働者が立証しなければなりません。さらには、事故の発生について労働者にも過失があったことを理由に損害賠償額が減額されるか、あるいは損害賠償そのものが得られないおそれもあります。また、使用者が中小零細企業の場合や被災した労働者が多数に及ぶ場合、損害賠償による救済が事実上期待できない場合もあります。

そこで、このような労働者やその家族に対して、使用者の過失の有無を要件とせず、被災した労働者への補償を迅速かつ公正に行うことを目的としてつくられた制度が労働者災害補償保険（以下「労災保険」）です。

②労災保険の展開

労働災害に対する補償制度は、1947（昭和22）年に制定された労働基準法と労働者災害補償保険法（以下「労災保険法」）の2本立てで行われてきました。労働基準法は第8章に「災害補償」の規定を設け、業務上の災害に対する使用者の補償責任を規定していますが、政府を保険者としてすべての使用者を強制的に加入させることで、使用者の補償の実効性を確保するための責任保険として労災保険法が制定されました。

しかし、1960（同35）年以降の数多くの法改正により、労災保険法は使用者の補償責任よりもむしろ被災労働者やその家族の生活保障に重点を置くようになります。例えば、小規模事業主やいわゆる「一人親方」などに対する特別加入制度の導入、通勤災害保護制度の創設、補償の打ち切り制の廃止と傷病補償年金の導入、障害補償・遺族補償の年金化、介護補償給付（介護給付）の創設、二次健康診断等給付の導入などが挙げられます。

2　適用事業と保険料

労働者を使用する事業は、すべて労災保険の適用事業となり、この適用事業で使用される労働者は、雇用形態がどのようなものであっても、労災保険の適用対象となります。加えて、中小事業主や「一人親方」などを対象とする特別加入制度もあります。労災保険の保険料は、全額事業主が負担します。

①保険者・適用事業

労災保険の保険者は政府ですが、その現業事務を取り扱う出先機関は、都道府県労働局および労働基準監督署です。都道府県労働局は、第3章で学ん

だ雇用保険と併せて保険料の徴収に関する業務を、労働基準監督署は、労働災害の認定や保険給付に関する業務をそれぞれ担当します。

　労働者を使用する事業は、すべて労災保険の適用事業となります。つまり、事業の規模や形態にかかわらず、労働者を１人でも使用しているすべての事業について適用されることになります。ただし、使用労働者が５人未満の個人経営の農林水産業では、労災保険の強制適用事業としないものとされており（暫定任意適用事業）、これらの事業が労災保険に加入するためには、申請して政府の承認を受けなければなりません。

②労働者

　労災保険の適用を受ける労働者は、上記の適用事業で使用されている労働者です。この労働者は、労働基準法第９条に規定する労働者（「職業の種類を問わず、事業又は事業所に使用される者で、賃金を支払われる者」）と同じであることから、正社員、パートタイマー、派遣労働者、学生アルバイト、日雇など、雇用形態がどのようなものであっても、労災保険は適用されます。

　ただし、国家公務員、地方公務員については、それぞれ国家公務員災害補償法、地方公務員災害補償法に基づく特別の災害補償制度により保護が与えられているため、労災保険は適用されません。

　なお、労災保険関係では、保険者である政府と事業主との関係（保険料の納付・徴収関係）が重視されていることから、他の社会保険制度と異なり、労災保険の適用を受ける労働者を被保険者とは呼びません。

③特別加入制度

　労災保険は、労働災害に対する労働者の保護を目的とする制度ですが、労災保険が適用される労働者ではない事業主や自営業者でも、業務の形態や災害の発生状況からみて、労働者と同様の保護が必要になる場合も少なくありません。そこで、そのような方に対しては、申請により労災保険への特別加入を認めています。現在、特別加入できる方は、中小事業主とその家族従事者、個人タクシー運転手や大工などのいわゆる「一人親方」とその家族従事者、特定農作業従事者や介護作業従事者などの特定事業従事者、海外派遣者などです。

④保険料

　労災保険料は、第３章で学んだ雇用保険の保険料と併せ、労働保険料として一括して徴収されます。労災保険事業に係る労働保険料は、労災保険制度

が使用者の無過失の賠償責任に基礎を置いていることから、事業主の全額負担とされています。

　労災保険料の保険料率は、事業の種類ごとに、過去の労働災害発生率などを考慮して定められています。加えて、労働環境の改善など事業主の労働災害の発生を予防する取り組みを促すことを目的として、一定規模以上の事業所については、事業所ごとに過去3年間の労災保険給付の額、つまり労働災害の発生の頻度に基づいて、翌年度からの労災保険料率が一定の範囲内で増減されます。この制度をメリット制といいます。

第2節　業務災害等の認定

 事例

　　Cさんは、大学卒業後、ある健康食品の販売会社に入社し、新人研修後すぐに営業課に配属されました。Cさんは、何としてもノルマを達成するために昼間は外回りをし、夕方会社に戻ってからも連日夜遅くまで残業し、時には帰宅が深夜になることが6か月以上続きました。また、ノルマが達成できなかったときは、「ノルマを達成できない奴はいるだけで迷惑だ。消えてくれ」などの人格を否定するような発言を上司から浴びせられることもありました。

　　そんな生活が続いたある日、Cさんが自宅の部屋で自殺しているところを家族が発見しました。Cさんの家族は、Cさんの自殺は長時間労働や上司の暴言が原因であると思い、何らかの救済を求められないかと考えています。

　　労働者の自殺については、過重な労働によってうつ病を引き起こし、その結果自殺したというように、過重な労働と自殺との間に相当因果関係があれば、業務起因性があるとして、業務上の災害と認められます。自殺が業務上の災害と認定されるための基準としては、発症前おおむね6か月の間に客観的にその精神障害を発症させるおそれのある業務による強い心理的負荷があったことであり、強い心理的負荷の例として、長時間労働のほか、部下に対する上司の言動が業務指導の範囲を逸脱しており、そのなかに人格や人間性を否定するような言動が含まれている場合も挙げられています。

🔑 キーワード 🔒

| □業務遂行性 | □業務起因性 | □過労死 | □過労自殺 | □通勤災害 |

1 業務上の災害

労災保険の補償給付を受けるためには、傷病等が「業務上」発生したと認定されなければなりません。そのためには、業務遂行性と業務起因性が認められなければなりません。具体的には、詳細な事実関係を調べたうえで判断されます。

①業務上災害の認定

労災保険の補償給付を受けるためには、病気・けが・障害・死亡（以下「傷病等」）の発生が「業務上」であったと、労働基準監督署から認定されなければなりません。傷病等が「業務上」発生したと認定されるためには、労働者が使用者の指揮命令下にある状態（業務遂行性）で傷病等が発生し、かつ、その傷病が、業務そのものに潜んでいる、または業務を行うことに伴って発生し得る危険が現に発生したもの（業務起因性）と認められなければなりません。そのため、業務遂行性がなければ業務

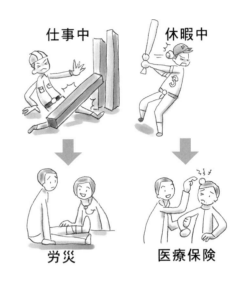

起因性は成立しませんが、業務遂行性があってもそれだけで業務起因性が成立するわけでもありません。業務起因性が認められるためには、その傷病等と業務との間に相当因果関係があることが求められます。

②具体的な事例

業務上であるかどうかの認定をめぐっては、一つひとつの事案について、詳細な事実関係を調べたうえで判断されます。

例えば、休憩時間中については、危険な作業環境、事業場の施設の不備・欠陥によることが証明されない限り、一般に業務外とされます。具体的には、昼休みのバレーボール中に同僚と衝突してけがをしたときは業務外ですが、トイレに行く途中に転倒してけがをしたときは業務上とされます。他方、出張中の災害については、特別の事情のない限り出張過程の全般について使用者の支配下にあるものとして業務遂行性・業務起因性が認められます。宴会・懇親会への参加中の災害については、使用者の業務命令があるなどの特別の事情があれば業務起因性が認められます。また、職場で他人から暴行・傷害を被った場合でも、業務に関連しているとみられる場合は、業務起因性

74

が認められます。

2　業務上の疾病

　業務上の災害によらない職業病については、有害因子ごとに整理・分類し、最新の医学的知見に即して列挙されています。また、いわゆる「過労死」や「過労自殺」に関しては、業務起因性を認める裁判例が相次いだことから、脳・心臓疾患や精神障害についても、業務上かどうか認定するための基準もつくられています。

---

①業務上の疾病とは

　業務上の疾病とは、業務に起因する疾病をいいますが、業務上の災害による災害性疾病と業務上の災害によらない職業性疾病（職業病）に分けられます。とりわけ職業病は、長期間の作用・影響により徐々に発生するものも多いことから、発症の時期が特定しにくく、また退職後に発症することもあり、業務起因性の有無の判断にも困難が伴います。

　そこで、職業病については、労働基準法施行規則の別表第1の2で、有害因子ごとに整理・分類し、最新の医学的知見に即して列挙されています（チェーンソー等の使用により身体に振動を与える業務による末梢神経障害、粉じんが飛散する場所における業務によるじん肺症など）が、列挙されたどれにも該当しない場合でも、「その他業務に起因することの明らかな疾病」（別表第1の2第11号）であれば、業務起因性が認められます。

②過労死の業務上認定

　いわゆる「過労死」とは、「業務における過重な負荷による脳血管疾患若しくは心臓疾患を原因とする死亡」（過労死等防止対策推進法第2条）のことです。脳血管疾患や心臓疾患の発症には、加齢や日常生活習慣（食生活、飲酒・喫煙など）など、業務以外の要因が関係することも多く、以前はこれら疾患の業務上認定は困難であり、当初の認定基準は発症前1週間に過重な負荷が生じていたかどうかで業務起因性の有無を判断していました。しかし、脳血管疾患や心臓疾患の発症を業務上と認定し、労働基準監督署の業務外認定を取消す裁判例が相次いだことにより、徐々に認定基準は緩和されてきました。現在では、2001（平成13）年に定められた、発症前1か月間におおむね100時間または発症前2か月間ないし6か月間にわたって、1か月あたりおおむね80時間を超える時間外労働が認められる場合は、業務と発症との関連性が強いと評価する、などの基準が用いられています。

③業務による精神障害・過労自殺の業務上認定

　過重な負荷のかかる業務は、うつ病などの精神障害も引き起こします。また、いわゆる「過労自殺」とは、「業務における強い心理的負荷による精神障害を原因とする自殺による死亡」（過労死等防止対策推進法第2条）のことです。これについても、労働者の自殺について業務起因性を認める裁判例が増加したことから、1999（平成11）年に、発症前おおむね6か月の間に客観的にその精神障害を発症させるおそれのある業務による強い心理的負荷（長時間労働、嫌がらせやいじめを受けたなど）があり、業務以外による心理的負荷や個体側の要因で発症したとは認められないこと、などの精神障害を対象とした業務上認定基準も定められました。さらに、2011（同23）年には、発症直前の連続した2か月間に1か月あたり約120時間以上の時間外労働は強い心理的負荷とする、いじめやセクハラなどが長時間継続する場合は、6か月を超えても評価の対象とする、などの基準も定められています。

3　通勤災害

　労災保険では、労働者の通勤に起因して発生する傷病等に対しても、通勤と災害との間に相当因果関係があれば、保険給付が行われます。通勤の逸脱または中断があった場合は、日常生活上必要な行為であって、やむを得ない事由によるものであるときを除いて、その逸脱または中断した間およびその後の往復行為は、通勤に含まれません。

---

①通勤災害

　労災保険は、労働者の通勤に起因して発生する傷病等に対しても保険給付が行われますが、この場合も、通勤と災害との間に相当因果関係があることが求められます。ここでいう通勤とは労働者が、就業に関し、住居と就業の場所との間を、合理的な経路および方法により往復することです。これらについては、必ずしも会社へ申告している手段に限定されませんので、普段鉄道で通勤している労働者がたまたまバイクで通勤した際に事故に遭っても合理的な方法とされます。他方、工事中で通常使う経路が通れないなどの理由がないにもかかわらず大回りする場合は、合理的な経路とは認められません。従来は住居と就業の場所との間のみの往復と定義されていましたが、雇用環境の多様化に伴って、現在では、単身赴任先の住居と家族のいる自宅との間の移動や、複数の就業先間の移動も通勤に含まれています。

②通勤の逸脱・中断

　通勤途上において通勤とは無関係な目的で合理的な経路をそれたり（逸脱）、

または通勤の経路上で通勤と関係ない行為を行った（中断）場合、その逸脱
または中断した間およびその後の往復行為は、通勤災害の対象となる通勤に
含まれません。ただし、その逸脱または中断が、日用品の購入や医療機関で
の治療など、日常生活上必要な行為であって、やむを得ない事由によるもの
であるときは、その逸脱または中断の間を除き、その後通勤の経路に戻った
ところから通勤とされ、その途上で起きた災害は通勤災害と認められます。

第3節　労災保険の給付

　事 例

　　アルバイト中にやけどをしたAさんは、業務中のけがであることから、労災保険
の給付を受けられると思い、B店長に相談したところ、B店長は「やけどの程度も
大したことなさそうだし、そもそもアルバイトは労災保険を使えないから、自分で
保険証を使って治療してください」と言いました。AさんがB店長に対して、「ア
ルバイトでも労災保険が使えるはずですが…」と言っても、B店長は「アルバイト
は労災保険を使えない」という返事を繰り返すだけです。Aさんは本当に労災保険
が使えるのか、だんだん不安になってきました。

　第1節で説明した通り、アルバイトやパートタイマーなどの非正規労働者も労災保険
の適用対象となります。また、業務上の負傷の場合、第2章で学んだ健康保険などの医
療保険の給付を受けることはできません。この事例の場合Aさんは、労災保険の療養補
償給付を受けることになります。なお、労働災害が発生した場合、事業主は労働基準監
督署に報告する義務がありますが、これを怠った場合、事業主は労働安全衛生法違反で
罰せられることもあります。

🔑キーワード🔒

□業務災害に関する保険給付　　□通勤災害に関する保険給付　　□二次健康診断等給付
□社会復帰促進等事業

1 労災保険の給付

保険給付は業務災害に関する保険給付、通勤災害に関する保険給付、二次健康診断等給付に大別されます。業務災害と通勤災害では、ほぼ同じ内容の給付が行われます。さらに労災保険はこれら給付に加えて、労働者およびその遺族に対して、さまざまな内容の社会復帰促進等事業を行っています。

①保険給付の種類

　保険給付は業務災害に関する保険給付（療養補償給付、休業補償給付、傷病補償年金、障害補償給付、介護補償給付、遺族補償給付、葬祭料）、通勤災害に関する保険給付（療養給付、休業給付、傷病年金、障害給付、介護給付、遺族給付、葬祭給付）、二次健康診断等給付に大別されます。業務災害と通勤災害では、ほぼ同じ内容の給付が行われますが、通勤災害の給付は、

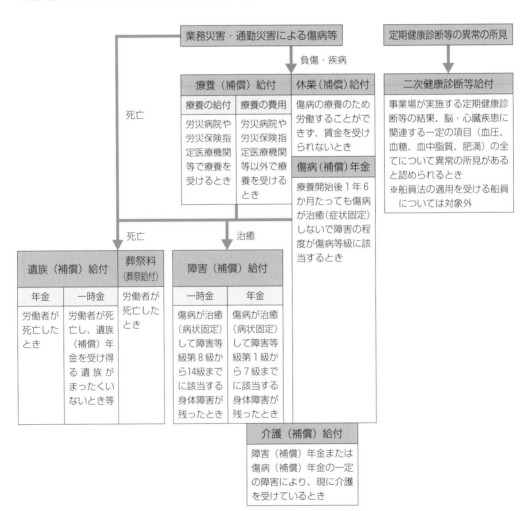

図4－1　労災保険給付の概要

出典：厚生労働省・都道府県労働局・労働基準監督署編『労災保険給付の概要』2020年　p.11

使用者の補償責任に基づく業務災害の給付とは性格が異なりますので、名称に「補償」の文言が使われていません。

　労災保険給付の現金給付の額は、過去3か月の平均賃金をその期間の総日数（休日も含む）で割った額である、給付基礎日額をもとに計算されます。

②療養補償給付（療養給付）

　療養補償給付（療養給付）は、労働者が業務上または通勤による災害が原因となって生じた傷病等について療養（治療等）を必要とする場合に行われます。給付の方式は、労災病院や労災保険指定病院などで治療を受ける場合は、現物給付として療養の給付が行われ、それ以外の病院で治療を受けた場合には、治療にかかった費用が後で療養の費用として償還払いされます。

　患者の一部負担について、療養補償給付にはありませんが、通勤災害の場合の療養給付には初回のみ200円の負担があります。

　なお、業務上または通勤による傷病等については、第2章で学んだ医療保険（健康保険など）の給付を受けることはできません。

③休業補償給付（休業給付）

　休業補償給付（休業給付）は、労働者が業務上または通勤による災害が原因となって生じた傷病等の療養のため労働することができず、賃金を受けることができない場合に、その休業4日目から支給されます。支給額は、給付基礎日額の60％に相当する額です。

　これに加え、後述する社会復帰促進等事業の一環として、原則として休業4日目から、休業1日につき給付基礎日額の20％相当額を支給する休業特別支給金が上乗せされます。

④傷病補償年金（傷病年金）

　傷病補償年金（傷病年金）は、休業補償給付（休業給付）の受給者が療養を開始してから1年6か月経過してもその傷病が治癒せず、かつ、その傷病の程度が一定の障害の状態にある場合に、休業補償給付（休業給付）に代えて年金として支給されます。支給額は、傷病の程度に応じて給付基礎日額の313日分〜245日分です。

　これに加え、社会復帰促進等事業の一環として、傷病等級に応じて傷病特別支給金（一時金）が支給されるほか、給付基礎日額には賞与（ボーナス）分が含まれていないことから、この賞与（ボーナス）分を上乗せする傷病特別年金が支給されます。

⑤障害補償給付（障害給付）

　障害補償給付（障害給付）は、業務上または通勤による災害が原因となって生じた傷病が治癒したものの、身体に一定の障害が残った場合に、その障害の程度が厚生労働省令で定める障害等級に該当するとき支給されます。障害等級は14級まであり、1級～7級は障害補償年金（障害年金）、8級～14級は障害補償一時金（障害一時金）が支給されます。支給額は、年金給付は給付基礎日額の313日分～131日分、一時金給付は給付基礎日額の503日分～56日分です。

　これに加え、社会復帰促進等事業の一環として、障害等級に応じて障害特別支給金（一時金）が支給されるほか、賞与（ボーナス）分に対応する上乗せとして、障害特別年金または障害特別一時金が支給されます。

⑥介護補償給付（介護給付）

　介護補償給付（介護給付）は、傷病補償年金（傷病年金）または障害補償年金（障害年金）の受給権者が、これらの支給事由となる障害であって厚生労働省令で定める程度のものにより、常時または随時介護を受けているときに、その被災労働者の請求に基づいて支給されます。この給付は、民間の介護サービスや親族などにより介護を受けている場合に支給され、病院・診療所・施設（障害者支援施設など）に入所している期間は支給されません。支給額は、要介護の程度と介護の形態により異なります。

⑦遺族補償給付（遺族給付）

　遺族補償給付（遺族給付）は、労働者が業務上または通勤による災害により死亡した場合、その遺族に対して支給され、年金と一時金があります。遺族補償年金（遺族年金）を受給できる遺族とその順位は、労働者の死亡当時その収入によって生計を維持していた配偶者、子、父母、孫、祖父母および兄弟姉妹です。これら遺族のうち、妻以外の者については年齢や障害の有無に関する一定の要件があります。支給額は、受給資格のある遺族およびこれと生計を同じくしている者の数に応じて決まります（給付基礎日額の153日分［1人の場合］～245日分［4人以上］）。なお、労働者の死亡当時、遺族補償年金（遺族年金）の受給資格者がいないとき（生計維持関係にない配偶者など）には、給付基礎日額の1,000日分を上限に、遺族補償一時金（遺族一時金）が支給されます。

　これに加え、社会復帰促進等事業の一環として、一律の遺族特別支給金（一時金）が支給されるほか、賞与（ボーナス）分に対応する上乗せとして、遺

族の人数に応じた遺族特別年金または遺族特別一時金が該当する遺族に支給されます。

⑧葬祭料（葬祭給付）

　葬祭料（葬祭給付）は、労働者が業務上または通勤による災害により死亡した場合に、その葬祭を行う者に対して支給されます。支給額は、31万5,000円に、給付基礎日額の30日分を加えた額（この額が給付基礎日額の60日分に満たない場合は、給付基礎日額の60日分）です。

⑨二次健康診断等給付

　二次健康診断等給付は、労働者が定期健康診断等において、脳・心臓疾患に関連する一定の項目（血圧・血中脂質、血糖、肥満度）で異常の所見があると診断された場合に、その労働者の請求に基づいて支給されます。給付の内容は、脳血管および心臓の状態を把握するために必要な検査である二次健康診断と、二次健康診断の結果に基づき、脳・心臓疾患の発症の予防を図るため医師等により行われる特定保健指導からなります。

⑩社会復帰促進等事業

　労災保険は、上記の各保険給付のほか、労働者およびその遺族に対して、社会復帰促進等事業を行っています。

　その内容は、①労災病院・リハビリテーション施設の運営など、被災労働者の円滑な社会復帰の促進のための事業、②上記の特別支給金や遺児の就学援護費など、被災労働者とその遺族の援護のための事業、③健康診断施設の設置や未払い賃金立替払い事業など、業務災害の防止、労働者の安全衛生の確保、保険給付の適切な給付の確保、賃金の支払いの確保のための事業を行っています。

参考文献

・西村建一郎・朝生万里子『労災補償とメンタルヘルス』信山社　2014年
・西村健一郎『社会保障法入門　第3版』有斐閣　2017年
・菊池馨実『社会保障法　第2版』有斐閣　2018年
・加藤智章・菊池馨実・倉田聡・前田雅子『社会保障法　第7版』有斐閣　2019年
・石橋敏郎編『わかりやすい社会保障論』法律文化社　2010年
・椋野美智子・田中耕太郎『はじめての社会保障－福祉を学ぶ人へ－第17版』有斐閣　2020年

Q：仕事中に大けがをしてしまい、現在休職しています。おそらく元の職場に戻れそうもないので、退職しようと思っていますが、退職しても労災保険の給付は受けられるのでしょうか。

A：労災保険の保険給付を受ける権利は、労働者が退職したからといって変更されることはありません。ですから、もし会社を退職しても、引き続き労災保険の給付を受けることができます。

Q：通勤経路上に実家があり、週2回、仕事が終わった後1時間ほど実家に立ち寄って、介護が必要な父の介護をしています。介護のため実家に立ち寄った後、帰宅途中で事故に遭ってしまった場合であっても、通勤災害として認められるのでしょうか。

A：通勤の逸脱・中断が、日常生活上必要な行為であって、やむを得ない事由によるものであるときは、逸脱・中断の間を除いて、通勤とされます。介護についても、要介護状態にある配偶者、子、父母、配偶者の父母ならびに同居し、かつ扶養している孫、祖父母および兄弟姉妹の介護で、継続的にまたは反復して行われている場合は、介護終了後の帰宅は通勤と認められますので、帰宅途中で事故に遭っても通勤災害として認められます。

Q：仕事中のけがが原因で、重度の障害状態になってしまいました。労災保険の障害補償給付を受ける場合、国民年金や厚生年金の障害給付は受けられないのでしょうか。

A：労災保険の障害（補償）給付を受ける権利のある労働者には、厚生年金（第5章で学びます）から支給される障害手当金は支給されません。また、障害（補償）給付と障害厚生年金・障害基礎年金が同一の事由により支給される場合、労災保険の給付は一部減額されますが、厚生年金・基礎年金は全額支給されます。

✏️第4章　ミニットペーパー

　　　年　　月　　日（　）第（　）限　　　　学籍番号＿＿＿＿＿＿＿＿＿＿＿

　　　　　　　　　　　　　　　　　　　　　氏　　名＿＿＿＿＿＿＿＿＿＿＿

本章で学んだこと、そのなかで感じたこと

理解できなかったこと、疑問点

📝**TRY してみよう**

①労働者災害補償保険の保険者は（　　　　　　）であるが、労働災害の認定や保険給付に関する業務は（　　　　　　　　）が行っている。また、労働者災害補償保険に要する費用は、基本的に（　　　　　）の保険料で賄われる。

②労働者災害補償保険の補償給付の支給要件について、病気やけがなどが「業務上」起こったかどうかは、（　　　　　　　）と（　　　　　　　　）があったかどうかで判断される。

③労働者の業務上の病気やけがが（　　　　　　　）経過しても治らない場合に、その傷病の程度が一定の等級に該当する場合、被災労働者に対して（　　　　　　　　　）が支給される。

第 **5** 章

年金保険制度

―高齢者、障害者、遺族への所得の
保障はどうなっているの？―

事例

　私は20歳になったばかりの大学生です。先日、自宅に国民年金保険料の納付のお知らせが届きました。家計に余裕はなく、毎月1万6,540円も支払うことはできないと思います。25歳の兄は働いていますが、アルバイトですので収入は少なく、保険料未納が続いています。それに、私が年金を受給できるのは45年後になるので、退職後の自分の生活は想像がつきませんし、本当に年金がもらえるのだろうかと不安に思っています。

　本章で学ぶ国民年金は、原則日本に住所のある20歳以上60歳未満のすべての方が加入することになっていますが、そのなかには、大学生、大学院生、非正規労働者、失業者、零細自営業者など、経済的に余裕がなく不安を抱えている人も多くいます。そのため、保険料を納めるよりも生活費や学費に充てたい場合には、支払能力に応じて複数の免除制度や学生納付特例制度が用意されています。滞納になって老後の生活水準が低下しないように、まずはお住まいの自治体窓口で事情を話して相談したり、免除制度などの利用に関する申請をすることが大事になります。

　日本経済が停滞し政府債務は膨大で、かつ少子高齢化が進行していますので、年金財政には余裕がありません。このことから年金に対する国民の不安は根強くあります。政府は給付と負担のバランスを安定化させるため、度重なる年金制度の改正、国庫負担金の投入、年金財政の検証を行うことによって年金制度を持続させています。年金は、生活を支える社会保障制度の根幹の一つですので、どのような政府となっても、制度を維持させる制度改正や政策を採用し続けるはずです。

🔑 キーワード 🔒

□高齢者　　□障害者　　□遺族　　□長期の生活保障　　□公的年金　　□私的年金

□積立方式　　□賦課方式

1　年金保険制度の目的

　年金保険制度の目的は、主に保険の仕組みを使い、税を財源とする再分配で補足しながら、高齢者、障害者、遺族の生活を金銭面で長期的に保障し、生活の安定化を図ることです。

　2019（令和元）年の日本人の平均寿命は男性が81.41年で、女性は87.45年

となっています。会社を65歳で定年退職した場合、平均的には20年前後の老後生活が待っています。その生活に必要なお金はどのくらいになるでしょうか。20年で計算すると、１か月の支出が10万円で2,400万円、20万円で4,800万円かかります。現役時代の貯金や相続だけで、引退後暮らせるでしょうか。亡くなるまでの間、余生を悠々自適に過ごす予定の人は、本当は働きたくないと思っていても、ずっと働き続ける必要があるのでしょうか。

　また、先天的にあるいは病気やけがで後天的に、身体的・知的・精神的な障害を持った場合、所得が少なくなることが多くなりますが、自助努力だけでは明らかに限界があります。さらに、病気や事故などで家族の大黒柱を失うこともあります。残された家族は所得が急に減少しますが、このまま所得が変わらないと、高校生や大学生はアルバイトを増やしたり、場合によっては学業をあきらめて働くことを余儀なくされてしまいます。

　本章の主題はこれらの点にあります。個人や家族の生活には定期収入が必要ですので、主に保険の仕組みを使い、税で補足しながら、貧困状態になることを防ぎ、高齢者、障害者、遺族の生活を金銭面で長期的に保障し、生活の安定化を図るといったことが社会的に求められます。これが年金保険制度の目的となっていきます（表５－１）。しかも、日本に居住するすべての人の生活が保障される必要があります。

　「年金」という言葉が示すように、１年分の金銭給付が基本となっています。これだけでも、長期的な支給が前提になっていることがわかります。実際には、それを６等分し、次節以降で学ぶ国民年金、厚生年金の場合ともに、毎年２月、４月、６月、８月、10月および12月に、それぞれの前月までの年金が定期的に支給されます。

　日本では、公的年金保険に近い制度として、明治時代に始まった陸軍・海軍・文官の恩給制度、労働者と会社の双方が保険料を拠出する私的な共済組合がありました。公的年金保険として日本で初めて成立したのは1939（昭和14）年の船員保険法です。その後、1941（同16）年に労働者年金保険法（1944［同19］年に対象をホワイトカラー[*1]にも拡張して厚生年金保険法となる）が成立し、すべての人が対象ではありませんでしたが、公的な年金保険制度は第二次世界大戦以前から始まっています。

＊1　ホワイトカラー
青襟の作業衣を着て工場等の生産現場で従事する労働者を「ブルーカラー」というのに対して、白襟のワイシャツを着て事務・管理・企画系の仕事に従事する労働者を「ホワイトカラー」といいます。

表５－１　年金の種類

	老齢給付	障害給付	遺族給付
厚生年金	老齢厚生年金	障害厚生年金	遺族厚生年金
国民年金	老齢基礎年金	障害基礎年金	遺族基礎年金

2　年金保険制度の全体像と財政方式

年金保険制度は3階建ての建築物に例えられ、1階が国民年金（基礎年金）、2階が厚生年金、3階が私的年金です。財政方式には、積立方式と賦課方式があります。

①年金保険制度の全体像

　図5−1の通り、年金保険制度は3階建ての建築物のような構造で私たちの生活を支えています。1階部分は全国民共通ですが、2階以上は主に職業により加入先が異なります。

　1階部分は、国民年金（基礎年金）で、その基礎年金給付水準は「老後の基礎的な費用を保障する」程度であり、現役時代の就労収入等で「自立した生活を営んで構築した生活基盤」があることを前提とし、基礎年金と現役時代の蓄えを合わせて、「一定の水準の自立した生活を可能とする考え方」で設定されています[1]。「老後の基礎的な費用」のみということから、基礎年金額は生活保護費[*2]よりも低く設定されています。つまり、基礎年金を受給していても年金額が生活保護基準より低い場合には、生活保護の追加受給によって、補足的に生活が保障される前提となっています。

＊2　生活保護費
第7章参照。

　2階部分は、被用者（民間労働者、公務員、私立学校教職員）に適用される厚生年金であり、1階部分である国民年金にも自動的に加入しています。

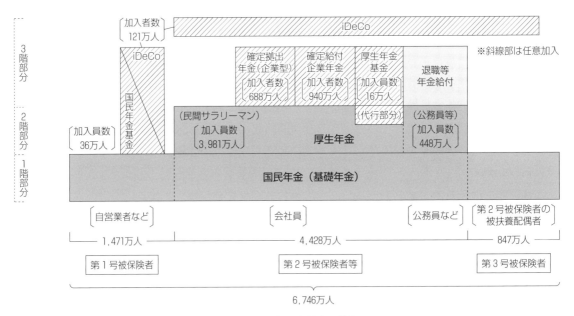

図5−1　年金保険制度の仕組み

注：2019（平成31）年3月末現在。
出典：厚生労働省編『令和2年版　厚生労働白書』日経印刷　2020年　資料編p.238を一部改変

公務員と私立学校教職員は2015（平成27）年9月までは共済年金に加入していましたが、同年10月以降、厚生年金に加入することになりました。

　この1階部分と2階部分が公的年金制度で、国が保険者となり責任を持って運営していくことで20歳以上の国民は強制加入となっています*3。3階部分は任意加入の私的年金です。被用者向けには、確定拠出年金（企業型）、確定給付企業年金、厚生年金基金などがあります。これ以外にも、高齢期の生活をより豊かにするために、iDeCo（個人型確定拠出年金）、銀行等が商品として販売する任意加入の個人年金等があります。自営業者等向けには国民年金基金があり、加入すると国民年金に上乗せ給付されます。

②年金保険制度の財政方式

　年金保険は、老齢、障害、死亡を社会的なリスクとしたうえで、主に所得が多くなる現役時代に保険料を長く納め、リスクが現実となったときには生活が困難な状況にならないように長期に生活を支える制度です。収めた保険料に応じてより豊かな生活を実現しようとする制度ですので、保険料をどのように徴収し、国庫補助を含め財政的にどう処理するかが重要になります。この年金保険制度の財源を確保する財政方式には、一般に、積立方式と賦課方式があります。

〈積立方式〉

　積立方式は、所得が多くなる現役時代に毎月お金を積み立て、積立金の運用*4で利子収入を得て、老後はそのお金を年金として取り崩すというものです。積立方式のメリットは、少子高齢化による人口構成の変動の影響を受けにくいこと、また年金給付費は保険料収入とその資金運用収入によって賄われるため、資金運用が成功すれば保険料負担が軽減され年金額が増えることにあります。一方、積立方式のデメリットは、保険料の金額が基本的に積立金運用収入の成否にかかっているため、金利変動の影響を受けやすくなり、損失リスクを抱えることにあります。この意味で、積立方式は金融市場に左右されるシステムです。また、想定外のインフレ*5があった場合には、現役の加入者に保険料の追加的負担を求め年金額を増やさないと、年金額の価値が下がります。

〈賦課方式〉

　賦課方式は、その年度に必要な年金給付額を計算し、その額に見合った保険料を現役世代から徴収するもので、世代間扶養（支え合い）の考え方に基

*3
次節でも学びますが、日本国内に住所を有する外国籍の人も加入する必要があります。

*4
積立金は、GPIF（年金積立金管理運用独立行政法人）が国内外の金融市場で株式や債券を購入し運用しています。収益がマイナスになる年度もあり、投機性を含んでいます。

*5　インフレ
インフレーションの略で、物価が持続的に上昇する現象のことをいいます。

づいています。賦課方式のメリットは、年金受給者と現役の加入者の比率が安定的であれば、賃金や物価の変動に応じて年金額を改定しても、保険料はあまり影響を受けないことにあります。また、賦課方式では、積立金を保有しないため金利の変動の影響を受けにくくなります。一方、賦課方式のデメリットは、保険料が基本的に現役加入者に対する年金受給者の比率によって決まるため、現役加入者に対する年金受給者の比率が高くなると保険料引き上げが必要となることです。このため、少子高齢化社会では現役世代の保険料負担が過大になるおそれがあります。

以上の積立方式と賦課方式の説明は理論的・技術的なもので、実際には、両方を組み合わせて制度が運営されています。現在の日本の公的年金制度は、賦課方式を原則としています。

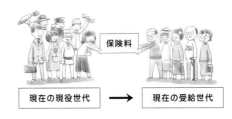

〈国庫負担〉

財源は、保険料のほかに国庫負担（税を財源とする国家予算からの支出）があります。国民年金には、老齢基礎年金、障害基礎年金、遺族基礎年金があり、長年、給付費の3分の1が国庫負担として支出されてきました。国庫負担割合はその後、2004（平成16）年の年金制度改正法によって段階的に引き上げられ、2009（同21）年度から2分の1となりました。年金財政の安定化が目的とはいえ、結果的に、国民年金については、社会手当や公的扶助としての性格がより強くなっていることを意味しています。なお、厚生年金については、事務にかかる費用を除いて国庫負担はありません。

〈2004（平成16）年の年金制度改正法〉

上記の2004（平成16）年の年金制度改正法では、ほかにも重要な制度変更が行われました。まず保険料の固定です。国民年金保険料は、毎年280円（2004［同16］年度価格）ずつ段階的に引き上げ、2017（同29）年度以降1万6,900円（同価格）で固定、厚生年金保険料はその保険料率を段階的に引き上げ、2017（同29）年度以降は18.3％で固定することになりました。厚生労働省は、これを保険料水準固定方式と呼んでいます。

次がマクロ経済スライドによる年金給付の抑制です。これは少子高齢化に関するデータ（被保険者数の減少や平均余命の延びなど）を社会全体の保険料負担能力として数値化し、それを年金改定率に反映させ、自動的に給付の

伸びを抑制するものです。これまで、2015（平成27）年度、2019（令和元）年度、2020（同2）年度に実施されました。

　もう1つが年金積立金の位置づけの変更です。今後の年金給付のため積立金を取り崩していき、100年後に年金給付費1年分の積立金を保有する程度にしていくことになりました。

　このように、年金財政を安定化させる政策がありますが、ほかにも年金財政検証（2016［平成28］年までは「財政再計算」）があります。これは、将来、保険料や給付のバランスが崩れないように、おおむね5年おきに、人口、労働力、賃金上昇率、消費者物価上昇率、被保険者数、受給者数、給付費、積立金等の見通しに基づいて行われます。財政検証の結果は、保険料の率に反映されます。

第2節　国民年金

事例

　　私は仕事を引退し、国民年金を受給しています。高齢者の生活において年金収入がどの程度を占めているかを具体的に知りたいと思います。

　　厚生労働省「2019年国民生活基礎調査」によると、高齢者世帯の1世帯あたりの平均所得金額は、2018（平成30）年時点で312.6万円です。所得の内訳をみると、公的年金・恩給が199.0万円（63.6％）と最も多く、以下、稼働所得72.1万円（23.0％）、財産所得20.4万円（6.5％）、仕送り・企業・個人年金・その他19.4万円（6.2％）、社会保障給付金（年金以外）1.8万円（0.6％）となります。

　　また、公的年金・恩給の総所得に占める割合については、100％が48.4％と年金収入だけで生活している人が約半分を占めており、以下80～100％が12.5％、60～80％が14.5％です。多くの高齢者の生活が国民年金と厚生年金によって支えられています。

キーワード

□国民皆年金	□基礎年金	□保険者	□第1号被保険者	□第2号被保険者
□第3号被保険者	□保険料免除制度	□保険料猶予制度	□受給資格期間	
□老齢基礎年金	□障害基礎年金	□遺族基礎年金	□年金生活者支援給付金	

1　国民年金とは

　国内に居住する20歳以上60歳未満のすべての人は、個人で国民年金に加入し被保険者になります。加入することによって、高齢者、障害者、遺族になったときに、一定程度金銭面から長期的に生活保障されることが約束されます。国民年金は、保険の仕組みを使った世代間の支え合いの制度ですので、保険料の納付が必要です。納付が難しい人には、免除制度と猶予制度があります。

①国民年金の目的

　国民年金法は1959（昭和34）年に成立し、1961（同36）年に施行されました。国民年金法第１条では、国民年金制度は、「日本国憲法第25条第２項に規定する理念に基き、老齢、障害又は死亡によつて国民生活の安定がそこなわれることを国民の共同連帯によつて防止し、もつて健全な国民生活の維持及び向上に寄与することを目的とする」としています。被用者を対象者とする厚生年金・共済年金に加えて、国民年金が自営業者、農業者、漁業者などを対象者とすることによって、国民皆年金体制が確立しました。ただし、被用者の妻や学生など，国民年金は任意加入のケースがありました。

　その後、いわゆる1973（昭和48）年の「福祉元年」をピークとして、年金給付水準は上昇しました。ところが、1970年代後半以降の低経済成長時代に入ると、財政危機と赤字国債発行の常態化、人口の高齢化が次第に顕在化し、反転して年金制度見直しの機運が高まりました。1978（同53）年に成立した大平政権は、財政再建を目指し消費税を導入して財源を確保しようとしましたが、大きな反対に遭い頓挫します。このなかで、各年金制度の統合、年金水準の切り下げ、保険料引き上げ、支給開始年齢の引き上げといった改革の方向性が活発に提言されるようになりました。

　例えば、第二次臨時行政調査会（第二臨調）[6]は、1982（昭和57）年７月の「行政改革に関する第三次答申（基本答申）」で、年金制度の分立による制度間不均衡、財政基盤の不安定性、人口の高齢化などに対して危機感を表明したうえで、被用者年金の統合、年金給付の制度間不均衡の解消、給付水準の適正化、支給開始年齢の引き上げと弾力化、保険料引き上げ、被用者の被扶養配偶者への年金保障を答申しました。

　こうして、1985（昭和60）年の国民年金法改正により、1986（同61）年度から公的年金受給者共通の基礎年金制度が導入されました（図５−２）。これによって、公的年金制度の１階部分が一元化されました。また、被用者の妻も強制加入となり、女性の年金権が確立するとともに、20歳より前に障害者となった人に対して満額の障害基礎年金が支給されるようになりました。

＊6　第二次臨時行政調査会
行政のスリム化などを念頭に、行政改革の方向性について調査・審議するために旧総理府に設置された内閣総理大臣の諮問機関です。第二臨調（土光敏夫会長）は、1981（昭和56）年〜1983（同58）年にかけて「増税なき財政再建」をスローガンに設置され、「小さな政府」「民営化」を目指す新自由主義や保守主義を理論的背景とし、社会保障費を削減する司令塔となりました。第二臨調は、老人医療費、年金、児童手当、生活保護などを中心に、広範囲にわたって給付削減や負担増を主導しました。

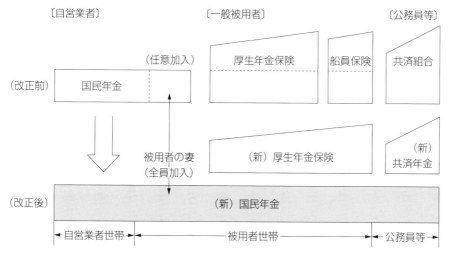

〔自営業者〕　　　　　〔一般被用者〕　　　　　　　　〔公務員等〕

（任意加入）　　　厚生年金保険　　船員保険　　共済組合

（改正前）　国民年金

被用者の妻
（全員加入）　　　（新）厚生年金保険　　　　　　（新）
　　　　　　　　　　　　　　　　　　　　　　　　共済年金

（改正後）　　　　　　　　　　（新）国民年金

自営業者世帯　　　　　　　　被用者世帯　　　　　　　公務員等

図5－2　年金制度再編成図

出典：厚生労働統計協会編『保険と年金の動向2019／2020』厚生労働統計協会　2019年　p.231

②保険者と被保険者

　日本国内に住所を有する20歳以上60歳未満の人は、国民年金に強制的に個人単位で加入します。国籍要件はなく、外国籍の人も加入する必要があります。加入の手続きは自ら市町村の国民年金課や年金事務所で行います。

　国民年金法第3条に「国民年金事業は、政府が、管掌する」とあるように、国民年金の保険者は国です。被保険者は、第1号被保険者、第2号被保険者、第3号被保険者の3種類があります（図5－1参照）。

　第1号被保険者は、自営業者、農業者、学生などであり、第2号被保険者・第3号被保険者ではない人すべてが該当します。2019（平成31）年3月末現在で、約1,471万人が加入しています。低所得者には免除・納付猶予制度があります。

　第2号被保険者は、民間サラリーマン、公務員等で厚生年金加入者が該当します。2019（平成31）年3月末現在で、約4,428万人が加入しています。厚生年金に加入すると自動的に国民年金にも加入することになります。

　第3号被保険者は、民間サラリーマン、公務員等の被扶養配偶者です。なお、被扶養配偶者には、婚姻届を出しておらず事実上婚姻関係と同様の事情にある人も含んでいます。2019（平成31）年3月末現在で、約847万人が加入しています。労働時間が正社員の4分の3以上であれば第2号被保険者になります。

③保険料

　国民年金の第１号被保険者の保険料は定額で、月額１万6,540円です（2020〔令和２〕年度現在）。第２号被保険者の国民年金保険料は、厚生年金の保険料から保険者を通じて事後的に支払われています。また、第３号被保険者本人の負担は不要で、夫または妻の加入している厚生年金の保険者が負担しています。

④免除制度と猶予制度

〈免除制度〉

　国民年金の第１号被保険者のなかには低所得者や失業者が含まれますので、保険料を納めることが困難な場合、申請によって保険料免除や納付特例（猶予）を受けることができます。

　全額免除には、まず法定免除があり、生活保護（生活扶助）制度利用者、障害基礎年金・障害厚生（共済）年金受給者、国立脊髄療養所その他厚生労働省令で定める施設入所者が該当します。もう１つは、所得が少ないなど保険料を納めることが著しく困難と認められる場合です。本人が申請をし審査を受け、要件を満たせば全額免除となります。免除には、半額免除、４分の３免除、４分の１免除があります。ただし、学生と国民年金任意加入被保険者*7は対象外です。

　そのほかにも、障害者または寡婦であって前年の所得が125万円以下の人、失業、倒産、事業の廃止により急激に収入が悪化するなど保険料を納付することが困難な人、天災により被害金額が財産のおおむね２分の１以上である人も、申請により免除が受けられる場合があります。

　免除期間は、受給資格期間（年金を受給するために必要な期間）に含まれます。そして、免除期間や免除の種類に応じて年金額が決まることになります。全額免除の場合、その期間は２分の１となり、半額免除は４分の３となります。ただし、10年以内に保険料を追納することで給付額が回復します。

　近年、社会保障制度と次世代育成支援がセットになることが多くなっています。2019（令和元）年４月から、第１号被保険者が出産をする場合、産前産後の国民年金保険料が免除されるこ

第１号被保険者

＊7　国民年金任意加入被保険者
60歳までに老齢基礎年金受給資格を満たしていない人や満額受給できないため年金増額を希望する人は、60歳以降でも国民年金に任意加入することができます（厚生年金保険加入者を除く）。この被保険者のことをいいます。

とになりました。免除期間は、出産予定日または出産日が属する月の前月から4か月間です。多胎妊娠（2人以上の赤ちゃんの同時妊娠）の場合の免除期間は、出産予定日または出産日が属する月の3か月前から最大6か月間です。この免除期間は、保険料を納付したものとして年金受給額に反映されます。産前産後期間の保険料を前納している場合、全額還付（返金）されます。

〈猶予制度〉

学生については、学生納付特例制度（猶予制度）があり、申請すれば在学中は全額を納付猶予されます。対象者は、本人の所得が118万円以下で、大学院、大学、短大、高等専門学校等に在学する20歳以上の学生です。定時制、通信制の学生も対象です。

また学生ではない50歳未満の保険料納付困難者については、本人および配偶者の所得が一定額（全額免除の基準と同額）以下の場合、申請により全額を納付猶予される場合があります。

納付猶予が認められた期間は、いずれの場合も、将来受け取る年金の受給資格要件には参入されますが、年金額には反映されません。ただし、10年以内であれば保険料を追納することができ、追納すれば将来受給する老齢基礎年金額に反映されます。

2　給付

国民年金は、老齢基礎年金、障害基礎年金、遺族基礎年金の3つが基本的給付で、ほかにも年金生活者支援給付金、独自年金等があります。

①老齢基礎年金

老齢基礎年金の受給資格期間は10年*8です。この期間には、国民年金保険料の納付済期間、厚生年金・共済組合等の加入期間、国民年金保険料免除期間、保険料猶予期間が含まれています。

老齢基礎年金額は「満額老齢基礎年金額×保険料納付月数÷480（か月）」で計算されます。40年間納付した人の場合、月額で6万5,141円（2020［令和2］年度現在）ですが、保険料未納期間がある場合、その分年金額は減額となります。

支給開始年齢は原則として65歳ですが、申請により60歳から65歳になるまでの間に繰り上げて受給したり、66歳から70歳までの間に繰り下げて受給することができます。なお、2020（令和2）年5月の年金制度改革関連法の成

*8
老齢基礎年金の受給資格期間は、2017（平成29）年7月までは原則として25年以上が必要でしたが、制度改正により同年8月からその期間が10年に大幅短縮され、老齢基礎年金受給者の範囲が広がりました。

立により、2022（同４）年４月から75歳までの繰り下げが選択できるようになります。繰り上げた場合には年金は減額され、繰り下げた場合には年金は増額されます。

②障害基礎年金

　障害基礎年金は、国民年金の被保険者である間、または被保険者だった者が60歳以上65歳未満の間に、病気やけがをして障害者になったときに給付されます。老齢基礎年金のように受給資格期間はありませんが、初診日前に、未納期間が被保険者期間の３分の１を超えると支給されません。または、初診日のある月の前々月までの１年間に未納がないことです（特例措置）。

　給付は、障害の程度により１級と２級があり、２級は満額の老齢基礎年金と同じ月額６万5,141円（2020［令和２］年度現在）が支給されます。１級には満額の老齢基礎年金の1.25倍の額が支給されます。

　20歳未満の障害者は、20歳になったら障害基礎年金の支給が始まります。ただし、年金加入を要件としていないため、所得制限があります。前年の所得額が360万4,000円以下は全額支給、360万4,001円〜462万1,000円が２分の１支給停止、462万1,000円を超える場合には全額支給停止となります。なお、扶養親族がいる場合、扶養親族１人につき所得制限額が38万円加算されます。

　また、かつては、学生や専業主婦は国民年金任意加入者でしたが、加入していない時期に障害者になり障害基礎年金を受給できない場合、福祉的措置として、2005（平成17）年４月から特別障害給付金が支給されています。給付は、障害の程度により１級と２級があり、２級は月額４万1,960円です（2020［令和２］年度現在）。１級には２級の1.25倍の額が支給されます。

③遺族基礎年金

　遺族基礎年金は、国民年金の被保険者が死亡したとき、60歳以上65歳未満の被保険者であった人が死亡したとき、老齢基礎年金受給者が死亡したとき、老齢基礎年金の受給資格期間を満たした人が死亡したときに、遺族へ支給されます。

　遺族基礎年金における遺族とは、死亡した人によって生計を維持されていた、子のある配偶者または子です。子とは、18歳の年度末までの子、20歳未満で障害等級１・２級の障害がある子です。

　遺族基礎年金の額は、老齢基礎年金の満額と同じです。

④年金生活者支援給付金

　年金生活者支援給付金は、「社会保障と税の一体改革」の一環として、消費税率が8％から10％に引き上げられた2019（令和元）年10月から導入されました。この消費税引き上げ分を活用し、年金やその他の収入が低く、一定基準額以下の年金受給者の生活を支援するために、全額を国庫負担で年金に上乗せして支給されます。

　老齢年金生活者支援給付金は、支給要件として、老齢基礎年金受給者で、「65歳以上」「世帯員全員の市民税が非課税」「前年の老齢年金収入額とその他の所得の合計額が87万9,900円以下」のすべてを満たす必要があります。老齢年金生活者支援給付額は、月額5,030円を基準に、保険料納付済期間等に応じて算出されますので、その期間が短い（年金額が少ない）ほど、給付額も少なくなります。また、前年の所得額が「462万1,000円＋扶養親族の数×38万円」以下の障害基礎年金受給者と遺族基礎年金受給者に、それぞれ障害年金生活者支援給付金（障害等級2級：月額5,030円、障害等級1級：月額6,288円）と遺族年金生活者支援給付金（月額5,030円）が支給されます（給付金額等は、2020［令和2］年度現在の金額です）。

⑤独自年金等（寡婦年金、付加年金、死亡一時金）

　寡婦年金は、第1号被保険者として老齢基礎年金の受給資格を満たしていた夫が年金を受給せずに死亡した場合に、60歳～64歳の間夫が受け取るはずだった老齢基礎年金の4分の3が妻に給付されます。

　付加年金は、国民年金保険料に月400円の付加保険料を任意に追加納付することで年金額が増える制度です。付加年金は老齢基礎年金を受けられるようになったときに、老齢基礎年金に「200円×付加保険料納付月数」分が上乗せされます。

　死亡一時金は、第1号被保険者として3年以上保険料を納付した人が、老齢基礎年金・障害基礎年金を受給せずに死亡した場合、遺族（優先順位は、配偶者、子、父母、孫、祖父母、兄弟姉妹）に支給されます。金額は、保険料を納めた月数に応じて12万円～32万円の間で設定されています。なお、遺族が遺族基礎年金を受けられる場合は支給されません。また、寡婦年金を受けられる場合は、どちらか一方を選ぶことになります。

事 例

　週3日、1日あたり5時間ほどパートで働いています。夫は同じ大学の同級生で、結婚を前提につき合っていました。大学卒業と同時に厚生年金に加入する正社員の夫と結婚し、現在まで専業主婦を続けてきました。大学時代は親が国民年金の保険料を払ってくれていました。結婚後は、無職かパートの仕事でしたので、夫の扶養に入ってきました。夫は今年（2020［令和2］年）に退職予定です。夫婦の年金はモデルケースでいくらくらいになるでしょうか。また、私の分の老齢基礎年金額も教えてください。

　日本年金機構によると、2020（令和2）年度の標準的な年金額は、正社員勤務の夫の老齢基礎年金と老齢厚生年金、専業主婦の妻の老齢基礎年金を合算して夫婦2人で22万724円（月額）となっています（夫は40年間の平均の標準報酬月額が43.9万円で40年働いた場合）。

　あなたは、大学入学後20歳になったときから国民年金に加入し、保険料を納付していますので、大学時代の分は年金受給資格期間に入り、結婚後60歳までは夫の被扶養配偶者（第三号被保険者）として、受給資格期間に入ります。このままの状態が続くと、妻の分としては、65歳から老齢基礎年金満額が支給されます。

　このように、厚生年金の長期加入は、国民年金加入のみに比べると、夫婦の老後生活に豊かさをもたらすことがわかります。

🔑 キーワード 🔒

□老齢厚生年金　　□障害厚生年金　　□遺族厚生年金　　□労働者　　□保険者

□被保険者　　□特別支給の老齢厚生年金　　□在職老齢年金

1　厚生年金とは

　厚生年金に加入することによって、高齢者、障害者、遺族になったときに、生活を金銭面から長期的に保障されることが約束されます。

①厚生年金の目的

　厚生年金保険法第1条では、「この法律は、労働者の老齢、障害又は死亡について保険給付を行い、労働者及びその遺族の生活の安定と福祉の向上に寄与することを目的とする」としています。

　労働基準法第９条では、労働者の定義として「職業の種類を問わず、事業又は事務所に使用される者で、賃金を支払われる者」と規定しています。非正規労働者にも適用される労働基準法に対し、厚生年金保険法は非正規労働者の一部には適用されないため、労働者の定義を狭くしていることになります。

　厚生年金の保険給付には、老齢厚生年金、障害厚生年金、遺族厚生年金があります。

②保険者と被保険者

　厚生年金保険法第２条に「厚生年金保険は、政府が、管掌する」とあるように、厚生年金の保険者は国です。

　厚生年金は、常時５人以上の従業員を使用する一定の業種の事業所・事務所、国・地方公共団体または従業員を常時使用している法人の事業所・事務所に強制的に適用され、適用事業所に使用される70歳未満の従業員が被保険者となります。適用事業所以外の事業所に使用される従業員は、厚生労働大臣の認可を受けて被保険者となることができます。2019（平成31）年３月末現在で、民間被用者約3,981万人、公務員・私立学校教職員約448万人が加入しています（図5－1参照）。

　パート、アルバイト、日雇労働者、季節労働者などの非正規雇用の場合、労働時間が通常の労働者の４分の３未満で、１週間の所定労働時間が20時間未満等の従業員は、厚生年金に加入できません＊９。

③保険料

　厚生年金の加入や保険料の支払い手続きは被保険者が所属する会社（事業所や事務所）が行ってくれます。2003（平成15）年４月より、賞与も報酬に含まれるようになり、年金額に反映されることになりました。年金保険料は報酬（給与と賞与）から天引きされる仕組みを取っており、確実に徴収されます。また、厚生年金に加入すると、自動的に国民年金にも加入することになり、厚生年金の保険料に国民年金保険料は含まれます。

　保険料は、報酬に決まった保険料率を掛けた額となります。報酬については、被保険者の報酬月額に基づいて標準報酬月額＊10と標準賞与額＊11が等級区分によって定められています。このため保険料と年金額は報酬額に比例します。保険料の半分は会社が負担（労使折半）しています。この点が国民年金のみの人との大きな違いです。

　厚生年金の保険料率は18.3％（2020［令和２］年度現在）です。ただし、経過措置として、公務員、私立学校教職員はこの保険料率よりも低く設定さ

＊９
高校生や大学生（夜間や定時制を除く）も加入できません。

＊10　標準報酬月額
会社からの基本給や各種手当（通勤手当等）を合計した１か月の総支給額を「報酬月額」といいますが、これを保険料額表の１等級（８万8,000円）～32等級（65万円）に分け、その等級に該当する支給額のことを「標準報酬月額」といいます。

＊11　標準賞与額
賞与とは、ボーナス、期末手当など、年３回以下の回数で会社から支給される金銭のことをいいますが、その月に支払われた賞与額の1,000円未満を切り捨てた額を標準賞与額としています（支給１回分について上限150万円）。

＊12
産前産後休業期間とは、産前42日（多胎妊娠の場合は98日）、産後56日のうち、妊娠または出産を理由として職務に従事しなかった期間です。

れています。保険料がかかる上限は、給与で月額65万円、賞与で１回あたり150万円です。

なお、2014（平成26）年４月から、産前産後休業期間[*12]中や育児休業期間[*13]中の厚生年金保険料は、休業開始月から終了予定日の翌日の月の前月まで、被保険者も会社も納付を健康保険料と合わせて免除されています。免除を受けたとしても、免除された期間分は年金額に反映されます。

2 給付

厚生年金には、老齢厚生年金、障害厚生年金、遺族厚生年金の３つの給付があります。

①老齢厚生年金

老齢厚生年金は、老齢基礎年金の受給資格期間を満たしている人が65歳になったときに給付されます。厚生年金加入が１か月以上あれば、老齢厚生年金を受給することができます[*14]。ただし、老齢基礎年金の受給資格を満たしている必要があります。

老齢厚生年金額は、「平均標準報酬額×（5.481/1000）×被保険者期間の月数」で計算され、現役時代の給与・賞与と被保険者期間に比例します。過去から現在の標準報酬の貨幣価値には変化があるため、再評価されたうえで年金額は決まります。ただし、制度改正前の2003（平成15）年３月以前分は、保険料に賞与分が含まれていなかったため、「平均標準報酬月額×（7.125/1000）×被保険者期間の月数」で計算されます。

なお、老齢厚生年金の繰り上げ支給と繰り下げ支給を選択することもできます。

〈特別支給の老齢厚生年金〉

老齢厚生年金の支給開始年齢の引き上げは、1970年代から提言されていましたが、1986（昭和61）年の年金制度改正により、老齢厚生年金の支給は60歳から65歳に引き上げられ、当分の間、60歳から64歳までの老齢厚生年金が特別に支給されることになりました。これが、特別支給の老齢厚生年金で、「報酬比例部分」と「定額部分」の２つがあります。

実際には、図５－３の通り、1994（平成６）年の法改正で老齢厚生年金の定額部分（基礎年金部分）の支給開始年齢が60歳から65歳へ段階的に引き上げられ、2000（同12）年の法改正で、老齢厚生年金の報酬比例部分の支給開始年齢が2013（同25）年度から2025（令和７）年度にかけて60歳から65歳へ

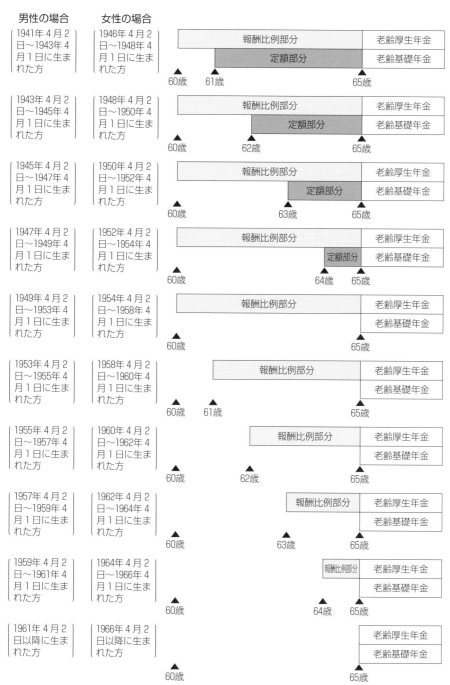

図5－3　特別支給の老齢厚生年金の支給開始年齢

出典：日本年金機構「受給開始年齢の一覧表」を一部改変

引き上げられることになりました（女性の年金はもともと55歳から支給されていたため、どちらも女性は5年遅れ）。この改正は、明らかに厚生年金の給付費を大幅に抑制するためのものでした。

〈在職老齢年金〉

　60歳以上の人で、会社で働き厚生年金に加入しつつ厚生年金の支給を受ける場合、その年金のことを在職老齢年金といいます。老齢厚生年金額と賃金額により、当初受ける予定であった老齢厚生年金額を減額する仕組みです。老齢基礎年金部分は全額支給されます。

　在職老齢年金は「60歳～65歳未満」と「65歳以上」で扱いが異なり、60歳～65歳未満の場合、賃金と年金の合計が28万円（月額）を超えると年金が減額されます（2022［令和4］年4月以降は65歳以上と同じ47万円となります）。65歳以上は、賃金と年金の合計47万円（月額）を超えると年金が減額されます。

②障害厚生年金

　障害厚生年金は、厚生年金加入中に病気やけがをして障害者になったときに給付されます。障害の原因となった病気やけがをしたときに初めて医療機関にかかって診療を受けた日を初診日といい、初診日から1年6か月を経過した日に障害の状態にあるか、または65歳に達する日の前日までの間に障害の状態となった場合に認定されます。

　障害厚生年金の支給要件は、初診日のある月の前々月までの厚生年金の加入期間の3分の2以上の期間において保険料が納付されている場合、あるいは初診日において65歳未満で初診日のある月の前々月までの1年間に保険料未納がない場合のいずれかの要件を満たしていることです。

　障害厚生年金が支給される障害の程度は3段階です。給付額は、障害の重さに応じて変わり、2級と3級が老齢厚生年金と同じ額で、1級はその1.25倍です。3級の人には障害基礎年金が支給されないため、最低保障額（2020［令和2］年度現在、年額58万6,300円）の支給となっています。

　なお、障害厚生年金が対象とする障害の程度より軽い場合には、障害手当金が支給されます。

③遺族厚生年金

　遺族厚生年金は、被保険者が死亡したとき、また被保険者期間中の傷病がもとになって初診日から5年以内に死亡したとき、老齢厚生年金の受給資格期間が25年以上ある人が死亡したとき、1・2級の障害厚生年金を受けられ

る人が死亡したときに遺族に支給されます。

　遺族厚生年金の遺族とは、死亡者により生計を維持されていた妻、子、孫、55歳以上の夫、父母、祖父母です。ただし、2007（平成19）年4月から、子のない30歳未満の妻への給付は、夫死亡後5年間に限定されています。

　給付額は、老齢厚生年金額の4分の3となっています。ただし、被保険者期間が25年未満の場合は25年で計算されます。

第4節　企業年金等

事　例

　公的年金のほかに、職場や個人で加入する年金があると聞きました。加入を検討していますが、まずはどのように考えるべきでしょうか。

　退職すると基本的には収入はゼロになります。そのため、公的年金（国民年金、厚生年金）に加入します。公的年金を超える給付を受け、豊かな老後生活を送りたいと考える場合、余裕のある範囲で企業年金等に任意加入することもできます。税制優遇もあります。ただし、高リスクの年金保険もありますので、詳細な検討が必要になります。

🔑 キーワード 🔒

□企業年金　　　□厚生年金基金　　　□確定給付企業年金（基金型・規約型）

□確定拠出年金（企業型・個人型）　　　□国民年金基金　　　□退職等年金給付

1　企業年金等の概要

　企業年金等には、厚生年金基金、確定給付企業年金（基金型・規約型）、確定拠出年金（企業型・個人型）、国民年金基金、退職等年金給付があります。

①企業年金

　企業年金には、企業が被用者と給付の内容を契約し、高齢期に年金を受け取ることができる確定給付型として、厚生年金基金、確定給付企業年金（基金型・規約型）があります。年金給付を事前に約束するので被用者にとって安心できる制度です。しかし、企業や個人の保険料負担が大きくなる傾向があります。

②確定拠出年金（企業型・個人型）

　確定拠出年金は、拠出した保険料が個人ごとに明確に区分され、保険料とその運用収益との合計額によって、高齢期の年金給付額が事後的に決まる制度です。年金額を事前に約束せず、金融市場で保険料を運用して年金給付に回す仕組みであるため、個人のリスクは高くなります。愛称はiDeCo（イデコ）です。

③国民年金基金

　主に自営業者などの国民年金第1号被保険者を対象として、高齢期の生活水準を高めるために、老齢基礎年金に上乗せする制度として1991（平成3）年4月より始まりました。任意加入ではありますが、第2号被保険者のように2階建ての給付にすることが可能です。

④退職等年金給付

　被用者年金制度の一元化方針によって、2015（平成27）年10月から共済年金加入者であった公務員および私立学校教職員も厚生年金に加入することになりました。これに伴い、共済年金の職域加算部分は廃止され、新たに退職等年金給付が創設されました。ただし、2015（同27）年9月までの共済年金加入期間分は、同年10月以降も加入期間に応じた職域加算部分が支給されます。

表5-2　企業年金等の種類

種類		加入者	加入者数
企業年金	厚生年金基金	第2号被保険者	16万人
	確定給付企業年金（基金型）		940万人
	確定給付企業年金（規約型）		
	確定拠出年金（企業型）		688万人
確定拠出年金（個人型）※iDeCo		第1号被保険者 第2号被保険者 第3号被保険者	121万人
国民年金基金		第1号被保険者	36万人

注：2019（平成31）年3月末現在
出所：企業年金連合会「企業年金制度」より作成
　　　https://www.pfa.or.jp/nenkin/nenkin_tsusan/nenkin_tsuusan01.html（2020［令和2］年8月1日閲覧）

引用文献

1）厚生労働省年金局「公的年金制度に関する考え方（第2版）」2001年
　　https://www.mhlw.go.jp/general/seido/nenkin/seido/index.html（2020年8月1日閲覧）

参考文献

・明石順平『キリギリスの年金－統計が示す私たちの現実－』朝日新聞出版　2020年
・厚生労働省編『平成30年版厚生労働白書』日経印刷　2019年
・兒玉美穂『はじめての年金・医療保険－保険の基本は社会保険から－』集英社　2001年
・坂本圭「第5章　年金保険制度」今井伸編『わかる・みえる社会保障論　第2版』みらい　2019年
・椋野美智子・田中耕太郎『はじめての社会保障　第17版』有斐閣　2020年
・横山和彦・田多英範編『日本社会保障の歴史』学文社　1991年

💡 実務に役立つQ&A　こんなときどうする？

Q：大学生のとき、学生納付特例制度（猶予制度）を利用していました。現在、卒業して5年が経っていますが、もう保険料を納めることはできないのでしょうか。

A：卒業後10年以内であれば保険料を追納できますので、これからでも遅くはありません。

Q：正社員の夫と離婚をしました。子どもは私が育てます。専業主婦でしたので、国民年金保険料は納めていませんでした。私はこれからどうなるのでしょうか。

A：結婚をしている間は夫の被扶養配偶者で国民年金の第3号被保険者でしたので、保険料は納めていることになります。引き続き国民年金に加入するために、今後第1号被保険者または第2号被保険者への変更手続きが必要です。なお、今後ひとり親世帯である間、子どもが高校を卒業するまで（子どもに障害がある場合は20歳になるまで）、児童扶養手当を受けることができます。ただし、所得制限があります。

Q：国民年金に加入し、保険料は欠かさず納付しています。私は弱視でしたが、先日急に網膜剥離（眼球の内側にある網膜が剥がれる病気で視力低下や失明が起きることがある）になり緊急手術をしましたが、思ったよりも病状が良くなく、視力が急激に低下しました。医師には今後視力が回復する見込みはないと断言されていますが、こうした場合でも年金を受給できるのでしょうか。

A：障害基礎年金の申請には、網膜剥離で眼科に通院した初診日がいつかが重要になります。初診日には国民年金保険料の滞納はありませんので、原則矯正視力が下記の要件に合うようでしたら、障害基礎年金を受給できます。
　　障害等級1級：両眼の視力の和が0.04以下
　　障害等級2級：両眼の視力の和が0.05以上0.08以下

✏️第5章　ミニットペーパー

　年　　月　　日（　）第（　）限　　　　学籍番号 _____

　　　　　　　　　　　　　　　　　　　　氏　　名 _____

本章で学んだこと、そのなかで感じたこと

_____

_____

_____

_____

_____

_____

_____

理解できなかったこと、疑問点

_____

_____

_____

_____

_____

_____

_____

✏️TRY してみよう

①国民年金の第3号被保険者とは、第（　　　　）号被保険者に扶養されている配偶
　者のことをいう。

②障害基礎年金1級の年金額は、障害基礎年金2級の（　　　　）倍である。

③年金保険料の支払いは、国民年金は定額であるのに対し、厚生年金と共済年金の
　保険料は、（　　　　）比例である。

第 **6** 章

介護保険制度

―高齢者を支える制度は
どうなっているの？―

事例

　先月、同居中の祖母が急に倒れて救急車で病院に運ばれました。幸い、大事には至らなかったものの、ベッド上での生活が長かったせいか、筋力が低下して自分で歩くこともトイレに行くこともできません。しかし、病状が落ち着いたので、2週間後には退院をするようにと、医師から言われました。また、早急に介護保険の利用手続きを行うことも促されました。一応、自宅に戻る方向で考えていますが、父と母は仕事、私は学生のため昼間は祖母一人になってしまいます。

　そこで、市役所に電話したところ、地域包括支援センター（p.122参照）という相談支援機関を紹介され、介護保険を利用して自宅にヘルパーさんをお願いすることや、車いすや介護用ベッドのレンタルの段取りをしてもらいました。その際に、介護保険が本人だけでなく、家族も支えてくれる制度であることを知りましたが、昔は家族による介護がほとんどだったと聞いています。本当に家族にとってありがたい制度ですが、どのような経緯で、介護保険制度ができたのか教えてください。

　家族が突然に救急車で運ばれ、介護が必要になることは誰にでも起きる可能性のあることです。特に、高齢者と同居する家族にとっては他人事ではありません。事例のように命に別状はなくても、寝たきりの状態で退院を迫られることも少なくありません。集中的な医療が終了すると、今度は介護中心の支援の段階に移ることになります。

　こういった場合の支援というと、ホームヘルパーによる洗濯や買い物、掃除などの家事や、入浴、食事の支援が思い浮かびます。また、デイサービスセンターやリハビリ施設などに通所できることも、多くの方に知られるようになってきました。以上のようなサービスは現在、介護保険を使って利用できますが、以前は家族による介護が中心でした。ホームヘルプサービスや介護施設入所はかつての老人福祉制度にもありましたが、対象は原則として低所得者だけでした。また、福祉事務所などの行政機関が利用を決めてしまうので、利用者や家族はサービスの内容や量をほとんど選べませんでした。

　そこで2000（平成12）年、①自立支援、②利用者本位に基づいた選択の自由、③社会保険方式の導入などを目的とした介護保険制度が導入されました。

🔑 キーワード 🔒

□介護保険制度　　□高齢化の進展　　□老老介護　　□老人福祉制度　　□老人医療制度
□社会的入院

1　制度導入の経緯

　介護保険制度導入の背景には、日本社会の急速な高齢化、家族介護、従来の老人医療・福祉制度の問題などがありました。これらの問題を解消するために政府は1997（平成9）年、介護保険法を成立させ、2000（同12）年4月より施行しました。医療保険、労働者災害補償保険、年金保険、雇用保険に続く、わが国で5番目となる社会保険制度の誕生でした。介護保険制度導入のねらいは主に3つありました。すなわち、①介護を社会全体で支え自立を支援すること、②社会福祉法人や医療法人に限らず、民間企業などが提供するサービスのなかから利用者が自由に選択できるようにすること、③社会保険方式の導入により、費用負担とサービス利用の関係を明確にすることでした。

①要介護者の増大と既存の制度の限界

　介護保険制度導入の経緯には、主に2つの問題が関係しています。1つ目は、高齢化の進展に伴い要介護高齢者が増加し、介護期間の長期化など、介護ニーズが増大したことです。それまでの高齢者介護は家族による介護に大きく依存していました。そのため、介護者が介護を理由に仕事を辞めたり、転職や休業をしたりする例も多くありました。これを介護離職といいます。また、急速な高齢化により、高齢者が高齢者を介護する老老介護が社会問題になりました。さらに、介護者である家族が、介護に伴う精神的・肉体的な苦痛の果てに、要介護高齢者を殺害するなどといった、いわゆる介護殺人事件も全国各地で多発しました。このように、要介護高齢者を支えてきた家族をめぐる状況も激動していたのです。

　2つ目の問題は、従来の制度の短所が目立ってきたことでした。介護保険制度が導入される前は、老人福祉制度と老人医療制度により介護サービスの提供が行われてきました。老人福祉制度では、特別養護老人ホームへの入所などのサービスが提供されていましたが、それらのサービスを提供する事業所やサービス内容、量などの重要事項は市区町村職員の職権で決められていました。このような利用方式は措置制度と呼ばれています。措置制度のもとでの利用者には申請権、すなわちサービスの利用を申し込む権利が与えられていませんでした。さらには、サービスの内容や量も自由に選択できないなどの課題を抱えていました（図6-1）。一方、老人医療制度では、要介護高齢者の一般病院への入院などが頻繁に行われていました。通常、病院への入院は治療を必要とする患者が対象となります。しかし日本の場合、治療の必要がなく、むしろ食事や入浴、排せつ面での介護のみが必要な高齢者が、一般病院等に介護を受ける目的で長期にわたって入院する、いわゆる社会的入院が1980年代から増加しており、大きな社会問題となっていました。一般

図6−1　高齢者介護に関する従前の制度の問題点

出典：厚生労働省「公的介護保険制度の現状と今後の役割（平成30年度）」p.9を一部改変

病院への入院は、老人福祉サービスよりもコストがかかります。しかし、自己負担分に限っていえば、特に中高所得の利用者にとっては、応能負担方式で自己負担額を払う必要がある老人福祉サービスを利用するよりも、医療保険を使って入院する方が少ない負担で済んだのです[*1]。このことも、要介護高齢者による不適切なサービス利用を招く要因となっていました。

②介護保険制度の導入

　このように、介護保険制度が導入された背景には、高齢化の進展や家族介護の問題、従来の制度のあり方といった問題がありました。そこで、これらの問題を解消することをねらいとして、政府は1997（平成9）年に介護保険法を制定し、2000（同12）年4月より施行しました。この法律の基本的な考え方は①自立支援、②利用者本位、③社会保険方式の3つです。

　まず①自立支援は、社会福祉基礎構造改革[*2]の基本的な考え方に基づいて、介護福祉サービスの目標についても、単に身体が不自由になった高齢者の身の回りの世話をすることだけでなく、最終的には本人に自立した生活を送ってもらうことと設定されました。

　次に②利用者本位として、これまでの市町村や社会福祉法人などの公的機関に加えて、「民間企業、農協、生協、NPOなど多様な事業者」から利用者が自由に選択して、「保健医療サービス、福祉サービスを総合的に受けられ

*1
措置制度のもとでは、利用者の自己負担は応能負担方式で決められていました。この方式では、サービスの利用者は支払い能力に応じて利用料を払うので、中高所得者は低所得者に比べて割高の利用料を払っていました。一方、医療保険制度では、高齢者はかなり低い自己負担で入院が可能でした。1973（昭和48）年の老人医療費無料化制度では、70歳以上で所得が一定以下の高齢者であれば無料で入院ができました。同制度は老人保健法が施行された1983（同58）年2月に撤廃されましたが、新しく制定された老人保健制度のもとでも1日あたり300円で、さらに介護保険法が施行される前の1999（平成11）年の同制度改正後も1日1,200円という低い自己負担で入院が可能でした。

*2　社会福祉基礎構造改革
第12章p.250参照。

る制度」が目指されました。

　加えて③社会保険方式の導入により、給付と負担の関係を明確にし、低所得層だけでなく、中高所得層である国民の理解も得やすい仕組みを導入することとなりました。同時に、介護福祉を独立した社会保険制度とすることで、医療保険制度から切り離し、社会的入院を解消することも目的とされていました。

第2節　介護保険制度の概要

事例

　私の父（70歳、男性）は、母と夫婦で暮らしています。5年ほど前に脳梗塞を患い、左半身に軽度の麻痺が残りました。私は、近所に住んでいることもあり、週に数回訪問して金銭管理面の世話をしています。最近、父が自宅付近を徘徊するようになったため、今後の生活について家族で話し合いました。その結果、とりあえず訪問介護（ホームヘルプサービス）や通所介護（デイサービス）などを利用して様子を見ることになりました。しかし、介護保険の利用方法がわかりません。どのような手順で介護保険のサービスを利用できるのでしょうか。なお、父は住み慣れた自宅の生活を強く希望していますが、家族としてはいずれ施設への入所も検討しなければならないと思っています。

　介護保険制度の利用には、まず要介護認定の申請を市区町村に行う必要があります。その後、お父様の状態を確認するために訪問調査が行われます。併せて、市区町村が直接お父様の主治医より意見書を取り寄せて、介護認定審査会で要介護度を認定します。認定結果は原則として1か月以内に郵送されます。この調査には費用はかかりません。結果に不満があるときには、都道府県に設置される介護保険審査会に不服を申し立てることができます。

　次に、ケアプラン（居宅サービス計画）を作成します。ケアプランはご本人やご家族でも作成できますが、通常は介護支援専門員（ケアマネジャー）を選び、お父様の心身の状況、環境、お父様やご家族の希望等をできるだけふまえて、利用するサービス等の種類や回数等を定めたケアプランを作成してもらいます。ケアマネジャーは、このケアプランに基づき、ホームヘルプサービスやデイサービスなどの具体的なサービス事業者との調整を行い、お父様の居宅サービスの利用を支援してくれます。費用についても、わかりやすく提示してくれます（要支援の場合は、地域包括支援センターが計画作成・サービス利用の支援を行います）。なお、ケアマネジャーによるケアプランの作成とその後の調整には介護保険が利用でき、給付割合は自己負担なしの10割となっています（居宅介護支援および介護予防支援）。

　一方、介護保険施設に入所が必要な場合は、ケアマネジャーからも施設を紹介しても

らえますが、市区町村の窓口や地域包括支援センターの方が情報を多く持っている場合があります。なお、施設入所の申し込みは、原則としてお父様ご本人かご家族が行うことになっています。また、特別養護老人ホームの場合、お父様が要介護3以上でなければ介護保険を利用した入所はできません。

　もし、ケアマネジャーがどこにいるのかわからない場合は、市区町村の窓口や地域包括支援センターで情報を得ることができます。市区町村職員やケアマネジャーとよく相談して、お父様が適切なサービスを受けられるようにすることが大切です。

🔑 キーワード 🔒

- □第1号被保険者　　□第2号被保険者　　□要介護　　□要支援　　□特定疾病
- □介護認定審査会　　□介護保険審査会　　□介護給付　　□予防給付
- □高額介護サービス費　　□高額介護合算療養費　　□介護報酬　　□地域支援事業
- □地域包括支援センター

1　制度の目的

　介護保険制度の主な目的は、加齢が原因で生じる病気や障害により、入浴、排せつ、食事等の介護が必要となったときに、その方の自立した生活の実現を目標として必要なサービスを給付することです。

　介護保険制度の目的は介護保険法第1条に規定されています。それは「加齢による病気等で介護が必要になった場合でも、要介護者が持っている能力に応じて自立した日常生活が営めるよう、保健・医療・福祉サービスの給付を行い、国民の保健・医療の向上及び福祉の増進を図る」ことと要約できます。

2　保険者と被保険者

　介護保険の保険者は、市町村および特別区です。一方、被保険者は、市区町村の区域内に住所がある65歳以上の第1号被保険者と、市区町村の区域内に住所がある40歳以上65歳未満の方で、医療保険に加入している第2号被保険者に区分されます。第2号被保険者は「加齢に伴って生ずる心身の変化に起因する疾病であって政令で定めるもの（特定疾病）」により要介護・要支援状態になったときに限り、市区町村の認定を経て給付を受けることができます。

　介護保険の保険者は、市町村および特別区（以下「市区町村」）です。また、複数の市区町村が広域連合*3という形で保険者になり、運営すること

＊3　広域連合
複数の都道府県や市区町村が、行政サービスの一部を共同で行うことを目的として設置する組織で、特別区や一

表6－1　介護保険制度における被保険者・受給権者等

	第1号被保険者	第2号被保険者
対象者	65歳以上の方	40歳以上65歳未満の医療保険加入者
受給権者	・要介護者（寝たきりや認知症で介護が必要な方） ・要支援者（要介護状態となるおそれがあり、日常生活に支援が必要な方）	加齢に起因する疾病（特定疾病）による場合に限定
保険料負担	所得段階別定額保険料（低所得者の負担軽減）	・健保：標準報酬×介護保険料率（事業主負担あり） ・国民健康保険：所得割、均等割等に分ける（国庫負担あり）
保険料徴収方法	市区町村が徴収 ・年金額が一定額以上（18万円以上）は特別徴収（年金天引き） ・それ以外（18万円未満）は普通徴収（市区町村窓口等での支払い）	医療保険者が医療保険料とともに徴収し、納付金としてまとめて支払う

出典：厚生労働統計協会編『国民の福祉と介護の動向　2020／2021』厚生労働統計協会　2020年　p.151
を一部改変

もできます。

　介護保険の被保険者は、市区町村の区域内に住所がある65歳以上の第1号被保険者と、市区町村の区域内に住所がある40歳以上65歳未満の方で、医療保険に加入している第2号被保険者に区分されます（表6－1）。第2号被保険者は「加齢に伴って生ずる心身の変化に起因する疾病であって政令で定めるもの（特定疾病）＊4」により要介護・要支援状態になったときに限り、市区町村の認定を経て給付を受けることができます。なお、要介護・要支援状態が特定疾病に起因するか否かは、後述する介護認定審査会で判定することになっています。

　その他の原因による40歳以上65歳未満の要介護者や40歳未満の若年障害者などは、介護保険の給付対象とはされず、障害者総合支援法における障害者福祉施策＊5等で対応することになっています。

部事務組合と同じく特別地方公共団体の一つに位置づけられます。処理対象となる事務には消防、上下水道、ゴミ処理、介護保険、学校、公営競技の運営などがあります。なお、第2章で学んだ後期高齢者医療制度に関する事務は、都道府県の区域ごとにすべての市区町村で構成される広域連合が行うものとされています。介護保険の場合、福岡県介護保険広域連合が有名です。同連合は介護保険法制定以来の歴史を持ち、福岡県内の33市町村で構成されています。福岡県内の28万世帯、71万人を対象としており、全国最大の規模を誇っています。

＊4　特定疾病
介護保険法施行令第2条に以下の16種類の疾病が定められています。①がん（末期）、②関節リウマチ、③筋萎縮性側索硬化症、④後縦靱帯骨化症、⑤骨折を伴う骨粗鬆症、⑥初老期における認知症、⑦進行性核上性麻痺、大脳皮質基底核変性症及びパーキンソン病、⑧脊髄小脳変性症、⑨脊柱管狭窄症、⑩早老症、⑪多系統萎縮症、⑫糖尿病性神経障害、糖尿病性腎症及び糖尿病性網膜症、⑬脳血管疾患、⑭閉塞性動脈硬化症、⑮慢性閉塞性肺疾患、⑯両側の膝関節又は股関節に著しい変形を伴う変形性関節症。

3　給付の内容と手続き

　介護保険による保険給付を受けるには、要介護（支援）認定申請を市区町村の窓口で行います。次に、職員が自宅や病院を訪問し調査を行い、その結果がコンピュータで判定されます（一次判定）。一次判定の結果と主治医の意見書、特記事項などをもとに、市区町村に設置される介護認定審査会において、どの程度の介護や支援を必要とするのか審査・判定されます（二次判定）。その後、市区町村より申請者に対して認定結果が通知されます。

＊5　障害者福祉施策
第9章第3節参照。

介護保険による保険給付を受けるには、保険給付を受ける要件を満たしているか、つまり要介護状態または要支援状態にあるかどうかの認定を受ける必要があります。

　まず、認定を受けようとする被保険者やその家族は市区町村に申請を行います。申請を受けた市区町村は、原則として市区町村の職員が申請者を訪問し、心身の状況など74項目の調査を行います（訪問調査）。訪問調査の結果はコンピュータに入力され、一次判定が行われます。さらに二次判定では、一次判定の結果や主治医の意見書、特記事項などをもとに、市区町村に設置される介護認定審査会において、どの程度の介護や支援を必要とするのか審査・判定がなされます。そして、これらの審査を経て原則として30日以内に、市区町村より申請者に対して認定結果が通知されます。認定区分は、要支援1～2、要介護1～5、非該当に区分されています。非該当と認定された場合は保険給付を受けられませんが、後述する地域支援事業のサービスを受けることができます（図6－2）。

　なお、認定結果に不服がある場合は、都道府県に設置されている介護保険審査会に審査請求をすることができます。

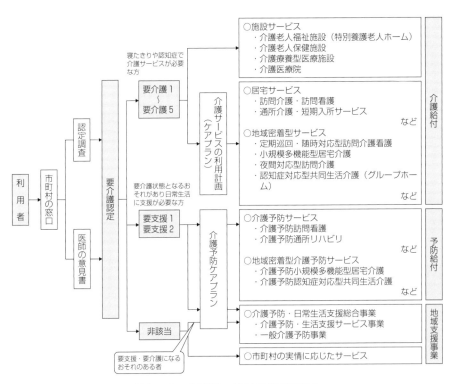

図6－2　介護サービスの利用手続き

出典：表6－1と同じ　p.152を一部改変

4　保険給付

介護保険における給付対象のサービスは大きく分けて、「介護給付」「予防給付」「地域支援事業」の３つになります。「介護給付」には、訪問介護や訪問看護、福祉用具貸与など14種類の居宅サービス（居宅介護支援、住宅改修を含む）と介護老人福祉施設（特別養護老人ホーム）など４種類の施設サービスがあります。また、小規模多機能型居宅介護や認知症対応型共同生活介護（グループホーム）など９種類の地域密着型サービスがあります。

「予防給付」は、「介護給付」とほぼ同様のサービスがありますが、すべての施設サービスと一部の地域密着型サービスを利用することができません。

また、「地域支援事業」には、介護予防・日常生活支援総合事業、包括的支援事業などがあります。

①保険給付の全体像

介護保険制度における保険給付の種類は、図６－３にあるように、要介護支援１〜５の認定を受けた要介護者が利用できる介護給付と、要支援１〜２の認定を受けた要支援者が利用できる予防給付があります。介護給付は居宅サービス、施設サービス、地域密着型サービスなどからなり、予防給付は介護予防サービス、地域密着型介護予防サービスなどからなっています。地域密着型サービスは、要介護者等が住み慣れた地域で生活を送ることができるよう、地域の特性に応じてサービス提供が行われます。なお、施設サービスは、予防給付では受けられないことになっています。

以下では、介護給付によるサービスについてみていきます。

②介護給付によるサービス

【居宅サービス等】＊6

〈訪問介護（ホームヘルプサービス）〉

ホームヘルパーが要介護者の居宅を訪問して、入浴、排泄、食事等の介護、調理・洗濯・掃除等の家事、生活等に関する相談・助言その他の必要な日常生活上の世話を行います。

〈訪問入浴介護〉

入浴車等により居宅を訪問し、浴槽を提供して入浴の介護を行います。

〈訪問看護〉

病状が安定期にあり、訪問看護が必要と主治医等が認めた要介護者について、病院、診療所または訪問看護ステーションの看護師等が居宅を訪問して、

＊6
2018（平成30）年度に「共生型サービス」が導入されました。これは高齢者と障害者が同一事業所でサービスを受けやすくするために、介護保険または障害福祉のいずれかの指定を受けている事業所がもう一方の指定も受けやすくなる特例をいいます。このサービスが導入されたことで、今後は従来の縦割りの制度を超えた、より柔軟なサービスが地域において提供されることが期待されています。なお、共生型サービスの対象となるのは、介護保険サービスと障害福祉サービスの両方に共通する、以下で学ぶ訪問介護、通所介護、短期入所介護です。

療養上の世話または必要な診療の補助を行います。

	予防給付におけるサービス	介護給付におけるサービス
都道府県が指定・監督を行うサービス	◎介護予防サービス 【訪問サービス】 ○介護予防訪問入浴介護 ○介護予防訪問看護 ○介護予防訪問リハビリテーション ○介護予防居宅療養管理指導 【通所サービス】 ○介護予防通所リハビリテーション 【短期入所サービス】 ○介護予防短期入所生活介護 ○介護予防短期入所療養介護 ○介護予防特定施設入居者生活介護 ○介護予防福祉用具貸与 ○特定介護予防福祉用具販売	◎居宅サービス 【訪問サービス】 ○訪問介護 ○訪問入浴介護 ○訪問看護 ○訪問リハビリテーション ○居宅療養管理指導 【通所サービス】 ○通所介護 ○通所リハビリテーション 【短期入所サービス】 ○短期入所生活介護 ○短期入所療養介護 ○特定施設入居者生活介護 ○福祉用具貸与 ○特定福祉用具販売 ◎施設サービス ○介護老人福祉施設 ○介護老人保健施設 ○介護療養型医療施設 ○介護医療院
市町村が指定・監督を行うサービス	◎介護予防支援 ◎地域密着型介護予防サービス ○介護予防小規模多機能型居宅介護 ○介護予防認知症対応型通所介護 ○介護予防認知症対応型共同生活介護（グループホーム）	◎地域密着型サービス ○定期巡回・随時対応型訪問介護看護 ○小規模多機能型居宅介護 ○夜間対応型訪問介護 ○認知症対応型通所介護 ○認知症対応型共同生活介護（グループホーム） ○地域密着型通所介護 ○地域密着型特定施設入居者生活介護 ○地域密着型介護老人福祉施設入所者生活介護 ○複合型サービス（看護小規模多機能型居宅介護） ◎居宅介護支援
その他	○住宅改修	○住宅改修
市町村が実施する事業	◎地域支援事業 ○介護予防・日常生活支援総合事業 （1）介護予防・生活支援サービス事業 　・訪問型サービス 　・通所型サービス 　・その他生活支援サービス 　・介護予防ケアマネジメント ○包括的支援事業（地域包括支援センターの運営） 　・総合相談支援業務 　・権利擁護業務 　・包括的・継続的ケアマネジメント支援業務 ○任意事業	（2）一般介護予防事業 　・介護予防把握事業 　・介護予防普及啓発事業 　・地域介護予防活動支援事業 　・一般介護予防事業評価事業 　・地域リハビリテーション活動支援事業 ○包括的支援事業（社会保障充実分） 　・在宅医療・介護連携推進事業 　・生活支援体制整備事業 　・認知症総合支援事業 　・地域ケア会議推進事業

図6－3　サービス等の種類

出典：表6－1と同じ　p.153を一部改変

〈訪問リハビリテーション〉

　病状が安定期にあり、計画的な医学的管理のもとにおけるリハビリテーションが必要と主治医等が認めた要介護者について、病院、診療所または介護老人保健施設の理学療法士または作業療法士が居宅を訪問して、心身の機能の維持回復を図り、日常生活の自立を助けるために必要なリハビリテーションを行います。

〈居宅療養管理指導〉

　病院、診療所または薬局の医師、歯科医師、薬剤師等が、通院が困難な要介護者の居宅を訪問して、心身の状況や環境等を把握し、それらをふまえて療養上の管理および指導を行います。

〈通所介護（デイサービス）〉

　老人デイサービスセンター等において、入浴、排せつ、食事等の介護、生活等に関する相談・助言、健康状態の確認その他の必要な日常生活の世話および機能訓練を行います。なお、2016（平成28）年度より、定員18人以下の小規模な通所介護事業所は、地域密着型通所介護（p.120参照）に移行しました。

〈通所リハビリテーション（デイ・ケア）〉

　病状が安定期にあり、計画的な医学的管理のもとにおけるリハビリテーションが必要と主治医等が認めた要介護者について、介護老人保健施設、病院または診療所において、心身の機能の維持回復を図り、日常生活の自立を助けるために必要なリハビリテーションを行います。

〈短期入所生活介護（ショートステイ）〉

　老人短期入所施設、特別養護老人ホーム等に短期間入所し、その施設で、入浴、排せつ、食事等の介護その他の日常生活上の世話および機能訓練を行います。連続利用日数は30日までとなっています。

〈短期入所療養介護（ショートステイ）〉

　病状が安定期にあり、ショートステイを必要としている要介護者について、介護老人保健施設、介護療養型医療施設等に短期間入所し、その施設で、看護、医学的管理下における介護、機能訓練その他必要な医療や日常生活上の世話を行います。短期入所生活介護と同じく、連続利用日数は30日までとなっています。

〈特定施設入居者生活介護（有料老人ホーム）〉

　有料老人ホーム、軽費老人ホーム（ケアハウス）等に入所している要介護者について、その施設で特定施設サービス計画に基づき、入浴、排せつ、食事等の介護、生活等に関する相談・助言等の日常生活上の世話、機能訓練および療養上の世話を行います。

〈福祉用具貸与〉

　在宅の要介護者について福祉用具の貸与を行います。

〈特定福祉用具販売〉

　福祉用具のうち、入浴や排せつのための福祉用具その他の厚生労働大臣が定める福祉用具の販売を行います。なお、次の住宅改修費支給と併せて、原則として償還払いの現金給付となっています。

〈住宅改修費支給（住宅改修）〉

　手すりの取りつけその他の厚生労働大臣が定める種類の住宅改修費の支給を行います。

〈居宅介護支援〉

　在宅の要介護者が在宅介護サービスを適切に利用できるよう、本人の依頼を受けて、その心身の状況、環境、本人および家族の希望等を勘案し、利用するサービス等の種類、内容、担当者、本人の健康上・生活上の問題点、解決すべき課題、在宅サービスの目標およびその達成時期等を定めた計画（居宅サービス計画）を作成し、その計画に基づくサービス提供が確保されるよう、事業者等との連絡調整等の便宜の提供を行います。介護保険施設に入所が必要な場合は、施設への紹介等を行います。原則として介護支援専門員（ケアマネジャー）が計画を作成しますが、本人が作成することも可能です。

【施設サービス】

〈介護老人福祉施設[*7]〉

　常時介護が必要で居宅での生活が困難な方に対して、入浴、排せつ、食事等の介護その他の日常生活上の世話、機能訓練、健康管理および療養上の世話を行うことを目的とする施設です。老人福祉法では、特別養護老人ホーム[*8]と呼ばれていますが、都道府県知事の指定を受けることで介護保険法上の介護老人福祉施設となり、入所者が介護保険を利用できる施設となります。

＊7
2015（平成27）年度からの新規入所は、原則として要介護3以上の方が対象となっています。

＊8　特別養護老人ホーム
第9章p.186参照。

〈介護老人保健施設〉

　入院の必要はないが自宅での生活に不安がある方に対して、看護、医学的管理のもとにおける介護および機能訓練その他必要な医療ならびに日常生活上の世話を行うことを目的とする施設です。入所できる期間は原則として3か月間であり、医師や看護師に加えて理学療法士や作業療法士といった機能訓練を行う専門職も常駐しています。

〈介護療養型医療施設（介護療養病床）〉

　病状は安定しているが医療的な管理のもと長期の療養を必要としている方に対して、療養上の管理、看護、医学的管理のもとにおける介護その他の世話および機能訓練、その他必要な医療を行うことを目的とする施設です。なお、介護療養型医療施設（介護療養病床）は、2017（平成29）年度末で廃止となりましたが、経過措置が終了する2023（令和5）年度末までは存続します。なお、廃止以降の現行施設は老人保健施設などに転換される予定ですが、一部は2018（平成30）年度に創設された介護医療院に転換されることとなります。

〈介護医療院 *9〉

　介護医療院は「長期療養のための医療」と「日常生活の世話（介護）」を一体的に提供する介護保険法上の施設ですが、医療法にも医療提供施設として規定されています。医療の必要度が高い方向けのⅠ型と、より軽度の方向けで介護老人保健施設と同等のサービスが受けられるⅡ型に分けられます。

【地域密着型サービス】

〈定期巡回・随時対応型訪問介護看護〉

　要介護度が重い方の在宅生活を支えるため、日中・夜間を通じて、介護と看護が密接に連携しながら、短時間の定期巡回型訪問と随時の対応を行います。

〈小規模多機能型居宅介護〉

　要介護者に対し、施設への「通い」を中心として、短期間の「宿泊」や利用者の自宅への「訪問」を組み合わせ、家庭的な環境と地域住民との交流のもとで入浴、排せつ、食事等の介護その他の日常生活上の世話および機能訓練を行います。1事業所あたりの登録定員は29名以下、通いはおおむね15名以下、宿泊はおおむね9名以下となっています。

*9
開設主体は地方公共団体、医療法人、社会福祉法人などの非営利法人等となっていますが、病院または診療所から介護医療院に転換した場合には、転換前の病院または診療所の名称を引き続き使用できることとなっています。社会的入院の根本的な解決につながるのか注目されています。

〈夜間対応型訪問介護〉
　居宅の要介護者に対し、夜間において、定期的な巡回訪問や通報により利用者の居宅を訪問し、排せつの介護、日常生活上の緊急時の対応を行います。

〈認知症対応型通所介護〉
　居宅の認知症要介護者に、介護職員、看護職員等が特別養護老人ホームまたは老人デイサービスセンターにおいて、入浴、排せつ、食事等の介護その他の日常生活上の世話および機能訓練を行います。

〈認知症対応型共同生活介護（グループホーム）〉
　認知症の要介護者に対し、共同生活を営むべく住居において、家庭的な環境と地域住民との交流のもとで、入浴、排せつ、食事等の介護その他の日常生活上の世話および機能訓練を行います。

〈地域密着型通所介護（デイサービス）〉
　利用定員が18人以下である通所介護事業所は、地域密着型通所介護に分類されます。一軒家や商店街の空き店舗などを活用している事業所もあります。サービス内容は居宅サービスの通所介護と同じですが、小規模の特性を生かした工夫がされています。

〈地域密着型特定施設入居者生活介護〉
　有料老人ホームや軽費老人ホーム（ケアハウス）などの特定施設入居者生活介護サービスが利用できる施設のうち、小規模型（定員29人以下）については地域密着型に分類されます。入浴、排せつ、食事等の介護その他の日常生活上の世話、機能訓練および療養上の世話を行います。

〈地域密着型介護老人福祉施設入所者生活介護[*10]〉
　介護老人福祉施設のうち、小規模型（定員29人以下）については地域密着型に分類されます。可能な限り居宅における生活への復帰を念頭に置いて、入浴、排せつ、食事等の介護その他の日常生活上の世話および機能訓練、健康管理、療養上の世話を行います。

〈複合型サービス（看護小規模多機能型居宅介護）〉
　小規模多機能型居宅介護と訪問看護など、複数の既存の在宅サービスを組み合わせて提供します。

*10
2015（平成27）年度からの新規入所は、原則として要介護3以上の方が対象となっています。

5　利用者負担

介護保険の利用者負担は、ケアマネジャーが居宅サービス計画を作成する居宅介護支援と介護予防支援のみ10割保険給付され、自己負担は無料です。それ以外のサービスは、原則として9割が保険給付され、利用者はかかった費用の1割（所得に応じて2割・3割）を負担します。施設入所の場合は、サービスの利用者負担のほかに、食費と居住費を全額自己負担します。

　介護保険の保険給付における利用者負担は月単位で集計され、居宅介護支援と介護予防支援のみ自己負担がなく10割保険給付とされる以外は、原則として9割が保険給付とされ、利用者はかかった費用の1割を負担します。このように所得や支払い能力にかかわらず、利用したサービスの費用の一部を定率で負担する仕組みのことを応益負担といいます。ただし、2015（平成27）年8月から、現役並みの所得がある方（年金収入のみの場合、単身者で280万円以上、夫婦世帯で346万円以上の方）の負担割合は2割となっています。さらに、2018（同30）年8月からは、特に所得が高い層（年金収入のみの場合、単身者で340万円以上、夫婦世帯で463万円以上の方）の負担が3割となりました。ただし、これまで通り、月額4万4,400円の利用者負担上限が設けられています。なお、介護保険施設（介護老人福祉施設、介護老人保健施設、介護療養型医療施設、介護医療院）、短期入所生活介護、短期入所療養介護を利用する際の食費と居住費については全額自己負担となっています（ホテルコスト）。

　なお、利用者負担が高額になり、一定額（上限額）を超えた場合（表6-2）、超えた部分は申請により、「高額介護サービス費」「高額介護予防サービス費」として払い戻しされます。また、同一世帯に複数のサービス利用者がいる場合は、それらを合算することができます（世帯合算）。さらに、住民税非課税世帯などの施設入所者には、「特定入所者介護サービス費」が支給され、食費と居住費が減額される仕組みになっています。

表6-2　高額介護サービス費の利用者負担上限額

サービス利用対象者		負担上限額（月額）
現役並み所得者に相当する方がいる世帯の方		44,400円（世帯）
世帯のどなたかが市区町村税を課税されている方		44,400円（世帯）
世帯の全員が市区町村税を課税されていない方		24,600円（世帯）
	前年の合計所得金額と公的年金収入額の合計が年間80万円以下の方等	24,600円（世帯） 15,000円（個人）
生活保護を受給している方等		15,000円（個人）

注：「世帯」とは、住民基本台帳上の世帯員で、介護サービスを利用した方全員の負担の合計の上限額を指し、「個人」とは、介護サービスを利用した本人の負担の上限額を指します。

加えて、介護保険の利用者負担額と医療保険の利用者負担額が高額になった場合は、介護保険と医療保険それぞれの月限度額を適用後、それを合算し、限度額を超えた部分が申請により払い戻しされます（高額医療・高額介護合算療養費制度）。

6　介護報酬

　介護保険のサービスを利用した場合に、介護保険から事業者等に支払われるお金を介護報酬といいます。厚生労働大臣が定め、原則として3年ごとに改定されます。

　介護報酬とは、事業者等が要介護者や要支援者に介護サービスを提供した対価として支払われる報酬のことをいいます。1単位10円を基本として、サービスごとに厚生労働大臣が定めた単位が設定され、サービス提供体制や利用者の状況、地域などに応じて、加算・減算されます。なお、介護報酬は原則として3年ごとに改定が行われます。

7　地域支援事業

　地域支援事業とは、できるだけ住み慣れた地域で、なるべく自分の力で活動的な人生を送りたいという多くの方の願いを実現するために、市区町村が取り組む事業です。要介護・要支援状態になる前から、一人ひとりの状況に応じた介護予防対策を行います。また、要介護状態になった場合においても、地域で自立した日常生活が送れることを目的として、相談機関の整備や各種福祉サービス事業が実施されます。

　地域支援事業は、被保険者が要介護・要支援状態になることを予防し、要介護状態等になった場合でも、地域で自立した生活を送ることができるよう、市区町村が支援する事業です。地域支援事業には、介護予防・日常生活支援総合事業、包括的支援事業、任意事業があります。

　介護予防・日常生活支援総合事業は、要支援と判定された方や運動・栄養・口腔など生活機能の低下がみられる方が対象となる介護予防・生活支援サービス事業[*11]と、65歳以上のすべての方を対象とした一般介護予防事業で構成されています。サービス提供主体として、ボランティアやNPO法人等の多様な主体が認められています。

　包括的支援事業は、高齢者の方が住み慣れた地域で安心して暮らしていけるように支援する事業で、地域包括支援センター[*12]が市区町村からの委託を受けて実施します。

　任意事業は、各市区町村が独自に実施するものであり、具体的には、家族介護支援事業、成年後見制度利用支援事業、配食サービスや見守りサービス

*11
同サービスの利用対象者は要支援者に限定されていますが、2021（令和3）年度からは要介護者にまで拡大されます。これは要支援者であった利用者が重度化して要介護者になった場合でも、サービスの利用を続けることで、それまでのなじみの関係を保てるようにとの判断からです。

*12　地域包括支援センター
高齢者が住み慣れた地域で生活を継続できるよう、公正・中立な立場から、地域における介護予防マネジメントや総合相談、権利擁護などを担う機関です。市区町村が運営主体となり、保健師、社会福祉士、主任介護支援専

などの地域自立生活支援事業などがあげられます。

門員が配置されています。

第3節　介護保険の財源と課題

事例

　　大学の講義で、介護保険料は3年ごとに見直され、毎回上昇していると学びました。早速、祖母にそのことを尋ねたところ、「本当に介護保険料は高いのよ。年金は増えないのに負担ばかり増えて困るわ。高齢者ばかりいじめて政府は何をしているのかしら」と不満を言っていました。本当に政府は高齢者だけの負担を増やしているのでしょうか。また、介護保険制度は高齢者の負担だけで運営されているのでしょうか。

　　介護保険制度は、家族が担い手の中心だった介護を社会全体で負担するために導入されました。制度設計にあたっては、介護の費用もできるだけ多くの方に公平に負担していただく仕組みが目指されました。このため、財源は第1号被保険者である高齢者自身が負担する保険料だけではなく、40歳以上65歳未満の現役世代である第2号被保険者も負担しています。また、国、都道府県、市区町村もそれぞれ決められた割合を公費で負担しています。
　　このように、介護に必要な財源は社会全体で支えられているのですが、今後その費用は急増することが想定されています。具体的には、団塊の世代がすべて75歳の後期高齢者となる2025（令和7）年に、約15兆円が必要になるといわれています。介護保険の財源問題は、決して高齢者だけの問題ではなく、現役世代のみなさんも含めた全世代にも影響を及ぼす大きな問題なのです。

🔑 キーワード 🔒

□介護保険の財源　　□普通徴収　　□特別徴収　　□介護保険事業計画

1　介護保険の財源

　介護保険制度を運営するための費用（財源）は、被保険者が支払う保険料が50％、国や地方自治体の公費が50％であり、半分ずつの負担で賄われています。

　介護保険の財源は、第1号被保険者（23％）、第2号被保険者（27％）の保険料と、国・都道府県・市区町村の公費（50％）で賄われています（図6－4）。なお、このうち前者の第1号被保険者と第2号被保険者の保険料負

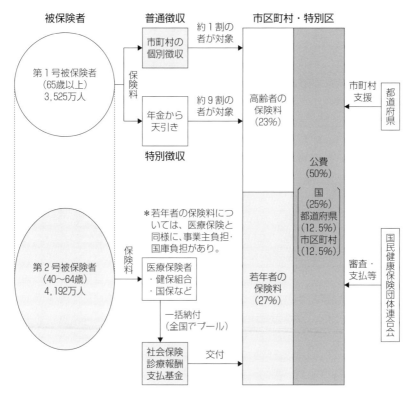

図6-4　介護保険の保険料と費用負担

注1：国の負担分のうち5％は調整交付金であり、75歳以上の方の数や高齢者の方の所得の
　　　分布状況に応じて増減
　2：施設等給付費（都道府県指定の介護保険3施設及び特定施設に係る給付費）は、国20％、
　　　都道府県17.5％
　3：第1号被保険者の数は、「平成29年度介護保険事業状況報告年報」によるものであり、
　　　平成30年度末現在のものである。
　4：第2号被保険者の数は、社会保険診療報酬支払基金が介護給付費納付金額を確定する
　　　ための医療保険者からの報告によるものであり、29年度内の月平均値である。
出典：厚生労働省編『令和2年版　厚生労働白書』日経印刷　2020年　資料編p.229を一部改変

担割合は、今後の少子高齢化の進展状況に応じて変更される可能性があります。公費負担の内訳は、施設等給付費[*13]の場合、国が20％、都道府県が17.5％、市区町村が12.5％、居宅給付費[*14]の場合、国が25％、都道府県が12.5％、市区町村が12.5％となっています[*15]。なお、国の負担分のうち5％は調整交付金であり、市区町村間の財政格差を是正するために市区町村に交付されます。また、見込みを上回る給付費増や保険料収納不足によって、市区町村が一般財源から財政補てんをする必要のないよう、資金の交付・貸付が行われる財政安定化基金が都道府県に置かれています。

　第1号被保険者の保険料は、所得に応じて市区町村ごとに定められた保険料を支払います。保険料の徴収方法は、市区町村が個別に徴収する普通徴収と、年額18万円（月額1万5,000円）以上の年金受給者に対して年金から天

[*13]　施設等給付費
都道府県知事が指定権限を有する介護老人福祉施設、介護老人保健施設、介護療養型医療施設、介護医療院、特定施設にかかる費用をいいます。

[*14]　居宅給付費
施設等給付費以外の給付費をいいます。

[*15]　第2号被保険者保険料の用途
地域支援事業の包括的支援事業と任意事業の財源には、第2号被保険者の保険料は充てられません。一方で、介護予防・日常生活支援総合事業には使われることになっています。

引きする特別徴収があります。

　第2号被保険者の保険料は、第2号被保険者が加入する各医療保険（健康保険や国民健康保険など）の保険者が、医療保険料のなかに含めて一体的に徴収します。また、健康保険などの被用者保険に加入している方の保険料は事業主と折半されます。一方、国民健康保険に加入している方の保険料は折半とはなりません。

2　介護保険事業（支援）計画

　介護保険制度を計画的かつ円滑に運営するために、市区町村は3年ごとに介護保険事業計画を策定します。同様に、都道府県も介護保険事業支援計画を策定し、市区町村の取り組みを支援します。

　介護保険事業（支援）計画は、介護サービスの供給体制の整備を図ることを目的とし、厚生労働大臣が定める基本指針に沿って市区町村と都道府県で作成される計画です。計画は3年を1期として定められ、老人福祉計画[*16]と一体のものとして作成されなければならないとされています。

　市区町村介護保険事業計画では、市区町村が設定した日常生活圏域[*17]ごとに要介護者の現状や個別需要の把握を行ったうえで、介護給付等対象サービスや地域支援事業の種類ごとの量の見込み、見込み量確保のための方策などが定められます。

　都道府県介護保険事業支援計画では、市区町村間の介護サービス基盤整備の広域的調整を行いながら、都道府県が定める老人福祉圏域[*18]ごとに介護保険施設の必要入所定員総数や介護給付等対象サービス量の見込みなどが策定されます。

*16　老人福祉計画
第9章p.184参照。

*17　日常生活圏域
介護福祉サービス基盤の整備単位となる、「おおむね30分以内に必要なサービスが提供される」エリアのことで、具体的には各市区町村内の中学校区が想定されています。

*18　老人福祉圏域
各都道府県が介護給付などサービスの種類ごとの需要見込みを定める単位となるエリアのことです。複数の市町村で構成されており、おおむね医療法上の医療計画に定められている二次医療圏に一致します。各都道府県で3〜10程度の圏域が設定されています。

3　介護保険制度の課題

　介護保険制度が導入されて20年が経過しましたが、近年ではさまざまな課題が浮上しています。なかでも、①地域包括ケアシステムの構築と②介護人材の人手不足の解消は非常に重要な課題です。

①地域包括ケアシステム

　第1節「介護保険制度導入の背景」でも触れた通り、この制度は当初、利用者本人が自分の意思で自由にサービスの提供者や内容・量などを決定できるようにすることを目標の一つに掲げていました。しかし、実際に制度の運用が始まると、家族や関係施設・機関などの都合が優先されてしまう事態が頻繁に見られ、利用者本人の意思が必ずしも優先的に尊重されていないこと

が問題視されるようになってきました。特に住み慣れた自宅での介護を希望していた利用者が、遠方に離れて住む家族の不安から、自宅から遠く離れた施設への入所を選択させられてしまうケースもありました。

そこで2011（平成23）年の介護保険法改正では、「地域包括ケアの推進」が唱えられました。地域包括ケアシステムとは「高齢者の尊厳の保持と自立生活の支援の目的のもとで、可能な限り住み慣れた地域で、自分らしい暮らしを人生の最期まで続けることができるよう」に設計された「地域の包括的な支援・サービス提供体制」のことであり、厚生労働省は団塊の世代がすべて後期高齢者となる2025（令和7）年を目途にその実現を目指しています[19]。この地域包括ケアシステムという考え方は、近年の介護保険法改正や市区町村介護保険事業計画などでも基本的な考え方に据えられています。

*19
「住まい」「医療」「介護」「介護予防」「生活支援」を一体的に提供するシステムの構築を目指しています。

②介護人材の人手不足

介護保険をめぐっては近年、さまざまな問題が指摘されています。特に介護サービスを提供する人材の人手不足の問題は深刻です。2020（令和2）年5月時点で、介護職の有効求人倍率は4.15倍であり、全産業平均である1.20倍と比べても危機的な状況であることがわかります。介護保険は、何らかの介護サービスが被保険者に提供されることで、初めて保険給付が完結する制度です。サービスの担い手がいなければ、そもそも保険自体が機能しなくなってしまいます。

厚生労働省が2018（平成30）年5月に発表したところによると、2016（同28）年度に約190万人いた介護サービス提供者が2025（令和7）年度末までに約245万人（約55万人増）必要になる見通しですが、このうち約34万人もの人材がこのままでは確保できないおそれがあります。また、日本に先駆けて介護保険制度を導入したドイツでも同様に介護の担い手不足に苦慮しており、こういった介護人材不足の問題は先進諸国で共通化しています。

問題解決のために日本では、2017（平成29）年11月に外国人技能実習生制度に新しく介護分野が追加されるなど、外国人労働者の力に期待が寄せられています[20]。しかし、状況は決して楽観視できません。日本に先行してドイツでも、同様の悩みを解決するために、主に東欧諸国から外国人介護労働者を積極的に迎え入れています。また、ドイツ政府も育成の段階から積極的に関わって、外国人介護労働者の確保に努めています。しかしながら、それらの外国人労働者は介護専門職員としては全般的に技能が低い傾向にあり、さらに文化や言語・習慣などの違いから人間関係を築けないため定着率も悪いなど、ドイツでもあまりうまくいっていない現実があります。

*20
さらに2018（平成30）年12月の出国管理法改正により、介護職は新たな在留資格である「特定技能」14種の1つと認められ、訪問介護以外の施設サービス事業での一層の外国人労働者受け入れ拡大が図られることになりました。

③新型コロナウイルス感染症への対応

　新型コロナウイルス感染症の蔓延は日本でも深刻になっており、2020（令和2）年の春以降は感染者の増加が繰り返されています。介護職員は職務上、同感染症患者と接触しやすく、しかも重症化しやすいとされる高齢者に携わることを必然とするという点で極度の緊張を強いられる職業です。こういったストレスの大きい職業である事実を見過ごして適切な対応を怠れば、介護業界の人手不足にさらなる拍車をかけるおそれがあります。政府はこの点を考慮し、2020（同2）年6月、新型コロナウイルス感染症緊急包括支援事業（介護分）の実施を決定しました。都道府県を実施主体とする同事業では、すべての介護サービス事業所・施設等に勤務する職員に対して慰労金（同感染症発生施設の場合は1人20万円、それ以外の施設は1人5万円）が支払われています[21]。しかし、これらはあくまで一時金であり、単発に終わる可能性が高い給付です。よって、人手不足解消を目指した根本的な対策自体が不要になるわけではありません。

　日本の介護職員は社会的に必要不可欠なエッセンシャルワーカーでありながら、他の業種に比べて平均賃金が月額6万円以上も低いのが現状です[22]。夜勤や早朝勤務、休日出勤なども頻繁にあり、待遇面でも決して恵まれているとはいえません。まずは、そのような問題を抱えた職場環境こそ、根本的に改善されなければなりません。そして、介護の現場を、何よりも国内の若い世代にとって魅力ある職場に変えていくことこそ、日本の介護保険制度を再生し、真に持続可能な制度とするための鍵となるではないでしょうか。

[21] 各都道府県で新型コロナウイルス感染症患者1例目が発生した日から2020（令和2）年6月30日までの間に10日以上当該施設に勤務していた方が支給対象です。

[22] 2019（令和元）年10月、介護報酬に「介護職員等特定処遇改善加算」が導入されました。その目的は各事業所の経験が豊富な職員や技能の優れた職員の給与を引き上げることです。適用された事業所はこの加算分の報酬を使って、最低でも1人以上の経験豊富な職員あるいは技能に優れた職員の賃金を月額8万円引き上げるか、年収440万円以上にしなければなりません。

参考文献

・『社会保障の手引　2020年版』中央法規出版　2020年
・福地潮人「介護保険制度と『地域包括ケアシステム』構想の課題：介護保険法施行20周年に寄せて」『賃金と社会保障』第1756（6月下旬）号　旬報社　2020年　pp.4-16
・厚生労働省「地域包括ケアシステムの強化のための介護保険法等の一部を改正する法律のポイント」2017年
　https：//www.mhlw.go.jp/topics/bukyoku/soumu/houritu/dl/193－06.pdf（2020年8月5日閲覧）
・厚生労働省老健局「日本の介護保険制度について」2018年
　https：//www.meti.go.jp/press/2018/10/20181023010/20181023010-4.pdf（2020年8月5日閲覧）
・厚生労働省社会保障審議会「介護保険制度をめぐる状況について」2019年
　https：//www.mhlw.go.jp/content/12601000/000482328.pdf（2020年8月5日閲覧）
・『介護保険制度の解説（解説編）平成30年8月版』社会保険研究所　2018年
・厚生労働統計協会編『国民の福祉と介護の動向　2020／2021』厚生労働統計協会　2020年

参考インターネット

・厚生労働省「地域包括ケアシステム」
https : //www.mhlw.go.jp/stf/seisakunitsuite/bunya/hukushi_kaigo/kaigo_
koureisha/chiiki-houkatsu/（2020年 8 月 5 日閲覧）

💡 実務に役立つQ＆A　こんなときどうする？

Q：介護保険の申請は、本人や家族以外でもできるのでしょうか。

A：本人や家族が申請することができない場合、成年後見人や居宅介護支援事業者、地域包括支援センター、介護保険施設などに申請を代行してもらうことができます。

Q：日本にいる外国人は、介護保険の被保険者になるのでしょうか。

A：不法滞在でなく、 3 か月を越えて日本にいる外国人で日本に住所がある場合は介護保険の被保険者となります。65歳以上の第 1 号被保険者だけでなく、第 2 号被保険者も同じです。

Q：私は第 2 号被保険者です。先日、初期段階のがんと診断されましたが、介護保険のサービスを受けることはできるのでしょうか。

A：第 2 号被保険者は特定疾病に該当していて、かつ要介護認定を受ければサービスを受けることができます。がんについては末期の状態でないと受けられないことになっています。

✏第6章　ミニットペーパー

　年　　月　　日（　）第（　）限　　　　学籍番号＿＿＿＿＿＿＿＿
　　　　　　　　　　　　　　　　　　　　氏　　名＿＿＿＿＿＿＿＿

本章で学んだこと、そのなかで感じたこと

....
....
....
....
....

理解できなかったこと、疑問点

....
....
....
....

🏈**TRY してみよう**

①介護保険の被保険者は、市区町村に住所がある（　　　）歳以上の第1号被保険
　者と、市区町村に住所があり（　　　　　）保険に加入している（　　　）歳以上
　（　　　）歳未満の第2号被保険者に分けられます。

②居宅サービス計画は、（　　　　）や（　　　　）が作成することもできますが、
　通常は（　　　　　　　）に作成を依頼します。

③介護保険制度の財源構成（2020［令和2］年現在）は、利用者負担を除く第1号
　被保険者の保険料が（　　　）％、第2号被保険者の保険料が（　　　）％と
　なっています。また居宅給付費の場合、国は（　　　）％、都道府県は（　　　）
　％、市区町村は（　　　）％をそれぞれ負担します。国の負担分のうち5％は
　（　　　　　　　）として、市区町村間の財政格差の調整のために使われます。

第 7 章

生活保護制度

―生活を支える制度は どうなっているの？―

事例

　先日、離婚して母子家庭となった友人から生活に困っているとの相談を受けました。私が福祉の勉強をしているからとの理由です。そのとき、私は生活保護について教えましたが、詳しい話ができず福祉を学んでいる者として申し訳ない気持ちでいっぱいになりました。そもそも生活保護はどういう方が利用でき、どこに行けば手続きができるのでしょうか。また、どのような保護の種類があって、どのくらいのお金を受給することができるのでしょうか。何とかして、生活に困った友人の役に立ちたいと思っています。

　生活保護制度は、日本に住むすべての国民が、生活に困ったときに受給することができるものです。ところが、この生活に困る状況は、人によって差があります。例えば給料が月額20万円であったとしましょう。その際、この収入があれば生活に困らない方もいれば、困る方もいるわけです。そこで、国が生活保護を受給できる方（世帯）の基準の金額を定めて、これよりも収入が少なければ生活保護は必要、多ければ対象外としています。ですから、相談に応じるためには、まず生活保護の対象となる保護の種類と基準額を知ることが必要です。

　また、受給できる金額は、この基準額から月額の収入（働いている場合はその給料、仕送りしてもらっている場合はその仕送りの金額）を差し引いた分となります。ですから、収入がない場合は、基準額がそのまま生活保護費として支給されます。

　さらに手続きするところは、市に住んでいる場合は市役所にある福祉事務所になります。福祉事務所の名称を使っていないところでも、福祉課や保護課といった窓口があります。一方、町や村の場合は、ほとんどが都道府県の設置した福祉事務所になります。いずれにしても、生活保護制度は基本的な考え方を理解すれば、決して難しいものではありません。ぜひ、友人の相談を解決できるようになりましょう。

🔑キーワード🔒

□公的扶助の概念	□ナショナルミニマム	□最低生活保障	□自立の助長
□普遍主義	□生活保護の原理	□国家責任	□無差別平等　□補足性

1　生活保護の目的

　公的扶助とは、国家の責任で国民の最低限度の生活を保障するものです。資力調査（ミーンズテスト）を要件として、給付される金銭はすべて租税（税金）をもとにしています。日本の公的扶助制度の中心は生活保護です。生活保護制度には最低生活の保障と自立の助長の2つの目的があります。2つの目的はバラバラではなく、相互に関係しています。

①公的扶助の概念

　公的扶助とは、国がナショナルミニマム（国民の最低限度の生活水準）を国民に保障する制度です。つまり、長期の病気、失業などの理由により自分の力だけでは一定レベルの生活を営むことができない困窮した状態にある国民を広く対象として、国家が責任を持ち「国民の一定レベルの生活水準」を権利として保障する制度です。社会保障制度のなかに不可欠な制度として位置づけられています。

　貧困な状態にある人びとを公的に救済する制度は、イギリスの救貧法や日本の恤救規則*1などのように古くからありました。しかし、「劣等処遇の原則」*2に示されるように、公的救済を受ける者は社会的に落ちぶれた人という烙印を押され、また、恥辱を受けて当然と考えられ、人間としての尊厳は否定されていました。

　これに対して、現在の公的扶助は、ただ貧困者の生活を保障するということではなく、貧困状態に陥った原因は社会にあるという考えのもと、社会保障制度の柱として国民の最低生活水準を守る制度となっています。つまり、病気、失業、離婚などの誰にでも起きる可能性がある理由によって生活に困窮した人びとの生活を、ナショナルミニマムまで引き上げる目的を第一に果たしているのです。生活困窮者からみれば自分の生活水準がナショナルミニマムまで引き上げられることであり、社会全体から見ればすべての人びとの生活水準がナショナルミニマムまで引き上げられることを意味しています。つまり、社会の「底上げ」をする制度であるといえます。

　生活困窮者に対しては、その収入と「ナショナルミニマム」との差額が給付されるわけですが、その際、生活水準をナショナルミニマムまで引き上げるための金額を把握する必要があります。そこで「資力調査」（ミーンズテスト）と呼ばれる収入や資産などに関する調査が行われます。この点が社会保険制度と異なる点です。公的扶助の財源がすべて租税（税金）によることからも、この調査は必要となります。

*1　恤救規則
1874（明治7）年に規定された明治政府による初めての全国的視野の救貧制度です。「人民相互の情誼（じょうぎ）」（親族・共同体による相互扶助）が期待できない場合に、国が「無告の窮民」を救済するというものです。救済の対象は限定的であり、国による公的救済義務主義をとりませんでした。

*2　劣等処遇の原則
イギリスの新救貧法（1834年）でとられた原則の一つです。貧民を救済する場合には、救済を受ける者の地位を、自立している労働者のなかの最も低い階層以下に押しとどめるというものです。

133

②生活保護の2つの目的

　日本の公的扶助制度の中心は生活保護です。生活保護法第1条には「この法律は、日本国憲法第25条に規定する理念に基き、国が生活に困窮するすべての国民に対し、その困窮の程度に応じ、必要な保護を行い、その最低限度の生活を保障するとともに、その自立を助長することを目的とする」と定められています。憲法第25条の生存権に基づき、国の直接の責任で、生活に困窮する者に「最低限度の生活を保障する」ことと「自立を助長すること」の2つの目的を有していることがわかります。

　最低限度の生活を保障するとは、病気、失業、収入の減少などの最低生活の維持を脅かす原因を排除して、最低生活が必ず営めることであり、その内容と水準は「健康で文化的な生活」を維持できるものでなければならないことを意味しています。内容と水準は保護の原理として定められており、具体的には保護基準によって示されています。

　なお、「自立の助長」について、（旧）厚生省社会局保護課長であった小山進次郎は、「自分の力で社会生活に適応した生活を営む」[1]ために、「内在的可能性」[2]を持っている者に対して、その様態・程度に応じて助け育てることであり、機械的に強制することではないと述べています。

③生活保護の権利性と普遍性

　今日の生活保護は、戦前の公的救済制度と比べると際立った特徴を持っています。それは、社会保障を構成する制度の一つとされたことに由来しています。戦前には恤救規則、救護法*3がありましたが、それらは単独で設けられていた制度であり、救済の性格を持つものでした。

　これに対して、生活保護の目的は、社会保障制度の目的そのものであり、憲法第25条で規定される「健康で文化的な最低限度の生活を営む権利」を国民に保障するための制度であるという生存権保障の基本的性格を持っています。

　生活保護は、その必要が生じたときに誰もが日本のどこに住んでいても受給できるものであり、本人の申請により保護が開始されます。国民が自分から生活保護を請求し、受給できるようになったこと、つまり、保護の権利性と普遍性が第一の特徴であるといえます。このことは、恤救規則や救護法が対象者を特定の者に限定する「選別主義」をとっていたこととは正反対の考えに立っています。

＊3　救護法
恤救規則にかわり生活困窮者の公的な救済を定めた法律で、1929（昭和4）年に公布され、1932（同7）年に施行されました。初めて公的扶助義務主義をとり、救護機関、救護内容、救護方法、救護費負担等について明らかにしました。しかし、救護の対象は、①65歳以上の老衰者、②13歳以下の幼者、③妊産婦、④廃疾・傷病・心身障害のために労務に支障のある者に限定する制限扶助主義をとりました。さらに、要救護者には保護請求権は認められませんでした。

2　生活保護の基本原理

　生活保護の原理とは、生活保護法の立脚点であり、法の解釈、制度の運用、保護の実施における基本的な骨組みです。「国家責任の原理」「無差別平等の原理」「最低生活保障の原理」「補足性の原理」が定められています。

　生活保護法第1条〜第4条に生活保護の原理が規定されています。保護の原理とは、実際に生活保護制度を福祉事務所が実施、運用する際の基本的な考え方のことです。具体的には、「国家責任の原理」「無差別平等の原理」「最低生活保障の原理」「補足性の原理」の4つがあります。

〈国家責任の原理（第1条）〉

　生活に困窮する国民の健康で文化的な最低生活を、国が直接責任を持って保障することです。不景気による失業、不意にかかる病気、障害や高齢などによる生活困窮は誰にでも起こる可能性があります。ですから、個人の責任ではなく国の社会的責任によって、国民の生活は守られなければなりません。そこで、この責任の実現のために、国民には生活保護を請求する権利（保護請求権）と保護却下や廃止など意に沿わない決定をされたときに行政機関に訴える権利（不服申立て権）が用意されています。

　また、国や地方自治体が財政的に責任を持つ「給付」制度であることも意味しています。生活保護を必要とする方（要保護者）が、予算がないといって保護を受給できないことはあり得ないということです。

〈無差別平等の原理（第2条）〉

　第2条では、「すべて国民は、この法律の定める要件を満たす限り、この法律による保護を、無差別平等に受けることができる」と規定しています。これは、生活困窮に陥った原因や年齢、性別などを問わないことを意味しています。また、国民に保護を請求する権利があること、保護請求権は国民のすべてに無差別平等*4にあることも意味しています。

〈最低生活保障の原理（第3条）〉

　生存権を保障する生活の内容は「健康で文化的な水準」でなければならないことを意味しています。留意しなければならないことは、最低限とは、「the lowest」の意味ではなく「minimum」であることです。つまり、最低生活は単に生きるために必要な最低限の衣食住を満たせばよいということではな

＊4　無差別平等
性別、年齢、社会的立場などによって優先的に扱われたり、病気・失業・世帯主の死亡など、保護を要する状況に至った原因がどのようなものかによって差別的に取り扱われたりすることはないということを意味しています。

135

く、国民の誰もが普通に行っている健康で文化的な生活水準を維持すること
ができるものでなければならないとされているのです。

〈補足性の原理（第4条）〉

　第4条では、「保護は、生活に困窮する者が、その利用し得る資産、能力
その他あらゆるものを、その最低限度の生活の維持のために活用することを
要件として行われる」と規定されています。つまり、生活に困窮した方があ
らゆる手だてをつくしても、なお生活に困る場合に、この制度を利用するこ
とができるということです。このことから、働くこと（労働能力）ができ、
適当な職場もあるにもかかわらず働こうとしない人は、保護の補足性の要件
を欠くものとして保護を受給することはできません。また、一定の貯金があ
れば保護は受給できないというのも補足性の原理に基づく考え方です。

第2節　生活保護の原則等

事 例

　生活保護は保護を必要とする国民が自分から申請する「申請保護の原則」をとっ
ていると聞いたことがありますが、申請保護の原則にはどのような意味があるので
しょうか。また、本人が申請できない場合はどうしたらよいのでしょうか。

　「申請保護の原則」とは、国民が持っている生活保護を請求する権利である保護請求
権の行使を意味しています。ただし、本人が急迫した状況にあるときは、保護の実施機
関が職務上の権限で保護を行うことができます。これを急迫保護といいます。

🔑 キーワード 🔒

□生活保護の原則	□申請保護	□保護請求権	□職権保護
□基準及び程度の原則	□必要即応	□世帯単位	□権利と義務	□不服申立て

1　生活保護の原則等

　生活保護の原則とは、生活保護法を具体的に実施する制度運営の基本的なあり方を規定するものです。「申請保護の原則」「基準及び程度の原則」「必要即応の原則」「世帯単位の原則」の４つの原則があります。また、生活保護法の目的を達成するために生活保護受給者の「権利と義務」が定められています。さらに、生活保護を受けることは国民の権利であるので、このことを実効性のあるものにするために「不服申立て制度」が設けられています。

①生活保護の原則

　生活保護の原則とは、保護実施上の原則です。法第７条～第10条に、制度の具体的な実施にあたり「申請保護の原則」「基準及び程度の原則」「必要即応の原則」「世帯単位の原則」の４つの原則が定められています。

〈申請保護の原則（第７条）〉

　保護は、要保護者、その扶養義務者、その他の同居の親族の申請に基づいて開始するとしています。申請保護とは生活保護を請求する権利である保護請求権を使うことを意味しています。ただし、本人の命や健康に差し迫った危険があるなどの急迫した状況にあるときは、福祉事務所などの保護の実施機関による職務上の権限（職権）による保護が行われます。

〈基準及び程度の原則（第８条）〉

　保護の基準や程度は、年齢、性別、世帯構成、所在地域別（全国を１～３級地に区分し、さらに１級地の１、２というように６区分している）に設けられ、要保護者の収入等がこの金額に不足する部分を、厚生労働大臣が定める範囲内で補うことを規定しています。なお、保護の基準は、「最低限度の生活の需要を満たすに十分なものであつて、且つ、これをこえないものでなければならない」と規定されています。保護の基準や程度が明確にされていないと福祉事務所などの保護の実施機関の自由裁量に委ねられてしまいます。このことを防ぐためにこの原則があります。

〈必要即応の原則（第９条）〉

　必要に正しく応じるという意味です。要保護者の「年齢別、性別、健康状態等その個人又は世帯の実際の必要の相違を考慮」するとされています。要保護者の生活から見た「需要」、必要性の判断と対応について規定しています。

〈世帯単位の原則（第10条）〉

　保護の要否（保護の対象か対象外か）、保護の程度の決定は、世帯を単位として行うという意味です。生活困窮は個人に現れる現象というよりは、生計を同じくしている世帯全体に現れる現象としてとらえるという考えがとられています。例外的な取り扱いとして世帯分離*5が行われる場合もあります。

②権利と義務

　保護の原則ではありませんが、生活保護受給者の権利と義務について述べます。生活保護法第10章に「被保護者の権利及び義務」として第56条〜第63条に定められています。これらは、生活保護法の目的を達成するための権利と義務であることを正しく理解することが必要です。

〈不利益変更の禁止（第56条）〉

　一度決定された保護は、正当な理由がなければ、保護の実施機関の裁量により不利益に変更されることがあってはならないとするものです。実施機関の恣意性を防ぐ規定です。恣意性とは具体的には、個人の思いつきや不平等に取り扱うことなどが考えられます。

〈公課禁止（第57条）〉

　保護金品を収入とみなして、これに対して租税、その他の公課を課せられることはないとするものです。保護金品は最低限度の生活を保障するものですから、これに公課を課せられると最低限度の生活を下回ってしまうため、それを防ぐための規定となっています。

〈差押禁止（第58条）〉

　すでに給与を受けた保護金品や保護を受ける権利を差し押さえられることはないとするものです。最低限度の生活を保障するものですから、民事上のお金の貸し借り等における保護金品の保障を定めた規定です。

〈譲渡禁止（第59条）〉

　生活保護の請求権は一身専属であって、譲渡性がないことを明記しています。保護を受けるべき者に正しく保護が渡ることで法の目的が達成されるため、給付を受けた保護金品も保護を受ける権利も第三者へ譲り渡したり、貸したりできないことを規定しています。

*5　世帯分離
実際には世帯構成員であっても、その者を世帯単位で扱うことが最低生活保障と自立の助長の面から妥当でない場合、世帯を異にするものとみなして分離することができることをいいます。

〈生活上の義務（第60条）〉

　生活保護受給者は、常に、能力に応じて勤労に励み、自ら健康の保持および増進に努め、収入や支出その他生計の状況を適切に把握するとともに、支出の節約を図り、その他生活の維持および向上に努めなければならないことが規定されています。生活保護受給者のあるべき生活態度として理解されています。

〈届出の義務（第61条）〉

　生活保護受給者は、世帯の収入や支出、住所、世帯構成に変化があったときは、すみやかに保護の実施機関または福祉事務所長に届け出る義務があるとしています。

〈指示等に従う義務（第62条）〉

　生活保護受給者は、保護実施機関が行う保護の目的達成に必要な指導または指示に従わなければならないとしています。また、保護施設*6を利用する場合は、保護施設の管理規定に従わなければならないとされています。なお、生活保護受給者がこれらに従わない場合には、保護の変更、停止または廃止が行われることがありますが、これらの不利益処分が行われる場合には、処分の原因となる事実について、必ず生活保護受給者に意見を述べる機会（弁明の機会）が与えられます。

＊6　保護施設
生活保護法に定められている施設で、目的別に救護施設、更生施設、医療保護施設、授産施設、宿所提供施設の5種類が置かれています。都道府県、市町村、社会福祉法人、日本赤十字社に設置が認められています。

〈費用返還義務（第63条）〉

　生活保護受給者が、働いて得た収入、財産収入などの資力があるにもかかわらず保護を受けた場合は、保護を受けた保護金品に相当する金額の範囲内において返還しなければならないとしています。

③不服申立て

　生活保護法（第64条～第69条）には、不服申立てについて規定されており、保護の開始等の決定に対して不服がある場合は、不服申立てができます。生活保護を受けることは国民の権利であることから、国民は保護請求権を持っています。このことを実効性のあるものにするために不服申立て制度が設けられています。また、保護の決定に対する不服を裁判所に訴える（訴訟の提起）には弁護士費用などの経費が必要となります。そこで、費用の負担がない不服申立て制度は、国民の権利を守るために重要な制度といえます。

　不服申立ては、都道府県知事への不服申立て、厚生労働大臣への不服申立

て、裁判所への訴訟の提起という、三重の手続きをとることができます。な お、生活保護の訴訟の提起については、都道府県知事への不服申し立てを行 い、その裁決を受けた後でなければ起こすことができないとされています。 これを「不服申立て前置主義」といいます。

第3節　生活保護基準・保護の種類と内容

事例

　75歳のAさんは、ひとり暮らしをしています。年金をもとに生活をしていました が、近年病気がちとなり、わずかな貯金も底をついてしまいました。生活保護を受 給したいと思っていますが、生活保護はどのくらい支給されるのか、医療費の支給 もあるのかなどを知りたいと思っています。

　高齢者の生活保護の受給が増加しています。受給している年金額が生活保護基準を下 回っている場合は、その差額を受給することができます。また、必要な医療も医療扶助 として受給することができます。

🔑 キーワード 🔒

□生活保護基準　　□算定方式　　□金銭給付　　□現物給付　　□単給　　□併給

□居宅保護　　□8つの扶助

1　生活保護基準

　生活保護基準は制度運営の要であり、厚生労働大臣が決定します。保護基準はナショナルミニマム（国 民の最低限度の生活水準）を具体的な貨幣額として示したものです。保護基準には保護の程度を測る尺度 とナショナルミニマムという二重の面があり、現在は水準均衡方式で算定されています。

①生活保護基準の2つの意味

　生活保護基準は、個々の世帯について、保護の程度（給付すべき金額）を 測るものさしである面とナショナルミニマム（国民の最低限度の生活水準） という二重の面を持っています。ナショナルミニマムが具体的な貨幣額・金 額として定められていることは大きな意義があります。ともすれば、生活保

護基準は生活保護受給者のための生活水準と考えられがちですが、正しくは「すべての国民の生活水準がこれ以下ではあってはいけない」という基準であることの理解は大変重要です。

　生活保護基準は、厚生労働大臣が定めます。さらに、ナショナルミニマムという性格から、保護基準の算定方式には客観的な妥当性が求められ、算定方式が決まっています。

②保護基準算定方式の内容と変遷

　1948（昭和23）年の第8次改定からマーケット・バスケット方式がとられ、1961（同36）年にエンゲル方式、1965（同40）年に格差縮小方式、1984（同59）年からは水準均衡方式に改められ、現在に至っています。

〈マーケット・バスケット方式（1948［昭和22］年8月第8次改定以降）〉

　マーケット・バスケットとは、買い物かごを意味しています。最低生活を営むために生活に必要なモノを一つひとつ買い物かごに入れ、合計すると最低生活費が計算されます。19世紀末にイギリスのヨーク市においてこの方法で最低生活費を計算したのがラウントリー（Rowntree,B.S.）です。ここからラウントリー方式とも呼ばれます。また、物資の量を積み上げて計算することから全物量積み上げ方式とも呼ばれます。

　1948（昭和23）年当時の生活保護受給世帯の実情から、「標準5人世帯：無業母子世帯」を想定し、飲食費については、必要なカロリーを算定し、主食・副食が算定されました。そのほか、住居費、被服費、光熱費、保健衛生費、雑費が算定されました。

　マーケット・バスケット方式は長い伝統もあり、個別的な生活内容を具体的に表すという長所を持っています。しかし、飲食費以外の費目は何を最低生活に必要な費目とするかの指標が難しく、時代とともに変化する消費構造を反映することが容易ではないという特徴もあります。

　結果として、生活保護基準は物価、賃金の上昇に遅れ、一般の生活水準との格差が大きくなり、一般の生活水準を100とすると、生活保護受給世帯の生活水準は1952（昭和27）年度に54.8％、1960（同35）年度に38.0％となってしまいました。

〈エンゲル方式（1961［昭和36］年4月第17次改定以降）〉

　一般の生活水準との格差を是正するために、1961（昭和36）年の第17次改定で採用されたのがエンゲル方式です。エンゲル方式とは、最低生活費を示

す指標として栄養学的に算定した飲食物費を選び、この指標に合致する世帯を実態調査から探し出し、その世帯の生活費を最低生活費とする方法です。飲食物費は物量積み上げ方式を用い、それ以外は実態調査から算定することから「半物量積み上げ方式」ともいいます。

　エンゲル方式では「標準４人世帯：軽作業屋外労働者世帯」を想定し、必要カロリーを満たす飲食物費を算出しました。そして、この飲食物費を実際に支出している世帯のエンゲル係数を総務庁（当時）家計調査の４人世帯から算出し、全消費支出を計算しました。これにより保護基準は、前年比18%の大幅増額となりました。

　しかし、1960年代の日本は高度経済成長期のなかにあり、国民の食生活は急速に豊かになりました。そのため、栄養を満たす飲食物費を基準とするエンゲル方式では一般の生活水準との格差が広がり、一般世帯消費水準を100とすると、生活保護世帯消費水準は1963（同38）年度に44.3%となってしまいました。そこでこの格差を縮小するために保護基準を引き上げようとする考え方が出てきました。

〈格差縮小方式（1965［昭和40］年４月第21次改定以降）〉

　1961（昭和36）年の国の「厚生行政長期計画基本構想」では、保護基準を製造業の平均賃金の63%へ引き上げることを目標とし、1962（同37）年の「社会保障制度審議会勧告」では、保護基準を10年間で３倍にすべきとする勧告が発表されました。さらに、1964（同39）年の「中央社会福祉審議会」の生活保護専門分科会では、一般国民との格差縮小を図るべきという中間報告が行われました。

　これを受けて、厚生省（当時）は、一般の消費水準との格差縮小を目標として保護基準を決定するように算定方式を格差縮小方式に改定しました。格差縮小方式は、経済企画庁（当時）が発表する個人消費支出を一般消費水準の伸び率とみなし、保護基準の伸び率を少なくともこれ以上にするものです。これにより、その差だけ一般消費水準との格差を縮小させることをねらっていました。

　この方式により、一般消費水準との格差は、1964（昭和39）年度に47.1%、1970（同45）年度に54.6%、1983（同58）年度に66.4%まで縮小しました。

〈水準均衡方式（1984［昭和59］年４月第40次改定以降）〉

　1983（昭和58）年に「中央社会福祉審議会」は厚生大臣に対して「生活扶助基準及び加算のあり方について」とする意見書を提出しました。意見書で

は、総務庁家計調査を分析した結果、生活扶助基準額は一般消費水準と比べてほぼ妥当な水準に達しているとしました。

　厚生省は、この意見書に従い、1984（昭和59）年４月以降から、保護基準算定方式を現行の水準均衡方式に変更しました。水準均衡方式は、政府の経済見通しにおける当該年度の民間最終消費支出の伸び率を基礎として、前年度までの一般国民の消費水準との調整を行い、改定率を決定する方式です。

　その後一般世帯の消費水準との格差は約70%の格差で推移し、2009（同21）年度は77.8%となっています。なお、2020（令和２）年10月時点の保護基準は、標準３人世帯（33歳、29歳、４歳子）で生活扶助基準額16万1,230円（１級地の１）となっています。

③生活保護基準の引き下げ

　現在の水準均衡方式がとられてから、生活扶助の水準と一般世帯の消費水準との均衡が図られているか、５年に一度の検証が必要であるとされています。2011（平成23）年に社会保障制度審議会のなかに生活保護基準部会が設けられ、2013（同25）年には報告書がまとめられました。その結果、厚生労働省社会援護局は、各都道府県知事・各指定都市市長・各中核市市長宛てに「生活保護法による保護の基準の一部改正について」という通知を出し、一般低所得者の生活水準を保護基準が上回っていることを理由として、生活扶助基準を３年かけて段階的に１割程度引き下げました。あわせて他の扶助の改定も行いました。さらに2018（同30）年10月より、同様に３年かけて段階的に母子加算等を含めた生活扶助基準額の５%を限度とした追加引き下げを実施しました。

　保護基準は生活保護受給者の生活水準を規定するだけではなく、他の施策の目安ともなっており、最低賃金、就学援助、生活福祉資金、介護保険料や他の保険料の減免、課税基準等へ影響すると考えられています。

2　保護の種類と内容

　生活保護には８種類の扶助があり、金銭給付と現物給付の方法がとられています。これにより地域での生活、言い換えれば自宅での保護がなされています。それぞれの扶助には範囲が定められており、生活保護を必要とする世帯ごとに組み合わせて保護が行われています。

①保護の種類と方法

　生活保護には８種類の扶助があります。具体的には、生活扶助、住宅扶助、教育扶助、介護扶助、医療扶助、出産扶助、生業扶助、葬祭扶助です（図7

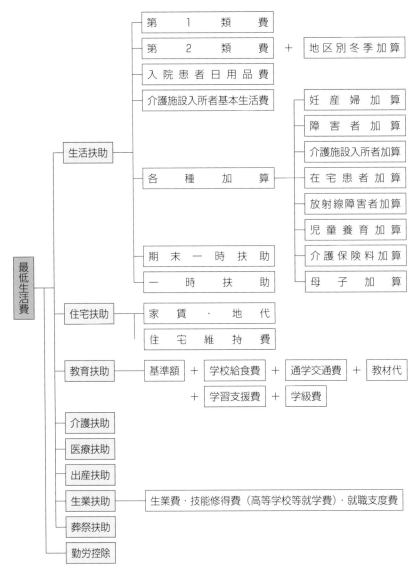

図7－1　最低生活費の体系

出典：生活保護制度研究会編『保護のてびき　令和2年版』第一法規　2020年　p.43を一部改変

－1）。社会生活を送るうえでの需要に対応できるように区分され、具体的な内容が範囲として定められています。

　これらの扶助は「必要即応の原則」により、要保護世帯の必要に応じて行われます。保護の方法は、金銭給付と現物給付があります。金銭給付とは「金銭の給与又は貸与によつて、保護を行うこと」（生活保護法第6条）とされ、定められた金額を支給することです。現物給付とは「物品の給与又は貸与、医療の給付、役務の提供その他金銭給付以外の方法で保護を行うこと」（同

第6条）とされています。具体的には、診療・治療・介護などの行為の給付、施設利用、物品も含んでいます。

　1種類だけの扶助を行うことを「単給」、2種類以上の扶助を組み合させて行うことを「併給」といいます。

　生活保護の方法は、原則として居宅における金銭給付です。生活扶助に一括するのではなく、複数の扶助が設けられていることにより、地域における通常の暮らし、つまり施設収容ではなく、自宅での生活が可能となっています。

②扶助の内容と範囲

〈生活扶助〉

　生活扶助は、扶助のなかで最も基本的なものです。「衣食その他日常生活の需要を満たすために必要なもの、移送」を範囲としています。経常的な最低生活費としての「基本生活費」と「加算」、臨時的な給付としての一時扶助費[7]、勤労控除を主な内容としています。

　基本生活費は経常的な一般生活費に相当し、第1類費、第2類費から構成されます。第1類費とは個人単位で消費する飲食物費、被服費など、第2類費とは世帯全体の光熱水費・家具什器費など共通経費を示しています。1類費は要保護者の年齢別に、2類費は世帯人員別に定められています。

　加算とは病気、障害、ひとり親世帯など特別な需要のある方に上積みすることが認められている特別経費です。特別な需要に柔軟に対応するために8種類の加算が設けられています。具体的には妊産婦加算、障害者加算、介護施設入所者加算、在宅患者加算、放射線障害者加算、児童養育加算、介護保険料加算、母子加算です。なお、「母子加算と障害者加算」や「介護施設入所者加算と障害者加算」など、複数の加算が該当する場合であっても、一つの加算しか受給できない重複調整が行われる場合があります。

　勤労控除[8]とは、働いて得た収入（稼働収入）がある場合に、全額を収入認定して生活保護費から差し引くのではなく、一定の金額を就労に伴う経費として収入認定しない（控除）ことです。その額は、収入が多いほど高くなり、働く意欲を高める（インセンティブ的）役割も果たしています。

＊7　一時扶助費
一時扶助費として被服費、入学準備金、移送費、家具什器費、配電設備費、水道等設備費、就労活動促進費などがあります。

＊8　勤労控除
勤労控除には基礎控除、新規就労控除、未成年者控除があります。

〈住宅扶助〉

　住宅扶助は、住まいについての扶助です。家賃や住んでいる家屋の補修など、住宅を維持するために必要なものを内容としています。借家、借間、借地に住んでいる場合は定められた基準内の家賃、間代、地代の実費が支給されます。さらに、住宅扶助には特別基準が設けられています。その理由は、家賃等は地域格差が大きく、生活基盤である住宅を実際に確保できる金額であることが必要だからです。要保護者の実際の家賃等が基準額を超えるときは、都道府県知事、指定都市、中核市の長が厚生労働大臣の承認を得た特別基準内で実際の家賃額が支給されます。

　住宅維持費は現在住んでいる家屋の修理、補修のための経費を範囲としています。

〈教育扶助〉

　教育扶助は、義務教育の修学に必要な費用を範囲としています。具体的には、基準額、学級費、教科書・学校のすべての児童生徒が購入する副読本的図書・ワークブック・辞典などの教材代、学校給食費、通学交通費、校外活動参加費、クラブ活動のための費用である学習支援費等が小学校・中学校の2区分で定められています。

〈介護扶助〉

　介護扶助は、介護保険法に規定する要介護者[9]および要支援者[10]で、困窮のために最低限度の生活を維持することができない方を対象としています。介護保険法施行に合わせて新たにこの扶助が創設されました。

　介護扶助の内容は、介護保険の給付対象となるサービスと同じです。ケアマネジャー（介護支援専門員）が作成するケアプラン（居宅サービス計画）に基づいて、訪問介護、訪問看護、通所介護等の居宅サービスや特別養護老人ホームへの入所等の施設サービス、住宅改修費、福祉用具購入費、施設入所時の移送費等の給付が行われます。その際には介護券を発行して、現物給付によって行われます。なお、介護扶助で利用できる介護サービスの事業者は、指定介護機関に限られます。指定介護機関とは、介護保険法の規定による許可を受けているもののうち、介護扶助について理解を有していると認められるものについて都道府県知事が指定した機関をいいます。

　住宅改修、福祉用具購入費は金銭給付となります。また、介護保険料と介護施設入所者の日常生活費については生活扶助費として金銭給付されます。

＊9　要介護者
第6章p.113参照。

＊10　要支援者
第6章p.113参照。

〈医療扶助〉

　医療扶助は、傷病等により通院・入院が必要な場合に指定医療機関へ委託して行われる診察等の医療の給付、薬剤・治療材料の給付、療養の管理等の看護、通院・転院、入退院の際の移送費の給付を主な内容としています。つまり、すべての医療内容や薬剤等が医療扶助の対象とはならず、国民健康保険で給付対象となるものに限られています。同様に、医療機関や薬局に支払われる報酬も、国民健康保険と同じ額になっています。

　指定医療機関とは、申請があった機関のうち、国が設置したものは厚生労働大臣、その他は都道府県知事により指定を受けた医療機関です。具体的には本人の申請により発行される医療券を指定医療機関へ提出することで医療の給付を受けることができます。

〈出産扶助〉

　出産扶助は、分娩の介助、分娩前後の処置などの助産を内容としています。加えて、分娩に必要なガーゼ等の衛生材料も一定範囲内を対象としています。

　病院、助産所等の施設で分娩する場合は、入院に必要な最小限度の費用が認められています。

〈生業扶助〉

　生業とは、暮らしを立てる、生活を成り立たせるための仕事のことです。生業扶助を活用して仕事による収入を増加させること、または自立を助長することを目的としています。生業に必要な費用、技能の修得、就労準備に必要な費用を内容としています。

　また、「高等学校等就学費」が設けられています。原則として当該高等学校等の正規の就学年限に限り、基本額、授業料、入学料および入学考査料、通学のための交通費、学習支援費、教材代が認められます。

〈葬祭扶助〉

　葬祭扶助は、生活保護受給者が死亡した場合の検案、遺体の運搬、火葬または埋葬、納骨など、葬祭のために必要なものを内容としています。

③具体的な最低生活費（生活保護基準額）について

　ここまで、生活保護の種類と内容について説明しました。では、国が保障する最低生活費（生活保護基準額）とは一体いくらなのでしょうか。

　図７−２は、アパートや借家、自宅で生活している方を対象とした居宅基

①生活扶助基準（第1類費）基準額 （単位：円）

| 年齢 | 1級地 |
	1級地－1
0～2歳	44,630
3～5歳	44,630
6～11歳	45,640
12～17歳	47,750
18～19歳	47,420
20～40歳	47,420
41～59歳	47,420
60～64歳	47,420
65～69歳	45,330
70～74歳	45,330
75歳以上	40,920

②逓減率（1類の合計額に人数分の率を乗ずる）

1人	1.0000
2人	0.8548
3人	0.7151
4人	0.6010
5人	0.5683

⑤住宅扶助基準額
（例：東京都特別区・市、神奈川県川崎市）

実際に支払っている家賃・地代	
一般基準	13,000円以内
単身世帯	53,700円以内
2人	64,000円以内
3人～5人世帯	69,800円以内
6人世帯	75,000円以内
7人以上世帯	83,800円以内

⑥教育扶助基準額

区分	基準額＋特別基準額
小学生	3,680円
中学生	6,100円

このほか、クラブ活動費を対象とした学習支援費、
教材費、給食費などの実費が計上される。

③生活扶助基準（第2類費）基準額 （単位：円）

| 人員 | 1級地 | 冬季加算 |
	1級地－1	
1人	28,890	2,630
2人	42,420	3,730
3人	47,060	4,240
4人	49,080	4,580
5人	49,110	4,710

④生活扶助加算額 （単位：円）

加算できる対象者		加算額
障害者	身体障害者障害程度等級表の1，2級に該当する方等	26,810
	身体障害者障害程度等級表の3級に該当する方等	17,870
妊婦	妊娠6か月未満	9,230
	妊娠6か月以上	13,790
産婦	母乳のみは産後6か月間その他の場合は産後3か月間	8,480
在宅患者	結核療養中の場合等	13,270
母子	児童1人の場合	18,800
	児童2人の場合	23,600
	3人以上の児童1人につき加える	2,900
児童養育	18歳まで（年度末）	10,190

・入院患者、施設入所者は金額が異なる
・母子加算は、18歳に達する日以後の最初の3月31日までの間にある場合に算定
・この他に放射線障害者加算、介護保険施設入所者加算、介護保険料加算がある
・該当者がいるときだけその分を加える

⑦介護扶助基準額

居宅介護等にかかった介護費の平均月額

上限　15,000円

⑧医療扶助基準額

診療等にかかった医療費の平均月額

上限　35,400円
上限75歳以上8,000円（外来）
上限75歳以上15,000円（入院）

最低生活費認定額
このほか、出産、生業、葬祭などがある場合はそれらの経費の一定額がさらに加えられる

図7－2　生活保護基準額簡易計算表（居宅基準・1級地の1）　2020（令和2）年10月現在

準額を示したものです。前述の通り、生活保護基準額は住んでいる場所によって、6区分に分かれています。ここでは、東京23区や横浜市、名古屋市、大阪市などの都市部が該当し、基準額が最も高い1級地の1を例に挙げました。では、次のような世帯の最低生活費を計算してみましょう。

・49歳父・45歳母・19歳子（身体障害者手帳3級所持）の3人世帯
・アパート家賃は月々6万円

　はじめに、最低生活費は、前述の8種類の扶助の各基準額を合計した金額になることを改めて理解してください。実際の計算においても、世帯に必要な各種扶助を加えて積み上げていきます。ここでは、生活保護受給者のほとんどが受給する生活扶助基準を中心に説明します。

　図7-2を参照ください。生活扶助基準は、①第1類×②逓減率＋③第2類＋冬季加算＋④各種加算の順に計算します。では、表からそれぞれの金額を選んで加えていきましょう。まず、個人単位で必要な飲食物費や被服費などに該当する①第1類費を計算します。47,420円（49歳父）＋47,420円（45歳母）＋47,420円（19歳子）＝142,260円になります。これに、人数に該当する②逓減率を乗ずる（掛ける）と、142,260円×3人の逓減率0.7151＝101,730円になります。これが第1類費となります。

　次に、世帯全体で必要な光熱水費や家具、食器を購入するための③第2類費を加えると、101,730円＋3人の第2類費47,060円＝148,790円になります。冬季加算の4,240円は、東京では11月〜3月まで計算に加えます（北海道や青森県などの寒冷地は、10月〜4月までが冬季加算の対象となります）。一応加えてみましょう、148,790円＋4,240円＝153,030円になります。また、④の各種加算のなかから、該当するものを加えます。この世帯は、障害者加算17,870円が加算されますので、153,030円＋17,870円＝170,900円になります。これが生活扶助基準になります。

　さらにこの金額に、⑤住宅扶助基準の60,000円を加えると、170,900円＋60,000円＝230,900円になります。つまり、この事例の世帯に収入がない場合は、生活保護の金銭給付として月額230,900円が支給されることになるのです。

　このほか、小学生や中学生の子がいる場合は⑥の教育扶助、介護保険サービスを利用したり医療機関にかかったりする場合には、⑦介護扶助、⑧医療扶助がそれぞれ基準に加えられます。また、出産扶助や生業扶助、葬祭扶助なども必要となったときに加えられます。こうして計算されたものが最低生活費（生活保護基準額）です。

④日本の生活保護の総合性

　前述したように、公的扶助とはナショナルミニマムに相当する所得を保障する制度です。所得保障、つまり一定の金銭が支給されることで、施設ではなく自宅での生活が継続できることの意義は大きいものです。

　しかし、日本の生活保護は本節で見たように、生活費に相当する生活扶助だけではなく、住宅、教育、介護、医療など8種類の扶助があり、その方法も金銭給付と現物給付の形をとっています。このように所得保障に一元化せず、総合性を有しているのが日本の生活保護の特徴です。第二次世界大戦後、1950（昭和25）年に生活保護法が成立した当時は、他の社会保障制度、特に社会保険が未整備であったため、生活保護が社会保険の「補完」的役割を果たすのではなく、社会保険をはじめとする他の社会保障制度の「代替」をしており、種々の生活事故に対応せざるを得なかったので、多くの扶助を持つことになったとされています。

第4節　生活保護の動向

事例

　先日、新型コロナウイルス感染症の影響による失業者、生活困窮者の増加が社会問題となっているというニュースを見ましたが、生活保護を受給している世帯や人数はどのくらいで、どういった理由から生活保護を受給することになったのか知りたいと思いました。また、生活保護受給後の自立に向けた支援や、生活保護受給に至る前段階の支援などはあるのでしょうか。

　保護世帯の特徴として単身世帯、非稼働世帯が多いことを挙げることができます。世帯類型別では、高齢者世帯とその他世帯の占める割合が高いです。
　生活保護受給後は必要な医療や生活費を受けるだけではなく、自立（就労自立・日常生活自立・社会生活自立）に向けた支援を受けることができます。また、生活保護に至る前段階の支援については生活困窮者自立支援法に規定されています。

□生活保護受給世帯数　　□生活保護受給人員数　　□保護率　　□捕捉率　　□世帯類型

□世帯業態　　□保護の開始・廃止理由　　□自立支援プログラム

□生活保護法の一部改正　　□生活困窮者自立支援法

1　生活保護受給世帯等の動向

厚生労働省「被保護者調査」によれば、近年、生活保護受給世帯数・人員数は減少傾向にあります。

---

①生活保護受給世帯数および受給人員数の動向

　厚生労働省「被保護者調査」によれば、2020（令和2）年6月時点での生活保護受給世帯数は163万6,596世帯、受給人員数は205万5,531人、保護率は16.3‰（パーミル）です。保護率とは総人口に占める生活保護受給人員数の割合を示すもので、通常千分比で表します。

　図7-3に示す通り、1995（平成7）年以降、生活保護受給世帯数および

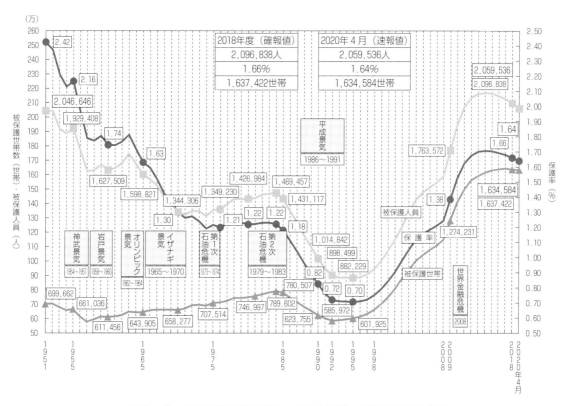

図7-3　生活保護受給世帯数、受給人員数、保護率の年次推移

出典：厚生労働省編『令和2年版　厚生労働白書』日経印刷　2020年　p.284を一部改変

受給人員数は増加傾向にありました。しかし、2015（同27）年３月に過去最高となって以降、減少に転じています。生活保護受給世帯数と受給人員数の動向に影響を与える要因として、経済動向、他の社会保障制度のあり方、生活保護行政のあり方[*11]があるといわれています。真に保護を必要としている国民に保護が行き届いているのかを検証することが必要です。

②扶助別受給人員数等の動向

　2018（平成30）年度の扶助別受給人員数を多い順に挙げると、生活扶助、住宅扶助、医療扶助、介護扶助となっています。また、保護世帯の約９割が生活扶助・医療扶助を受給しており、生活扶助と医療扶助が重要であることがわかります。

　次に生活保護受給世帯を世帯類型別にみると高齢者世帯[*12]が54.0％、母子世帯[*13]が5.3％、障害者世帯[*14]が12.2、傷病者世帯[*15]が13.1％、その他世帯が15.2％となっており、高齢者世帯の占める割合が高いことがわかります。なお、世帯人員数は単身世帯が80.8％を占めています。

　続いて世帯業態別として世帯の就労状況を見ると、稼働世帯が15.7％、非稼働世帯が84.3％となっています。つまり、生活保護を受給している方の世帯内に就労している方がいない世帯が８割を超えている状況です。

　最後に、2018（平成30）年度における保護開始の主な理由は、「貯金等の減少・喪失」が38.8％と最も多く、次いで「傷病」が23.4％、「その他」を除くと「失業」が6.6％となっています。また、保護廃止の主な理由は、「死亡」が41.5％と最も多く、次いで「その他」を除くと、「働きによる収入の増加・取得」が17.2％、「失そう」が6.2％となっています。

*11
生活保護行政において、保護の適正実施を政策として行うことを適正化政策といいます。その方法は監査の強化、収入認定の厳格化、扶養義務取り扱いの強化であり、これまで過去３回実施されました。

*12　高齢者世帯
男女とも65歳以上の者のみで構成されている世帯か、これらに18歳未満の者が加わった世帯です。

*13　母子世帯
現に配偶者がいない65歳未満の女子と18歳未満の子のみで構成されている世帯です。

*14　障害者世帯
世帯主が障害者加算を受けているか、心身上の障害のために働けない者である世帯です。

*15　傷病者世帯
世帯主が入院しているか在宅患者加算を受けている世帯または世帯主が傷病のため働けない世帯です。

2　自立支援プログラム

　2005（平成17）年度から、生活保護の実施機関である福祉事務所が組織的に自立支援に取り組むために「自立支援プログラム」が導入されました。自立とは就労自立・日常生活自立・社会生活自立を意味しています。

　生活保護法の第１条では保護の目的を、単に最低生活を保障するだけではなく、保護を受けるに至った人びとの自立を支援することを目的としています。しかし、経済的な給付だけでは、多様な生活課題を抱える生活保護受給者に対して自立を支援するという目的を果たすことが十分にできませんでした。そこで2005（平成17）年度より、生活保護の実施機関である福祉事務所が組織的に自立支援に取り組むために導入されたのが、「自立支援プログラ

ム」です。

　この取り組みでは、福祉事務所が管内の生活保護受給者の状況や自立阻害要因について類型化を図り、それぞれの類型ごとに取り組むべき自立支援の具体的内容および実施手順を定め、個々の生活保護受給者に必要な支援を組織的に実施します。ここでいう生活保護における自立とは、就労による経済的自立（就労自立）だけではなく、身体や精神の健康を回復・維持し、自分で自分の健康・生活を管理するなど日常生活において自立した生活を送ること（日常生活自立）、および社会的なつながりを回復・維持し、地域社会の一員として充実した生活を送ること（社会生活自立）の3つの自立を意味しています。そこで、自立支援プログラムでは、この3つの課題を支援するために①「経済的自立支援プログラム」、②「社会生活自立支援プログラム」、③「日常生活自立支援プログラム」が策定されるようになりました。

　例として「経済的自立支援プログラム」の内容を説明すると、大きく分けて「ハローワーク連携型就労支援プログラム」と「自治体独自の就労支援プログラム」があります。「ハローワーク連携型就労支援プログラム」では、「生活保護受給者等就労自立促進事業」をそのまま活用します。具体的には、生活保護受給者を含めた生活困窮者を対象として、自治体にハローワークの常設窓口の設置をするなどワンストップ型の支援体制を全国的に整備し、生活困窮者への早期支援の徹底、求職活動の共有化を図るなどの就労支援を抜本的に強化し、生活困窮者の就労による自立を促進します。「自治体独自の就労支援プログラム」では、福祉事務所に配置された就労支援員による支援プログラムや担当のケースワーカーによる支援プログラム、ボランティアや福祉的就労などの中間的就労を図る就労意欲喚起等支援事業などが実施されています。

3　生活保護法の改正と生活困窮者自立支援法

　2014（平成26）年、2018（同30）年に生活保護法の一部改正が行われ、また2015（同27）年に生活困窮者自立支援法が施行され、こちらも2018（同30）年に改正されています。改めて、社会保障における公的扶助制度の意義を考えることが求められています。

①生活保護法の一部改正等

　生活保護法は、1950（昭和25）年に制定されてから大きな法改正はありませんでしたが、近年、社会保障全体のあり方が課題となっているなかで、最後のセーフティネットである生活保護制度についても、制度のあり方、生活保護基準の水準について検討がなされてきました。生活保護基準の引き下げ

については、すでに説明した通りです。2014（平成26）年と2018（同30）年に生活保護法の一部改正が行われ、国はこの生活保護法改正の目的について、「必要な人には確実に保護を実施するという基本的な考え方を維持しつつ、今後とも生活保護制度が国民の信頼に応えられるよう、就労による自立の促進、不正受給対策の強化、医療扶助の適正化等を行うための所要の措置を講ずる」としています。

　まず、2014（平成26）年の改正では、新たに「就労自立給付金」と「被保護者就労支援事業」の規定が設けられました。就労自立給付金とは、生活保護受給中の稼働収入のうち一定範囲を積み立てておき、安定した仕事に就いて生活保護を廃止したときに支給する給付金です。また、被保護者就労支援事業とは、保護の実施機関が、就労支援に関する問題について生活保護受給者からの相談に応じ、必要な情報の提供、助言を行う事業です。さらに、「不正受給対策」として、福祉事務所の調査権限を拡大する（就労活動等に関する事項を調査可能とし、官公署の回答義務を創設する）とともに、不正受給の罰則について「3年以下の懲役又は30万円以下の罰金」から「3年以下の懲役又は100万円以下の罰金」に引き上げられました。加えて、医師が後発医薬品（ジェネリック）の使用を認めている場合には、受給者に対し「後発医薬品の使用を促す」こととされました。

　次に、2018（平成30）年の改正では、生活保護世帯の子どもの貧困の連鎖を断ち切るため、大学等への進学支援を実施しました。まず、進学の際の新生活立ち上げの費用として、「進学準備給付金」を一時金として給付（自宅通学で10万円・自宅外通学で30万円）するようにしました。また、大学進学後も引き続き、出身の生活保護世帯と同居して通学している場合は、大学等に通学している間に限り、子どもの分の住宅扶助額を減額しないことにしました。さらに、2014（同26）年改正で規定された後発医薬品について、医師が医学的に使用可と判断した方については、「原則使用する」ことに改められました。

②生活困窮者自立支援法

　生活保護法の一部改正と生活困窮者自立支援法成立・改正の背景には、生活困窮者が増加するなかで、生活保護制度の見直しと生活困窮者対策の一体実施が不可欠であるとの考えがあります。

　「第二のセーフティネット」である生活困窮者自立支援法は、全国の福祉事務所設置自治体が実施主体となり（自治体直営のほか、社会福祉協議会や社会福祉法人、NPO等への委託も可能）、生活保護に至る前段階の自立支援

策の強化を図るとともに、生活保護から脱却された方が再び生活保護に頼ることのないようにすることを目的としています。また、生活困窮者の定義を「就労の状況、心身の状況、地域社会との関係性その他の事情により、現に経済的に困窮し、最低限度の生活を維持することができなくなるおそれのある者」と規定していることから、行政だけの支援にとどまらず、地域における支援体制の構築も必要とされています。

　具体的な支援の内容は、必須事業として「自立相談支援事業」「住居確保給付金の支給」、努力義務事業として「就労準備支援事業」「家計改善支援事業」、任意事業として「一時生活支援事業」「子どもの学習・生活支援事業」が定められています。また、都道府県知事と指定都市や中核市の市長が「就労訓練事業（ボランティアや軽作業等の中間的就労）」の事業所認定を行っており、行政と民間による協働した取り組みが実施されています。

③生活保護の意義と課題

　社会保障における公的扶助制度、つまり生活保護制度があることで、権利として生活保護を請求することができ、ナショナルミニマムが保障されます。これにより、生活困窮者は死を免れ、一定の生活水準を維持し、通常の生活を取り戻すことができます。繰り返しになりますが、すべての国民の生活の底上げが行われます。

　生活保護の課題として捕捉率[16]が低いことが指摘されています。さらに、生活保護基準の引き下げにみられるように、ナショナルミニマムに関する議論が低調であることも課題といえます。日本の生活保護が公的扶助制度として一層成熟することが求められています。

*16　捕捉率
実際に生活保護を受給している受給者（世帯主）を受給資格のある貧困者（世帯主）で除した（割った）割合を示します。生活保護が漏給者を生むことがないよう適正に運用されているか明らかにする数値です。

引用文献

1）小山進次郎『改訂増補　生活保護法の解釈と運用』全国社会福祉協議会　1975年
　　p.92
2）前掲書1）

参考文献

・川上昌子編『新版　公的扶助論』光生館　2007年
・籠山京『公的扶助論』光生館　1978年
・大友信勝『公的扶助の展開－公的扶助研究運動と生活保護行政の歩み－』旬報社　2000
　年
・唐鎌直義『脱貧困の社会保障』旬報社　2012年
・佐口卓・土田武史『社会保障概説　第四版』光生館　2003年
・『生活保護手帳　2017年度版』中央法規出版　2017年
・生活保護問題対策全国会議編『間違いだらけの生活保護バッシング－Q&Aでわかる生
　活保護の誤解と利用者の実像－』明石書店　2012年
・中央法規出版編集部『改正生活保護法・生活困窮者自立支援法のポイント－新セーフ
　ティネットの構築－』中央法規出版　2014年
・生活保護制度研究会編『保護のてびき　平成30年度版』第一法規　2018年
・厚生労働省社会保障審議会生活保護基準部会「社会保障審議会生活保護基準部会報告
　書」2015年

参考ホームページ

・厚生労働省　https://www.mhlw.go.jp/（2020年8月8日閲覧）
・国立社会保障・人口問題研究所　http://www.ipss.go.jp/（2020年8月8日閲覧）

💡 実務に役立つQ＆A　こんなときどうする？

Q：40歳の男性です。失業し、雇用保険の給付期間が終了してしまいました。預貯金等も底をついてしまったので生活保護を受けたいと思っていますが、受給することは可能でしょうか。

A：生活保護の原理・原則で説明したように、現に困窮していれば困窮の原因、年齢にかかわらず、生活保護を受給することは可能です。

Q：持家があると生活保護は受けられないのでしょうか。

A：補足性の原理で、資産・能力の活用が示されていますが、この活用とは、何らかの意味において最低生活の維持に積極的に役立っていることを意味しています。生活の基盤である住まいは最低生活の維持に活用されており、自立の助長につながると考えられています。そのため、実際に住んでいる家屋、その土地は保有が認められています。もちろん家屋や土地を売却した場合の価値が利用価値に比べて著しく大きいと認められる場合は、売却処分することが求められます。

Q：親やきょうだいがいたら生活保護は受けられないのでしょうか。

A：生活保護法第4条第2項では、「民法に定める扶養義務者の扶養及び他の法律に定める扶助は、すべてこの法律による保護に優先して行われる」と定めています。つまり、扶養は保護の前提条件ではありません。親やきょうだいがいても、十分な援助、仕送り等が行われず、最低生活費以下の収入しかなければ、生活保護を受けることができます。

✏️第7章　ミニットペーパー

　　年　　月　　日（　）第（　）限　　　　　学籍番号 ＿＿＿＿＿＿＿＿＿

　　　　　　　　　　　　　　　　　　　　　　氏　　名 ＿＿＿＿＿＿＿＿＿

本章で学んだこと、そのなかで感じたこと

理解できなかったこと、疑問点

🏉TRY してみよう

①生活保護法の目的は（　　　　　　　　　　）と（　　　　　　　　）である。

②保護基準は（　　　　　　　　　）が決定し、2020（令和２）年現在の算定方法は
　（　　　　　　　　　）である。

③保護の方法は金銭給付と（　　　　　　）があり、生活保護の扶助には
　（　　　　）扶助、（　　　　）扶助、（　　　　）扶助、（　　　　）扶助、
　（　　　　）扶助、（　　　　）扶助、（　　　　）扶助、（　　　　）扶助の８
　種類がある。

第 **8** 章

社会手当制度

―誰にどんな手当があるの？―

社会手当の概要

現在30歳のサラリーマンです。結婚して3年目でやっと子宝に恵まれました。しかし、子育てにお金がかかりそうで心配です。子育てのための国の手当があると聞いたことがありますが、そもそもどのような制度なのでしょうか。

それは児童手当などの社会手当と呼ばれる制度です。例えば、子育てには費用がかかり、多くの子どもを育てることによって貧困に陥る可能性もあります。そこで、このような貧困を予防するために、年金のような社会保険でもなく生活保護でもない、これらの中間的な性格を持った制度がつくられてきました。社会手当は、社会保険料の負担や資力調査もなく、一定の要件を満たせば主に公費を財源として支給されますが、ある程度の所得制限があります。

🔑 キーワード 🔒

□社会保険　　□社会扶助　　□資力調査（ミーンズテスト）　　　□社会手当
□社会サービス　　□スティグマ　　□家族手当　　□ベヴァリッジ報告

1　社会手当の位置づけ

社会手当は、社会保険と公的扶助の中間的な形態を持った制度のため、拠出（社会保険料を支払うこと）がなく低所得者を排除しません。また、資力調査もないのでスティグマもありません。

　社会保障制度は、社会保険と社会扶助に大別できますが、後者の社会扶助は主に租税を財源とし、保険の技術を用いることなく国民に対して現金やサービスを提供する仕組みです。さらに、社会扶助は、資力調査（ミーンズテスト）を要件として最低生活を保障する公的扶助、ある一定の要件を満たせば現金等の給付をする社会手当、そして社会福祉制度を通じて支援が必要な人々に提供される社会サービス（福祉サービス）に区分されます。

　本章で扱う社会手当は、無拠出ですが厳格な資力調査が行われず、多くの場合に緩やかな所得調査（主に世帯の所得額を調べること）を伴って給付が行われる所得保障制度のことを指しています。ILO（国際労働機関）などで

は、早くからこの方式に注目していて、社会保険と公的扶助の中間に位置する新たな所得保障制度にはいくつかの利点があることが示されています。財源が公費または事業主負担であることから受給者の負担がないこと、社会保険のように保険料負担能力のない低所得者を排除することがないこと、厳格な資力調査がないので受給者のスティグマが少ないことなどが挙げられています。

2　社会手当の種類

日本の社会手当には、児童手当、児童扶養手当、特別児童扶養手当、障害児福祉手当、特別障害者手当があります。

そもそも社会手当は、第二次世界大戦前にフランスの事業主の共同拠出による家族手当金庫やニュージーランドの公費による家族手当などを先駆けとして発展してきました。また、イギリスの「ベヴァリッジ報告」で、児童手当は、欠乏を根絶するために社会保険の前提として必要なものであり、包括的な保健およびリハビリテーション・サービス、ならびに雇用の維持とともに社会保障計画の前提として位置づけられています。

ところで、日本の社会手当には、児童手当、児童扶養手当、特別児童扶養手当、障害児福祉手当、特別障害者手当の5つがあります。また参考ではありますが、1959（昭和34）年に国民年金法が制定された際に設けられた福祉年金[*1]や、その後の国民年金法改正の狭間で障害基礎年金を受給できなかった（無年金）障害者のために制定された特別障害給付金[*2]（2004［平成16］年制定）など、社会手当的な給付制度もあります。

*1　福祉年金
1959（昭和34）年に制定された国民年金法によって設けられた無拠出制年金のことで、給付の種類は、老齢福祉年金、障害福祉年金、母子福祉年金、準母子福祉年金がありました。2020（令和2）年現在、老齢福祉年金を除いて廃止となっています。

*2　特別障害給付金
第5章p.96参照。

第2節　児童手当

現在32歳の主婦ですが、来月子どもが生まれます。近所の方から、出産したら児童手当の手続きを忘れないようにと言われましたが、児童手当とはどのような制度なのでしょうか。

子どもがいると共働きをすることが難しくなるばかりか、生活費がかさむことがあります。児童手当は、家庭生活の安定の手助けとなり、次世代を担う子どもの健やかな成長を促して、中学校修了までの子どもを養育している方に支給される制度です。

キーワード

□（旧）児童手当法　□子ども手当　□（新）児童手当　□所得制限　□防貧

1　児童手当の目的

児童手当は、家庭等の生活の安定に寄与するとともに、次世代の社会を担う児童の健やかな成長を促すことを目的としています。（旧）児童手当は低中所得層の多子世帯の支援という色彩が強く所得制限がありましたが、子ども手当では子育てを社会的に支援するために所得制限を撤廃しました。しかし、現在の（新）児童手当では所得制限を復活させました。

　児童手当は児童手当法に基づいた制度です。日本の児童手当は、他の先進諸国と比べても成立が遅く、後述する児童扶養手当や特別児童扶養手当が制定された後の1971（昭和46）年に（旧）児童手当法が制定されました。（旧）児童手当法の第1条では、（旧）児童手当の目的を「児童を養育している者に児童手当を支給することにより、家庭における生活の安定に寄与するとともに、次代の社会をになう児童の健全な育成及び資質の向上に資すること」としていましたが、手当額もしばらくの間は低額で、主に低中所得層の多子世帯への支援という色彩が強く、所得制限もありました。実質的には公費の負担増を避けるために低年齢児を対象とした手当になっていました。

　2009（平成21）年に民主党中心の連立政権が誕生し、翌年には子ども手当が設けられました。この子ども手当に関する特別措置法である「平成22年度

における子ども手当の支給に関する法律」の第１条では、子ども手当の目的を「次代の社会を担う子どもの健やかな育ちを支援するため」としていました。子ども手当は防貧というよりは子育てを社会全体で支援するという経済的支援の性格が強く、所得制限を撤廃して一律１万3,000円が支給されました。

　その後、自民党中心の連立政権に戻り、2012（平成24）年に、子ども手当を廃止し、所得制限を復活して手当額を拡充した（新）児童手当に改正されました。（新）児童手当法の第１条では、（新）児童手当の目的を「父母その他の保護者が子育てについての第一義的責任を有するという基本的認識の下に、児童を養育している者に児童手当を支給することにより、家庭等における生活の安定に寄与するとともに、次代の社会を担う児童の健やかな成長に資すること」としています。

2　児童手当の概要

　児童手当は、国内に住所を有する中学校修了前までの児童を家庭で養育している父母等や、児童が施設に入所している場合は施設の設置者等に支給されますが、支給にあたって所得制限があります。

①実施機関・支給対象と費用負担

　住所地の市町村長（特別区の区長を含む。公務員については所属官公署の長[*3]）が受給資格および児童手当額を認定して支給します。なお、児童手当は、国内に住所を有する中学校修了前までの児童を家庭で養育している父母等や、児童が施設に入所している場合は施設の設置者等に支給されます。

　費用負担は、国、都道府県、市町村の負担割合が４：１：１になっています。ただし、被用者の３歳未満（所得制限額未満）の費用については、15分の７を事業主の負担としています（公務員については所属官公署の長の負担としています）。

＊3　所属官公署の長
具体的には、都道府県知事、市長、区長などの首長です。

②所得制限と支給額

　受給者本人の前年の所得が表８－１の所得制限限度額以上であるときは、手当額の減額があります。具体的には、前年の所得（１月〜５月までの月分の児童手当については前々年の所得）が、①扶養親族等がいないときは622万円、②扶養親族等がいるときは622万円に扶養親族等１人につき38万円（老人控除対象配偶者または老人扶養親族の場合は44万円）を加算した額になっています。

　手当額は2020（令和２）年現在、３歳未満は月額１万5,000円、３歳〜小

学校修了前の第１子・第２子は月額１万円、第３子以降は月額１万5,000円、中学生は月額１万円となっており、所得制限限度額未満である養育者（児童が施設に入所している場合は施設の設置者等）に支給されます。そして、所得制限額以上である養育者には、当分の間の特例給付として月額5,000円が支給されています。

表8−1　児童手当　所得制限限度額表

（単位：万円）

扶養親族等の数	所得額	収入額
0人	622	833.3
1人	660	875.6
2人	698	917.8
3人	736	960
4人	774	1002.1
5人	812	1042.1

注１：収入額は、所得額に給与所得控除額等相当分を加算した額（実際の適用は所得額で行い、収入額は用いない）。

　２：扶養親族等の数は、税法上の控除対象配偶者及び扶養親族（施設入所等児童を除く。以下、「扶養親族等」という。）並びに扶養親族等でない児童で前年の12月31日において生計を維持したものの数をいう。

　３：平成24年６月１日より適用。

　４：所得税法に規定する老人控除対象配偶者または老人扶養親族がある者についての限度額（所得額ベース）は上記の額に当該老人控除対象配偶者または老人扶養親族１人につき６万円を加算した額。

　５：扶養親族等の数が６人以上の場合の限度額（所得額ベース）は、１人につき38万円（扶養親族等が老人控除対象配偶者または老人扶養親族であるときは44万円）を加算した額。

出典：内閣府：児童手当所得制限限度額表
　　　http://www8.cao.go.jp/shoushi/jidouteate/pdf/gendogaku.pdf（2020
　　　［令和２］年８月８日閲覧）

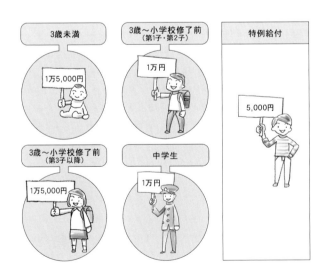

第3節 児童扶養手当

事例

　現在、夫との間で離婚の話が進み、小学5年生の子どもを連れて家を出ることになりました。今後は働くつもりですが、金銭面の不安があります。母子家庭に支給される手当があると聞きましたが、どのような制度なのでしょうか。

　母子家庭に支給されるのは児童扶養手当で、児童手当と併給することができます。児童扶養手当は、父母が死別や離婚などによりひとり親世帯となった児童を対象に、その児童の養育者に支給される経済的支援のことです。

🔑 キーワード 🔒

□児童扶養手当　　□母子福祉年金　　□ワーキングプア　　□DV　　□所得制限
□自動物価スライド制

1　児童扶養手当の目的

　児童扶養手当は、父または母と生計を同じくしていない児童が育てられている家庭の生活の安定と自立を促すために手当を支給し、児童の福祉の増進を図ることを目的としています。

　児童扶養手当は児童扶養手当法に基づいた制度です。児童扶養手当は、1961（昭和36）年に日本の社会手当の一番最初の制度として成立しました。当時は死別母子世帯に対する母子福祉年金（現在の遺族基礎年金）の補完的制度という位置づけであり、実質的には生別母子世帯を含めた母子世帯への経済的支援でした。なお、児童扶養手当の目的は、第1条で「父又は母と生計を同じくしていない児童が育成される家庭の生活の安定と自立の促進に寄与するため、当該児童について児童扶養手当を支給し、もつて児童の福祉の増進を図ること」とされています。

　その後、2008（平成20）年からは母親の就業と自立の助長を目指して、手当を5年以上受給している世帯は原則として最大で半額まで減額される法改正が行われました（実質的には、減額を凍結する政令改正が2007［同19］年12月に出されました）。

そして、2010（平成22）年には、ワーキングプアの問題から、支給対象が母子家庭から父子家庭にも拡大されました。また、2012（同24）年には、支給要件に、配偶者からの暴力（DV）で「裁判所からの保護命令」が出された場合も加わりました。さらに、以前は公的年金を受給する場合は児童扶養手当を受給することはできませんでしたが、2014（同26）年12月以降は、年金額が児童扶養手当額より低い場合は、その差額分の児童扶養手当を受給することができるようになりました。

　また、ひとり親家庭が自立した生活を送ることを支援するため、2016（平成28）年8月から第2子の加算額および第3子以降の加算額が増額され、2017（同29年）4月から加算額にも自動物価スライド制が導入されました。そして、2018（同30）年8月から全部支給の所得制限限度額が30万円引き上げられました。さらに、2019（令和元）年11月分の児童扶養手当から支払回数が年3回から年6回に変わりました。加えて、2021（同3）年3月分から、障害年金を受給しているひとり親家庭には、児童扶養手当の額と障害年金の子の加算部分との差額が児童扶養手当として支給されます。

　このように、母親の就業促進、ワーキングプアやDVなど、児童を取り巻く社会環境の変化に応じて、ひとり親家庭の支援を拡充するために、児童扶養手当の内容や目的も変化しています。

2　児童扶養手当の概要

児童扶養手当は、母子家庭の母親や父子家庭の父親などの所得や、養育する児童の人数により支給額が決められます。

①実施機関・支給対象と費用負担

　児童扶養手当の認定等の事務は都道府県、市（特別区を含む）および福祉事務所を設置する町村で、申請等の窓口は市区町村です。そして、次の①～⑨のいずれかに該当する児童（18歳に達する日以後の最初の3月31日までの間にある者、または20歳未満で政令で定める程度の障害の状態にある者）について、母、父または養育者が養育をしている場合に支給されます。ただし、児童福祉施設（母子生活支援施設を除く）に入所している場合は、支給されません。

　①父母が婚姻を解消した児童
　②父または母が死亡した児童
　③父または母が一定程度の障害の状態にある児童

④父または母が生死不明の児童

⑤父または母が裁判所からのDV保護命令を受けた児童

⑥父または母が１年以上遺棄している児童

⑦父または母が１年以上拘禁されている児童

⑧婚姻によらないで生まれた児童

⑨棄児などで父母がいるかいないかが明らかでない児童

　また、児童扶養手当は、かつては国が全額を負担していましたが、1985（昭和60）年に福祉制度に改められたことに伴って、生活保護制度などと同様に地方（都道府県または市［特別区を含む］および福祉事務所を設置する町村）の負担分が導入されました。なお、2006（平成18）年度からは、支給に要する額の３分の１を国が、３分の２を地方が負担することになっています。

②所得制限と支給額

　受給者本人、孤児等の養育者、配偶者または扶養義務者の前年の所得が表８－２の所得制限限度額以上であるときは、その年の８月分〜翌年７月分まで手当の全部または一部が支給されません。

表８－２　児童扶養手当　所得制限限度額（2018［平成30］年８月１日以降）

（単位：万円）

扶養親族等の数	本人		孤児等の養育者、配偶者、扶養義務者の所得制限限度額
	全部支給の所得制限限度額	一部支給の所得制限限度額	
0 人	49	192	236
1 人	87	230	274
2 人	125	268	312
3 人	163	306	350
4 人	201	344	388
5 人	239	382	426

注１：受給資格者の収入から給与所得控除等を控除し、養育費の８割相当額を加算した所得額と上表の額を比較して、全部支給、一部支給、支給停止のいずれかに決定されます。
　２：所得税法に規定する老人控除対象配偶者、老人扶養親族又は特定扶養親族がある場合には、上記の額に次の額を加算した額。
　　⑴本人の場合は、
　　　・老人控除対象配偶者又は老人扶養親族１人につき10万円
　　　・特定扶養親族１人につき15万円
　　⑵孤児等の養育者、配偶者及び扶養義務者の場合は、老人扶養親族１人につき６万円
　３：扶養親族等が６人以上の場合には、１人につき38万円（扶養親族等が２の場合にはそれぞれ加算）を加算した額。
出典：厚生労働省：児童扶養手当制度が改正されます
　　　http://www.mhlw.go.jp/topics/2002/06/tp0626-2.html（2020［令和２］年８月８日閲覧）を一部改変

支給される手当額と加算額については、自動物価スライド制が導入されています。2020（令和2）年度現在、全部支給で児童1人の場合は月額4万3,160円が支給されます。また、児童2人目の場合は月額1万190円が、3人目以降は1人あたり月額6,110円が加算されます。なお、一部支給は、所得に応じて、児童1人の場合に月額4万3,150円～月額1万180円、児童2人目の場合に月額1万180円～月額5,100円、3人目以降に月額6,100円～月額3,060円まで10円刻みできめ細かく設定されています。

第4節　特別児童扶養手当・障害児福祉手当

事 例

子どもが自宅の階段から落ちて大けがをして車いす生活になり、身体障害者手帳が交付されました。現在、母子家庭で児童扶養手当を受給していますが、そのほかにも受給できる手当はあるのでしょうか。

一定の障害を有する児童を養育する方は特別児童扶養手当を受給することができます。これは児童扶養手当とは全く別の制度ですので、併給可能です。

🔑キーワード🔒

□特別児童扶養手当	□障害福祉年金	□重度精神薄弱児扶養手当	□所得制限
□自動物価スライド制	□国際障害者年	□障害基礎年金	□福祉手当
□障害児福祉手当			

1　特別児童扶養手当の目的

特別児童扶養手当は、精神または身体に障害を有する児童に手当を支給することにより、これらの児童の福祉の増進を図ることを目的にしています。

1959（昭和34）年に制定された国民年金法により無拠出制（全額国庫負担）の障害福祉年金が創設されたことなどを背景に、1964（同39）年に重度精神薄弱児扶養手当が制定されました。そして、1966（同41）年に重度の身体障

害児も支給対象となり特別児童扶養手当へと発展し、1972（同47）年には内臓疾患などの内部障害や精神障害、精神障害と身体障害の併合障害が支給対象となりました。

　特別児童扶養手当の目的は、特別児童扶養手当等の支給に関する法律第1条で「精神又は身体に障害を有する児童について特別児童扶養手当を支給し、（中略）これらの者の福祉の増進を図ること」とされています。

　手当額は、障害者を対象とする他の所得保障と同様に大幅に改善され、在宅で障害児を養育するための貴重な経済支援制度となっています。

2　特別児童扶養手当の概要

　特別児童扶養手当は、20歳未満で精神または身体に障害のある児童を家庭で養育している父母等に支給されます。なお、他の手当と同様に所得制限があります。

①実施機関と支給対象

　特別児童扶養手当の認定等の事務は、都道府県知事または指定都市の市長が行うことになっていますが、実施機関窓口は市区町村になり、申請、届出の書類等は市区町村長を経由して提出することになっています。

　特別児童扶養手当の支給対象となる障害児とは、20歳未満で政令に定める程度の障害が1級（重度）と2級（中度）の状態にある者のことです*4。この手当は、支給の対象となる障害児を養育する父もしくは母、または父母に代わって児童を養育している者に支給されます。ただし、児童が、日本国内に住所がなかったり、障害を支給事由とする年金を受給できたり、児童福祉施設等に入所している場合は支給されません。

*4
20歳になったら国民年金の障害基礎年金に移行することが想定されています。障害基礎年金の障害程度も同じ1級と2級があります。

②所得制限と支給額

　受給者本人もしくはその配偶者または扶養義務者の前年の所得が表8-3の所得制限限度額以上であるときは、その年の8月～翌年7月まで原則として支給されません。

　支給される手当額については、児童扶養手当と同様に自動物価スライド制が導入されています。2020（令和2）年度現在、1級に該当する障害児1人につき月額5万2,500円、同じく2級に該当する障害児1人につき月額3万4,970円が支給されます。

表8－3　特別児童扶養手当　所得制限限度額表（2002［平成14］年8月以降適用）

（単位：万円）

扶養親族等の数	本　人		配偶者及び扶養義務者	
	収入額	所得額	収入額	所得額
0人	642	459.6	831.9	628.7
1人	686.2	497.6	859.6	653.6
2人	728.4	535.6	883.2	674.9
3人	770.7	573.6	906.9	696.2
4人	812.9	611.6	930.6	717.5
5人	855.1	649.6	954.2	738.8

注：所得額は、収入額から給与所得控除を適用したものである。
出典：厚生労働省：特別児童扶養手当について
　　　http://www.mhlw.go.jp/bunya/shougaihoken/jidou/huyou.html（2020［令和2］年9月16日閲覧）

3　障害児福祉手当の目的と概要

　障害児福祉手当は、精神または身体に重度の障害を有する児童に手当を支給することにより、これらの児童の福祉の向上を図ることを目的としています。なお、手当は20歳未満の重度障害児本人に対して支給されます。

　1981（昭和56）年の国際障害者年などを契機に、1985（同60）年の国民年金法の改正によって障害基礎年金が創設され、従来の福祉手当が障害児福祉手当として再編されました。

　障害児福祉手当の目的は、特別児童扶養手当等の支給に関する法律第1条で「（前略）精神又は身体に重度の障害を有する児童に障害児福祉手当を支給するとともに、（中略）これらの者の福祉の増進を図ること」とされています。

　障害児福祉手当は、都道府県知事・市長および福祉事務所を設置する町村長の認定を受けた20歳未満の重度障害児本人に対して支給されます。特別児童扶養手当が父母等の養育者に支給されることに対して、障害児福祉手当は障害児本人に支給されます。ただし、障害を支給事由とする年金を受給できる場合や、児童福祉施設等に入所している場合は支給されません。

　支給額については、自動物価スライド制が導入されています。2020（令和2）年度現在、月額1万4,880円が支給されています。特別児童扶養手当月額5万2,500円と併給できますので、合わせて月額6万7,380円が支給されることになります。ただし、申請者本人、その配偶者、生計をともにする扶養義務者の前年の所得が所得制限限度額以上であるときは支給されません。

第5節　特別障害者手当

事例

　私の母親は、精神障害者保健福祉手帳の交付を受け（1級）、また障害基礎年金の等級も1級です。そこで、特別障害者手当を受給したいと考えていますが、そもそも特別障害者手当の認定はどのようになっているのでしょうか。

　特別障害者手当の認定は、身体障害が基準となり、原則的に2つの障害の重複が前提です。精神障害者保健福祉手帳の障害認定とも、障害基礎年金の障害認定とも基準が異なっていますので、申請するには改めて医師に診断していただくのがよいでしょう。

キーワード

□特別障害者手当　　□国際障害者年　　□障害基礎年金　　□福祉手当

□経過的福祉手当　　□自動物価スライド制　　□所得制限

1　特別障害者手当の目的と概要

　特別障害者手当は、精神または身体に著しく重度の障害を有する者に手当を支給することにより、これらの者の福祉の増進を図ることを目的にしています。

　1981（昭和56）年の国際障害者年などを契機に、1985（同60）年の国民年金法の改正によって障害基礎年金が創設され、従来の福祉手当が特別障害者手当として再編されました。これは、障害基礎年金を創設して、制度加入前に障害になった人も含めて給付水準を大幅に改善するとともに、多大な費用を要する在宅の最重度の障害者に対して、障害基礎年金との併給によって、その負担の軽減を図ろうとするものでした。なお、1986（同61）年3月31日において20歳以上であり、現に従来の福祉手当の受給者であった者のうち、特別障害者手当の支給要件に該当せず、かつ障害基礎年金も支給されない方に対しては経過的福祉手当が支給されています。

　特別障害者手当の目的は、特別児童扶養手当等の支給に関する法律第1条で「（前略）精神又は身体に著しく重度の障害を有する者に特別障害者手当を支給することにより、これらの者の福祉の増進を図ること」とされています。

特別障害者手当は、都道府県知事・市長および福祉事務所を設置する町村長の認定を受けた20歳以上の重度障害者に対して支給されます。ただし、障害者支援施設に入所している場合や、病院や診療所、介護老人保健施設に継続して３か月を超えて入院している場合は支給されません。

　支給額については、自動物価スライド制が導入されています。2020（令和２）年度現在、月額２万7,350円が支給されています。１級の障害基礎年金の月額８万1,427円と併給できますので、合わせると月額10万8,777円が支給されることになります。ただし、申請者本人、その配偶者、生計をともにする扶養義務者の前年の所得が所得制限限度額以上であるときは支給されません。

参考文献

・ウィリアム・ベヴァリッジ、一圓光彌監訳、全国社会保険労務士会連合会企画『ベヴァリッジ報告－社会保険および関連サービス－』法律文化社　2014年
・塩野谷九十九・平石長久訳、髙橋武解説『ILO・社会保障への途』東京大学出版会　1972年
・『社会保障の手引　2020年版』中央法規出版　2020年
・仲村優一・一番ヶ瀬康子・右田紀久恵監修『エンサイクロペディア社会福祉学』中央法規出版　2007年

💡実務に役立つQ＆A　こんなときどうする？

Q：子どもが英語を学ぶために親元を離れてアメリカの中学校に留学しました。この場合、その子どもの分の児童手当は支給されるのでしょうか。

A：子どもが海外に住んでいると、原則として児童手当は支給されません。しかし、「教育を目的とする留学」の場合は受給できる可能性がありますので、お住まいの市区町村窓口へお問い合わせください。

Q：娘（孫の母）が離婚して3歳の孫と暮らしていたのですが、娘が育児放棄をしてしまったので孫を引き取ることにしました。孫の児童扶養手当を受給できるのでしょうか。

A：養育者として受給できる場合があります。このケースは、申請の際に福祉事務所が発行する「児童を遺棄していることを証明する書類」の添付が必要です。

Q：18歳の孫は知的障害で特別児童扶養手当を受給していましたが、息子夫婦が2人とも交通事故で急死し、遺族年金を受給することになりました。この場合、特別児童扶養手当の給付は停止されるのでしょうか。

A：障害年金を受け取っている、または受けることができるときは特別児童扶養手当を受けられませんが、遺族年金は「障害を支給事由とする公的年金給付」ではありませんので、特別児童扶養手当と遺族年金を供給することができます。

✎第8章　ミニットペーパー
　　年　　月　　日（　）第（　）限　　　学籍番号＿＿＿＿＿＿＿＿＿

　　　　　　　　　　　　　　　　　　　　　氏　　名＿＿＿＿＿＿＿＿＿

本章で学んだこと、そのなかで感じたこと

理解できなかったこと、疑問点

◯TRY してみよう

①社会保障制度は、（　　　　　　　　）と租税を財源とする社会扶助に大別される。
　後者は、資力調査を伴う（　　　　　　　）、一定要件の該当で支給される
　（　　　　　　　　）、および福祉を行う（　　　　　　　　）から成っている。

②社会手当には、多子世帯の経済的支援を行う（　　　　　　　　）、ひとり親世帯の
　経済的支援を行う（　　　　　　　）および精神または身体に障害を有する障
　害児を支援する（　　　　　　　　　）などがあり、いずれも所得制限がある。

③（　　　　　　　　　）は、精神または身体に重度の障害を有し常時介護が必要
　な在宅の20歳未満の方に支給される。また、（　　　　　　　　　）は、精神ま
　たは身体に著しく重度の障害を有し常時特別な介護が必要な在宅の20歳以上の方
　に支給される。

第 **9** 章

社会福祉制度

―児童・高齢者・障害者・母子家庭
等への支援はどうなっているの？―

第1節　児童家庭福祉

事 例

　先日の新聞で、アパートの一室で衰弱死した男児の記事を見つけました。過去には、段ボールを食べながら餓死した男児や、小さな木箱のなかで窒息死した女児もいたそうです。全国で悲惨な児童虐待が後を絶ちませんが、児童虐待を防ぐ手立てはないのでしょうか。

　児童虐待対策はこれからみなさんが学ぶ「児童虐待の防止等に関する法律」をもとに行われています。児童虐待の背景には、貧困や育児不安といった社会問題があります。社会福祉制度によって、家庭が社会から孤立しないようにすることも、児童虐待を防ぐ手立てになります。この節では、その中心施策となる児童家庭福祉について学んでいきましょう。

🔑 キーワード 🔒

□児童福祉法　　□児童相談所　　□児童福祉施設　　□社会的養護　　□児童虐待

□子ども・子育て支援新制度

1　児童福祉法

　児童家庭福祉施策は児童福祉法を中心に推進されています。児童福祉法は、第二次世界大戦後の1947（昭和22）年に戦災孤児や浮浪児と呼ばれる子どもたちを保護することなどを目的として制定されました。児童福祉法では、児童を「18歳未満の者」と定義しています。

　児童家庭福祉施策は児童福祉法を中心に推進されています（図9－1）。児童福祉法は、第二次世界大戦後の1947（昭和22）年に戦災孤児や浮浪児と呼ばれる子どもたちを保護することなどを目的として制定されました。その第1条には「全て児童は、児童の権利に関する条約の精神にのつとり、適切に養育されること、その生活を保障されること、愛され、保護されること、その心身の健やかな成長及び発達並びにその自立が図られることその他の福祉を等しく保障される権利を有する」と児童福祉の理念が定められています。

　児童福祉法では、児童を「18歳未満の者」と定義しています。ただし、児

保育子育て支援施策	ひとり親家庭施策	社会的養護施策
保育の実施 （保育所・認定子ども園） 一時預かり事業 地域子育て支援拠点事業 家庭的保育事業	児童扶養手当 母子家庭等就業・自立支援事業 子育て短期支援事業 母子生活支援施設	児童相談所 児童家庭支援センター 乳児院 児童養護施設 里親 児童自立生活援助事業 小規模住居型児童養育事業

児童虐待対策		障害児支援施策
市町村 児童相談所（一時保護） 福祉事務所 保健所 乳児家庭全戸訪問事業 養育支援訪問事業	児童家庭福祉施策 （児童福祉法）	特別児童扶養手当 障害児通所支援 障害児入所施設 児童発達支援センター 障害児相談支援事業 障害福祉サービスの措置

健全育成	母子保健対策等	非行・情緒障害児施策
児童厚生施設 放課後児童健全育成事業 児童手当 児童委員	健康診査と保健指導 訪問指導 母子健康手帳 小児慢性特定疾患治療研究事業 助産の実施（助産施設）	児童自立支援施設 児童心理治療施設

図9－1　児童家庭福祉施策の概要

出典：WAMNETホームページ「児童福祉制度解説」を一部改変
https://www.wam.go.jp/content/wamnet/pcpub/jidou/handbook/system/（2020［令和2］年7月7日閲覧）

童手当法では、「18歳に達する日以後の最初の3月31日までの間にある者」を児童と定義し、母子及び父子並びに寡婦福祉法では、「20歳未満の者」を児童と定義するなど、同じ「児童」を定義していても、法律によって年齢が異なる場合があることに注意が必要です。

2　児童家庭福祉に関する機関と施設

　児童相談所は、児童家庭福祉の中核機関として位置づけられています。また、児童の健やかな成長や権利を保障することなどを目的とした児童福祉施設が児童福祉法上に規定されています。

①児童相談所

　児童家庭福祉施策の具体的な業務は、児童相談所、福祉事務所、保健所などが行います。このうち児童相談所は、児童福祉法に基づいて各都道府県・

指定都市に設置（中核市・特別区も設置可能）される児童家庭福祉の中核機関です。法律上の名称は児童相談所ですが、都道府県等によっては呼称が異なる場合があります。児童相談所には、医師、児童福祉司*1、児童心理司*2といった専門職員が配置されており、虐待、育成、障害、非行など、児童に関するあらゆる相談に応じます。そして、調査や判定を行い、必要に応じて一時保護や児童福祉施設への入所措置、子どもと保護者への相談援助活動なども行っています。

　また、児童相談所や児童福祉司の職務に協力する児童委員が市区町村に置かれています。児童委員は児童福祉法に基づき地域住民のなかから選ばれるボランティア（民生委員と兼務する）で、地域の児童や妊産婦の生活環境の状況把握、保健その他福祉に関する情報提供等を行います。

*1　児童福祉司
児童相談所長の指示を受けて、児童の保護や児童の福祉に関する事項について相談に応じ、専門的技術に基づいて必要な指導を行う専門職員です。

*2　児童心理司
児童相談所において、子どもや保護者などの相談に応じ、心理判定等を行う専門職員です。

②児童福祉施設

　児童の健やかな成長や権利を保障することなどを目的とした児童福祉施設が児童福祉法上に規定されています。施設の概要は以下の通りです。

〈助産施設〉

　保健上必要があるにもかかわらず、経済的理由により入院助産を受けることができない妊産婦を入所させて、助産を受けさせる施設です。

〈乳児院〉

　乳児（特に必要のある場合には幼児を含む）を入院させて養育し、退院した者について相談その他の援助を行う施設です。

〈母子生活支援施設〉

　配偶者のない女子やその監護すべき児童を入所させて保護するとともに、自立の促進のために生活を支援し、退所した者について相談その他の援助を行う施設です。

〈保育所〉

　保育を必要とする乳児・幼児を保護者のもとから通わせて保育を行う施設です。

〈幼保連携型認定こども園〉

　満3歳以上の幼児に対する教育および保育を必要とする乳児・幼児に対す

る保育を一体的に行い、乳児・幼児の健やかな成長が図られる環境を与え、心身の発達を助長することを目的とする施設です。

〈児童厚生施設〉

児童館や児童遊園など児童に健全な遊びを与えて、その健康を増進し、情操を豊かにすることを目的とする施設です。

〈児童養護施設〉

保護者のない児童（乳児を除く。特に必要のある場合には乳児を含む）、虐待されている児童その他環境上養護を要する児童を入所させて養護し、併せて退所した者に対する相談その他の自立のための援助を行う施設です。

〈障害児入所施設〉

障害児を入所させて、保護や日常生活の指導、独立自活に必要な知識技能の付与および治療を行う施設です。

〈児童発達支援センター〉

障害児を保護者のもとから通わせて、日常生活における基本的動作の指導、独立自活に必要な知識技能の付与または集団生活への適応のための訓練および治療を提供する施設です。

〈児童心理治療施設〉

心理的問題を抱え日常生活の多岐にわたり支障をきたしている子どもたちに、医療的な観点から生活支援を基盤とした心理治療を行う施設です。

〈児童自立支援施設〉

不良行為を行い、あるいは行うおそれのある児童や生活指導等を要する児童を入所または保護者のもとから通わせて、必要な指導を行い、その自立を支援し、退所した者について相談その他の援助を行う施設です。

〈児童家庭支援センター〉

地域の児童の福祉に関する問題につき、児童に関する家庭その他からの相談のうち、専門的な知識および技術を必要とするものに応じ、必要な助言を行うとともに、市町村の求めに応じ、技術的助言その他必要な援助を行うほか、保護を要する児童またはその保護者に対する指導および児童相談所等と

の連携・連絡調整等を総合的に行う施設です。

3 社会的養護

何らかの理由によって社会的に支援が必要な児童に対し、社会全体で養護を行うという考え方を社会的養護といいます。

保護者が死亡あるいは行方不明、経済的事情による貧困、保護者から虐待を受けているなどの理由によって、社会的に支援が必要な児童がいます。このような児童については、社会全体で養護を行う必要があり、こうした考え方を社会的養護といいます。

社会的養護の方法には、乳児院、児童養護施設などの施設で行われるものと、里親のように自らの家庭に児童を受け入れて行われるものがあります。

4 児童虐待関係施策

2000（平成12）年に「児童虐待の防止等に関する法律」が制定され、①発生予防、②早期発見・早期対策、③児童の保護・支援、保護者への指導などの総合的な対策が行われています。

近年、児童虐待が社会問題化するなかで、2000（平成12）年に「児童虐待の防止等に関する法律」（以下「児童虐待防止法」）が制定され、①発生予防、②早期発見・早期対策、③児童の保護・支援、保護者への指導などの総合的な対策が行われています。

児童虐待防止法では、児童虐待を、①身体的虐待、②性的虐待、③ネグレクト、④心理的虐待とし、児童虐待を発見した者は児童相談所に通告するよう定めています（図9-2）。通告を受けた児童相談所は、調査や判定を行ったうえで在宅指導、一時保護、児童福祉施設入所や里親委託などの援助方針を決定します。

なお、親権者による虐待など、親権の行使が著しく困難または不適当であると判断した場合、家庭裁判所は親権を喪失あるいは2年以内の範囲で停止させることができるとしています。

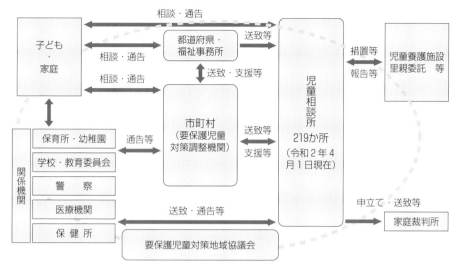

図9-2　児童虐待防止システム

出典：厚生労働省編『令和2年版　厚生労働白書』日経印刷　2020年　資料編p.188

5　子育て支援施策

小学校就学前の子どもを教育・保育する施設は、保育所・幼稚園・認定こども園などになります。なお、幼児期の学校教育・保育、地域の子ども・子育て支援を総合的に推進する「子ども・子育て支援新制度」が、2015（平成27）年4月より実施されています。

①保育所・幼稚園・認定こども園

小学校就学前の子どもを教育・保育する施設は、保育所・幼稚園・認定こども園などになります。保育所は先述の通り、児童福祉法に基づく児童福祉施設で、ひとり親家庭や共働き世帯の子どもなど、0歳〜小学校就学前までの保育を必要とする子どもに対して保育が行われます。一方、幼稚園は、学校教育法に基づく学校に分類され、3歳〜小学校就学前までの子どもに対して教育が行われます。認定こども園は、幼稚園と保育所の機能を併せ持ち、教育と保育を総合的に行う施設で、①幼保連携型[*3]、②幼稚園型[*4]、③保育所型[*5]、④地方裁量型[*6]の4つの型に分類されます。

②子ども・子育て支援新制度

2012（平成24）年に、「子ども・子育て関連3法」[*7]が成立し、それに基づき幼児期の学校教育・保育、地域の子ども・子育て支援を総合的に推進する「子ども・子育て支援新制度」が、2015（同27）年4月より実施されています。

*3　幼保連携型
幼稚園的機能と保育所的機能の両方の機能を併せ持つ単一の施設として、認定こども園としての機能を果たすタイプです。

*4　幼稚園型
認可幼稚園が、保育が必要な子どものための保育時間を確保するなど、保育所的な機能を備えて認定こども園としての機能を果たすタイプです。

*5　保育所型
認可保育所が、保育が必要な子ども以外の子どもも受け入れるなど、幼稚園的な機能を備えることで認定こども園としての機能を果たすタイプです。

同制度の主なポイントは、①認定こども園、幼稚園、保育所を通じた共通の給付（施設型給付）および小規模保育等への給付（地域型保育給付）の創設、②認定こども園制度の改善、③地域の実情に応じた子ども・子育て支援の充実などが挙げられます。①に関しては、認定こども園、幼稚園、保育所に対する財政支援を一本化することと、小規模保育等への財政支援を行い、都市部における待機児童解消とともに、子どもの数が減少傾向にある地域における保育機能の確保を図っています。②に関しては、認定こども園のうち、幼保連携型認定こども園の二重行政の問題などを解消させ、設置の促進を図っています。③に関しては、教育・保育施設を利用する子どもの家庭だけでなく、在宅の子育て家庭を含むすべての家庭および子どもを対象として市町村が行う事業（地域子ども・子育て支援事業）を法的に位置づけ、財政支援や普及の強化を図っています。

③幼児教育・保育の無償化

2019（令和元）年10月から幼児教育・保育の無償化がスタートし、幼稚園・保育所・認定こども園等を利用する3歳〜5歳の子どもたち、住民税非課税世帯の0歳〜2歳までの子どもたちの利用料が無料になりました。

＊6　地方裁量型
幼稚園・保育所いずれの認可もない地域の教育・保育施設が、認定こども園として必要な機能を果たすタイプです。

＊7　子ども・子育て関連3法
「子ども・子育て支援法」「就学前の子どもに関する教育、保育等の総合的な提供の推進に関する法律の一部を改正する法律」「子ども・子育て支援法及び就学前の子どもに関する教育、保育等の総合的な提供の推進に関する法律の一部を改正する法律の施行に伴う関連法律の整備等に関する法律」のことをいいます。

第2節　　高齢者福祉

事例

私は58歳のサラリーマンですが、そろそろ定年後の生活が心配になりました。いまはまだ元気なので仕事も趣味活動もしたいと考えています。しかし、病気になったり介護が必要となったときには、どのような支援が受けられるのかも心配です。

寿命が延び、定年後の人生も長くなってきました。自由な時間をどのように過ごせば生きがいを持って生活を維持できるのか、また、万が一の場合にはどのような制度があるか、みなさんがこれから学ぶ老人福祉法などには高齢者のための健康づくり事業や在宅・施設サービス事業等が定められています。さらに、人口が減少しているなかで、意欲ある高齢者が年齢にとらわれずに働くことができるような取り組みも進められています。

🔑 キーワード 🔒

□老人福祉法　　□老人福祉計画　　□老人居宅生活支援事業　　□老人福祉施設
□有料老人ホーム　　□高齢者雇用安定法　　□シルバー人材センター

1　高齢者福祉の変遷

　高齢者福祉は老人福祉法の制定までは貧困者対策の一環として行われ、生活保護法のなかに位置づけられていましたが、老人福祉法の制定により高齢者に対する福祉の理念が明言されました。その後、高齢化率の上昇、要介護高齢者の増加等があり、介護の社会化を目的とした介護保険制度が創設されました。

　日本の高齢者福祉は、1963（昭和38）年に老人福祉法が制定されてから、その対応が本格化してきたといえます。これより以前には、高齢者の世話は家族や親族が行うことが当たり前とされ、例外としてそのような私的扶養を受けられない人は「養老事業」として生活保護法によって保護されていました。この考え方を変えたのは、1950年代から急激に進展した人口の高齢化、平均寿命の伸長、家族形態の変化です。このような状況下で、高齢者の介護等は家族の問題ではなく社会全体の問題であると認知され始め、そこから老人福祉法の成立に至ったといえます。

　その後もわが国の高齢化は進展し、1960（昭和35）年には5.7％であった高齢化率は、1980（同55）年には9.1％、1990（平成2）年には12.0％となり、要介護高齢者の増加とその介護が深刻な社会問題となってきました。その背景には、介護期間の長期化、核家族化の進行、介護する家族自身の高齢化など、要介護高齢者を支えてきた家族をめぐる状況の変化がありました。従来の老人福祉制度ではこれらの問題への対応に限界が生じたため、高齢者の介護を社会全体で支え合う仕組みとして、2000（同12）年に介護保険制度が創設されました。

　介護保険制度ができたことによって、介護サービスに関する主要な部分は、老人福祉法から介護保険法に移りました。しかしながら依然として老人福祉法は、高齢者の福祉に対して重要な役割を果たしています。また、高齢者への支援を考えるとき、福祉サービスと並んで、年金による所得保障や医療サービスが整っていなければならないのはいうまでもありません。さらに、国は人生100年時代を見据え、高齢者の雇用促進策にも取り組んでいます。本節では、老人福祉法と雇用を中心に高齢者福祉について学んでいきます。

2　老人福祉法

老人福祉法は、高齢者福祉の基本となる法律です。現在の老人福祉法の主な役割は、①老人福祉の基本的枠組みの定め、②老人福祉サービスに関する規制、③介護保険制度を利用できない場合の福祉の措置の実施となっています。

①老人福祉制度の基本的枠組み

　老人福祉法は、老人福祉に関する基本原理を定め、老人の心身の健康の保持および生活の安定のために必要な措置を講じることを目的としています。その目的を果たすために、国および地方公共団体に対し老人福祉増進の責務を課すとともに、老人福祉にかかわる事業経営者にも老人福祉増進に努力する義務を負わせています。こうして、高齢者は生きがいを持って健全で安らかな生活を送れるよう保障される一方で、自らも心身の健康の保持と社会活動への参加に努めなければならないとされています。

　第6章で学んだように、高齢者の介護に関する部分は介護保険法のなかに規定されており、要支援・要介護者が事業者を選んでサービスを受けるという契約方式がとられています。これに対して老人福祉法には、契約方式による利用が困難な場合に市町村の職権でサービスを与えるという措置方式が残されています。

　老人福祉制度は国と地方公共団体が協働して実施します。市町村は、居住する65歳以上の高齢者に対して、老人居宅生活支援事業、老人福祉施設への入所、養護受託者への委任といった福祉の措置をとらなくてはなりません。また、市町村は、老人に関する福祉の実情の把握、情報提供、相談・調査・指導などの業務を行うことになっています。ただし、これらの業務のうち介護保険に関わる部分は、特別養護老人ホームなどの施設に委託したりすることができます。

　また、老人福祉法は、福祉を実施するための基盤整備について老人福祉計画を策定することを市町村と都道府県に求めています。市町村老人福祉計画は、老人居宅生活支援事業および老人福祉施設による事業について、将来必要な量を明らかにし、その供給体制を計画的に整備するものです。都道府県は、市町村老人福祉計画の達成のために、広域的な見地から支援をするための都道府県老人福祉計画を策定しなければなりません。どちらの計画も、介護保険法に基づく「市町村介護保険事業計画」「都道府県介護保険事業支援計画」と一体のものとして作成することが求められています。

②事業・施設の規制監督

　老人福祉法は、福祉サービス全体の枠組みを定める社会福祉法とともに、老人福祉に特化して施設や事業経営に対して直接規制を行い、高齢者が利用する福祉サービスの質が保たれるようにしています。一方、介護保険法では、施設や事業者が社会保険制度に参入し費用を支給される条件を定めることによって、社会保険制度の枠内で提供されるサービスの質を管理しています。サービスの質を維持する方法として2つの法律は異なる方法をとっていますが、老人福祉法が対象としている施設および事業は介護保険法の対象より広くなっています。また、介護保険制度への参入の有無にかかわらず、老人福祉サービスを行うためには、事業者や施設は必ず社会福祉法および老人福祉

表9－1　老人福祉法の事業等と介護保険法のサービス等との対応関係

	老人福祉法の事業等	介護保険法のサービス等
1	老人居宅介護等事業	訪問介護 定期巡回・随時対応型訪問介護看護 夜間対応型訪問介護 第1号訪問事業
2	老人デイサービス事業 老人デイサービスセンター	通所介護 地域密着型通所介護 認知症対応型通所介護 介護予防認知症対応型通所介護 第1号通所事業
3	老人短期入所事業 老人短期入所施設	短期入所生活介護 介護予防短期入所生活介護
4	小規模多機能型居宅介護事業	小規模多機能型居宅介護 介護予防小規模多機能型居宅介護
5	認知症対応型老人共同生活援助事業	認知症対応型共同生活介護 介護予防認知症対応型共同生活介護
6	複合型サービス福祉事業	看護小規模多機能型居宅介護
7	養護老人ホーム	特定施設入居者生活介護 介護予防特定施設入居者生活介護
8	特別養護老人ホーム	地域密着型介護老人福祉施設入所者生活介護 介護老人福祉施設
9	軽費老人ホーム	特定施設入居者生活介護 介護予防特定施設入居者生活介護
10	老人福祉センター	―
11	老人介護支援センター	地域包括支援センター
12	有料老人ホーム	特定施設入居者生活介護 介護予防特定施設入居者生活介護

注：表内では介護保険法上の指定を受けることによって、介護保険のどのサービスに該当するかを示しています。単純に同じ事業等を別の名称で呼ぶものばかりではありません。

*8　老人居宅介護等事業
ホームヘルパーが高齢者の居宅を訪問して、入浴・排せつ・食事等の介護、調理・洗濯・掃除等の家事、その他相談・助言等必要な日常生活上の世話を行う事業です。

*9　老人デイサービス事業
特別養護老人ホーム等に高齢者を通わせ、入浴・排せつ・食事等の介護、機能訓練等を行うサービスで、孤立の解消、心身機能維持、介護負担軽減を目的とする事業です。

*10　老人短期入所事業
家族介護者の冠婚葬祭、旅行、介護負担軽減等のために、特別養護老人ホーム等の施設に短期間入所させ、介護、生活援助および機能訓練等を行う事業です。

*11　小規模多機能型居宅介護事業
デイサービスを中心として、必要に応じてショートステイやホームヘルプサービスを組み合わせて利用できる地域密着型サービスの一つに位置づけられる事業です。

*12　認知症対応型老人共同生活援助事業
認知症の高齢者が共同生活を営む住居で、入浴・排せつ・食事等の介護その他の日常生活上の世話および機能訓練を行う事業です。

*13　複合型サービス福祉事業
訪問看護と小規模多機能型居宅介護を組み合わせて複合的に提供されるサービスで、介護保険法上は看護小規模多機能型居宅介護に該当する事業です。

法の定める基準に適合していなければなりません。つまり、老人福祉法は、老人福祉サービスの最低基準を定めているといえます。

　ただし、老人福祉法は高齢者に対して行われるサービスすべてを規定し、その規制を行っているわけではありません。老人福祉法の規制の対象になるものは、老人居宅生活支援事業にあたる居宅サービス事業と老人福祉施設にあたる施設です。

　老人居宅生活支援事業には、「老人居宅介護等事業*8」「老人デイサービス事業*9」「老人短期入所事業*10」「小規模多機能型居宅介護事業*11」「認知症対応型老人共同生活援助事業*12」「複合型サービス福祉事業*13」の6つがあり、社会福祉法人や民間事業者等が実施する場合、事業の種類や内容、職員の定数などを都道府県知事に届け出なければなりません。事業主体についての制限はありませんが、事業の開始および休止・廃止にあたっては事前に、事業の変更にあたっては事後に届け出ることが求められています。

　老人福祉施設には、「老人デイサービスセンター*14」「老人短期入所施設*15」「養護老人ホーム*16」「特別養護老人ホーム*17」「軽費老人ホーム*18」「老人福祉センター*19」「老人介護支援センター*20」の7つがあります。その規制は都道府県知事が行います。施設の種類ごとに、事業主体の制限、手続き等が定められていますが、常時介護を要する高齢者等が長期に入所する施設ほど厳しい規制が設けられています。

　なお、「有料老人ホーム*21」は老人福祉施設ではなく、老人福祉施設の入所要件に適合しない方や、老人福祉施設にない多様なサービスを求める高齢者のニーズを、民間の創意工夫で満たそうとする施設です。したがって、行政の過度の規制は望ましくありませんが、入所者の利益は保護しなければなりません。そこで、有料老人ホームの設置の際には都道府県知事に対する届出を求めるほか、知事には設置者に対する報告の聴取、改善命令などの権限が与えられ、問題が生じたときに行政が介入できるようになっています。

③福祉の措置

　老人福祉法では、市町村が住民に対して行う福祉の措置として居宅における介護および老人ホームへの入所を定めています。その大部分は介護保険法上の給付として実施されますが、介護保険は社会保険の枠組みを用いつつ、高齢者と施設・事業者との契約によって限定した介護サービスを提供するため、この制度からこぼれおちる人が予測されます。そのため、行政機関（市町村）が高齢者の福祉ニーズの充足を行政権限で行う福祉の措置は、老人福祉制度の安全網としての役割を担っています。具体的には、①介護リスク以

*14　老人デイサービスセンター
身体上・精神上の障害をもつ高齢者を日帰りで通わせ、入浴・排せつ・食事等の介護および機能訓練等を行う施設です。

*15　老人短期入所施設
家族介護者の冠婚葬祭、疾病、旅行等の理由で介護が一時的に困難になった場合に、高齢者を短期間入所させ、養護する施設です。

*16　養護老人ホーム
65歳以上の者であって、環境上の理由および経済的理由により居宅において養護を受けることが困難な者を入所させる施設です。介護を目的とした施設ではないため、入所者が要介護状態になった場合が課題でしたが、2005（平成17）年の介護保険法の改正により、外部からの介護サービスが受けられるようになりました。

*17　特別養護老人ホーム
65歳以上の者であって、身体上または精神上著しい障害があるために常時の介護を必要とし、かつ、居宅においてこれを受けることが困難な者を入所させ、養護する施設です。原則として、要介護3以上の高齢者に限られます。待機者が多いのも特徴です。

*18　軽費老人ホーム
無料または低額な料金で、高齢者を入所させ、食事の提供その他日常生活上必要な便宜を提供する施設です。食事サービス付きのA型、自炊のB型、食事・生活支援付きのC型（ケアハウス）がありますが、現在はC型に一本化されようとしています。

外の理由（環境上の理由、経済的理由）による「養護老人ホーム」への入所措置、②介護保険法によって定められた利用対象者であるものの、やむを得ない事由で介護保険法によるサービスの利用が著しく困難な場合には、市町村の職権による居宅における介護、特別養護老人ホームへの入所などが老人福祉法上の措置として行われます。「やむを得ない事由」としてもっぱら念頭におかれているのは、一人暮らしで判断能力が低下していたり、家族から虐待を受けていたりするケースです。このほか、老人福祉法は、介護保険の対象とならない、高齢者の生きがいや健康保持にかかわるサービスの実施を市町村の責務として定めています。

　市町村が福祉の措置を行う際に要する費用については、いったん市町村が全額を負担しますが、最終的には、利用者、都道府県、国も負担します。市町村は、利用者またはその扶養義務者から所得に応じて利用者負担を徴収した後、残額について定められた割合に応じて、都道府県・国が負担分を市町村に対して支払います。ただし、②の場合、措置を実施した市町村に介護保険法に基づく給付が行われます。

3　高齢者の雇用

　長寿化の進展により、年齢にかかわりなく意欲と能力に応じて働くことができる生涯現役社会の実現に向けた高年齢者の就労促進が重要となっています。また、高齢者が地域で働ける場の一つとして、シルバー人材センターがあります。

①高齢者の就労促進

　高齢者の6割近くが、65歳を超えても働きたいと願っているにもかかわらず、実際に働いている人は2割にとどまっているという調査結果があります（平成29年就業構造基本調査）。働きたいと考える高齢者の希望をかなえるためにも、また、人口が減少しているなかでわが国の成長力を確保していくためにも、意欲ある高齢者が年齢にとらわれずに働くことができるように、多様な就業機会を提供していく必要があるといえます。

　高年齢者等の雇用の安定等に関する法律（高年齢者雇用安定法）では、1986（昭和61）年に60歳定年が努力義務化され、1998（平成10）年に義務化されました。その後、企業における65歳までの継続雇用を実現させるため、2006（同18）年から、①65歳までの定年の引き上げ、②継続雇用制度の導入、または③定年の定めの廃止のうちいずれかの措置を講じることが義務づけられています。また、公務員の定年についても、段階的に65歳に引き上げる方向で検討されています。

*19　老人福祉センター
無料または低額な料金で、高齢者に関する各種の相談に応じるとともに、高齢者に対して健康の増進、教養の向上およびレクリエーションのための便宜を総合的に提供する施設です。

*20　老人介護支援センター
地域の高齢者福祉に関する相談に応じ、必要な助言を行うとともに、主として居宅で介護を受ける高齢者と市町村、老人居宅生活支援事業者、老人福祉施設、医療施設、老人クラブ等との連絡調整その他の援助を総合的に行う施設です。現在は、主として地域包括支援センターがその役割を担っています。

*21　有料老人ホーム
高齢者を入居させ、入浴・排せつ・食事等の介護、食事の提供またはその他の日常生活上必要な便宜を提供する施設で、利用料金は、数百万円から数千万円までさまざまです。

2017（平成29）年３月に策定された「働き方改革実行計画」では「高齢者の就業促進」がテーマの一つとされ、国は65歳以降の継続雇用延長や65歳までの定年延長を行う企業への支援を充実させ、将来的に継続雇用年齢等の引上げを進めていくための環境整備や、多様な技術・経験を有するシニア層が、一つの企業にとどまらず、幅広く社会に貢献できる仕組みを構築するための施策等が進められています。さらに、既存の企業による雇用の拡大だけでなく、起業によって中高年齢者等の雇用を創出することも、助成金等によって後押しされています。

　なお、高年齢者雇用安定法の改正法案が2020（令和２）年に成立し、2021（同３）年４月に施行されました。70歳までの就業機会を確保するため、①70歳までの定年引き上げ、②70歳までの継続雇用制度の導入、③定年の定めの廃止、④新たに起業やフリーランスを希望する高齢者と業務委託契約を締結する制度の導入、⑤自社がかかわる社会貢献事業へ従事できる制度の導入といった高年齢者就業確保措置を講じる努力義務が事業主に課されることになりました（④・⑤については、労働者の過半数を代表する者等の同意を得たうえで導入されます）。

②シルバー人材センター

　高齢者が地域で働ける場の一つとして、シルバー人材センターがあります。シルバー人材センターは、おおむね60歳以上の健康で就業意欲がある高年齢者を対象に、地域の日常生活に密着した仕事（清掃、除草、植栽のせん定など)を提供するもので、高齢者雇用安定法にその定めがあります。仕事を行った高年齢者は、実績に応じて一定の報酬（配分金）を受ける仕組みになっています。2016（平成28）年の法改正によって、その業務は、派遣・職業紹介に限り、週40時間までの就業が可能となりました。高齢者のニーズに応じた就業機会の確保に一層の役割が期待されています。

第3節 障害者福祉

事例

　知的障害があるＡさん（25歳・男性）は、特別支援学校を卒業後、生活介護事業所に通い、陶芸や紙すきなどの創作活動を楽しんでいます。一般企業での就職はまだ考えていませんが、少しずつ働いてみたいという気持ちが芽生えてきました。また、実家を出てグループホームで暮らしてみたいとも考えています。障害のある方が、このような暮らしを実現していくためには、どうしたらよいのでしょうか。

　障害があっても、働きたい、グループホームなどで親元から離れて生活をしてみたいというニーズは当然あります。そのほかに、食事や入浴などの介護を受けたい、移動時の支援を受けたい、買い物や掃除など家事ができるようになりたい、コミュニケーションスキルの向上を目指したいなど、さまざまなニーズを持っています。このような場合、障害者総合支援法で提供される障害福祉サービス利用することで、より豊かな生活が送れるようになります。

🔑 キーワード 🔒

□措置制度　　□支援費制度　　□障害者自立支援法　　□障害者総合支援法

□障害者権利条約　　□障害者差別解消法　　□障害福祉サービス

1　障害者福祉の変遷

　戦後の措置制度に始まり、2003（平成15）年の支援費制度、2005（同17）年の障害者自立支援法の制定を経て、2013（同25）年より障害者総合支援法が施行されました。

①障害者に関する法律の制定

　日本で初めて制定された障害者に関する法律は、1949（昭和24）年の身体障害者福祉法です。その後、精神保健福祉法*22、知的障害者福祉法なども制定されましたが（p.191表9－2参照）、3障害への支援が縦割りで進み、それぞれの障害により受けられる支援に差が出る現状がありました。

＊22
正式名称は、「精神保健及び精神障害者福祉に関する法律」です。

②支援費制度

　1990年代後半より議論が始まった社会福祉基礎構造改革を受け、戦後より

約55年続いた措置制度は契約制度へと大転換が行われました。措置制度では、行政が利用者の利用するサービスを決めていましたが、契約制度では、利用者がサービスを選択し、施設・事業者と契約をする仕組みになりました。障害分野では、2003（平成15）年の支援費制度[*23]に基づいて契約制度が始まりました。しかし、この制度は、サービスの利用者の急増に伴ってすぐに財源確保が難しくなり、大幅な赤字となりました。また、障害種別や地域により受けられるサービスに大きな格差が生じるようになってしまいました。そこで、2005（平成17）年に障害者自立支援法が制定されました。

③障害者自立支援法

　障害者自立支援法の制定によって、支援費制度時には支援対象に含まれていなかった精神障害者も支援対象に含まれました。また、障害の種別にかかわらず、障害のある方が必要とするサービスを利用できるよう、サービスを利用するための仕組みが一元化されるなどの良い点もありました。しかし、定率１割の自己負担を求めた点で大きな批判が沸き上がりました[*24]。なぜならば、この制度では、重度の障害者で介助が必要であればある方ほど、自己負担の金額が増えてしまうからです。そこで、１割の自己負担は、憲法違反であるとする違憲訴訟が起きました。その結果、2010（平成22）年に、障害者自立支援法違憲訴訟の原告団・弁護団と厚生労働省との間で基本合意文書が取り交わされ、「国（厚生労働省）は、速やかに応益負担（定率負担）制度を廃止し、遅くとも平成25年８月までに、障害者自立支援法を廃止し新たな総合的な福祉法制を実施する」[1]ということが決定しました。そして、この文書の通り、2013（同25）年４月に障害者自立支援法が改正され、その名称も障害者総合支援法[*25]となりました。

④障害者総合支援法

　障害者総合支援法の施行に向けては、障害当事者やその家族が約半数を占める総合福祉部会が厚生労働省に設置され、「障害者総合福祉法の骨格に関する総合福祉部会の提言」（以下「骨格提言」）が出されました。この骨格提言は、障害当事者の意見を尊重した内容の提言でしたが、実際には、120頁を超える提言はわずか４頁にまとめられてしまい、多くのことが受け入れられませんでした。例えば、障害程度区分[*26]の見直しについては、障害者のニーズに基づいたサービス支給決定ができるようにすることを望みましたが、実際には障害支援区分と名称が変更されたものの、サービス利用の仕組みは大きくは変わりませんでした。

＊23　支援費制度
障害者がサービスを選択し、サービスの利用者とサービスを提供する施設・事業者とが対等な関係で契約に基づきサービスを利用する制度のことです。障害者がサービスを選択することで、自己決定が尊重されるとともに、利用者と施設・事業者が直接かつ対等な関係に立つことで、利用者本位のサービスが提供されるようになることが期待されました。

＊24
このように利用者の所得に関係なく、一定の負担を求めることを応益負担といいます。

＊25
正式名称は、「障害者の日常生活及び社会生活を総合的に支援するための法律」です。

＊26　障害程度区分
障害福祉サービスの必要性を明らかにするために、障害者の心身の状態を総合的に表す区分のことです。市町村が支給の要否、サービスの種類や量などを決定するための判断材料の一つとして用いられます。区分１～区分６と非該当に区分されます。障害者総合支援法になってからは、「障害支援区分」に名称が変更されています。

その後は法律の一部改正を繰り返しながら、重度化・高齢化を見据えた親亡き後の支援や意志決定支援ガイドラインが作成されるなど、サービスの質向上に向けた取り組みがなされています。

⑤障害福祉の理念の変化

これまでにみてきたように障害福祉制度は、社会福祉基礎構造改革以降、目まぐるしく変化をしてきました。そして、変化の背景には障害福祉の理念の変化も大きく関係しています。2006（平成18）年12月に、国連総会において障害者権利条約*27が採択、2008（同20）年5月に発効*28されました。日本は2007（同19）年9月に署名*29、2014（同26）年1月に批准*30しました。日本では、批准が他国より遅れたといわれていますが、批准をするためには国内法の整備が必要だったのです。1つ目に、障害者基本法を改正し、障害者の定義等を見直すこと、2つ目に、障害者自立支援法に代わる障害者総合支援法を制定すること、3つ目に、障害者差別解消法*31の制定をすることが必要でした。これらの法律の整備が整い、ようやく障害者権利条約を批准するに至ったのです。また、同時期に障害者虐待防止法*32も制定されました。この法律も障害者の権利を守るうえで非常に重要な法律です。そして、障害者基本法には、障害者権利条約に示されている障害の社会モデル*33の考え方が明記され、障害者差別解消法においても、障害者に対する不当な差別的取り扱いの禁止と合理的配慮提供の義務化*34について明記されたのです。

このように、国際的な動向に基づき日本でも障害者にかかわるさまざまな

表 9 - 2　日本の障害者福祉の歴史

1949（昭和24）年	身体障害者福祉法
1950（昭和25）年	精神衛生法（現：精神保健福祉法）
1951（昭和26）年	社会福祉事業法（現：社会福祉法）
1960（昭和35）年	精神薄弱者福祉法（現：知的障害者福祉法）
	身体障害者雇用促進法（現：障害者雇用促進法）
2000（平成12）年	社会福祉法（社会福祉基礎構造改革による）
2003（平成15）年	支援費制度
2005（平成17）年	障害者自立支援法
2006（平成18）年	障害者権利条約　採択
2007（平成19）年	障害者権利条約　署名
2008（平成20）年	障害者権利条約　発効
2011（平成23）年	障害者虐待防止法
2012（平成24）年	障害者総合支援法
2013（平成25）年	障害者差別解消法
2014（平成26）年	障害者権利条約　批准

注：公布あるいは成立年で表記しています。

*27
正式名称は、「障害者の権利に関する条約」です。

*28　発効
発効とは、法律や条約などの効力が発生することをいい、ここでは障害者権利条約が締約国に対し効力を持つようになったことを意味します。

*29　署名
署名とは、国が条約の内容を承認し、将来的に批准するという意思表示をしたということを意味します。

*30　批准
批准とは、条約の内容を守ることを約束したということを意味します。条約の規定を守り、実行することが義務づけられます。

*31
正式名称は、「障害を理由とする差別の解消の推進に関する法律」です。

*32
正式名称は、「障害者虐待の防止、障害者の養護者に対する支援等に関する法律」です。

*33　障害の社会モデル
障害の社会モデルとは、障害は社会によって生み出されるため、社会のあり方を変えることが必要であるという考え方です。この考えと相対するものとして「医学モデル」という考え方があります。これは、障害者の不利益は個人の心身機能や能力の障害によるもので、治療やリハビリで解決をすべきとする考え方です。

*34　合理的配慮提供の義務化
障害者権利条約第2条では、障害者に合理的配慮をしないことが差

法律が整備されています。

　なお、障害者権利条約においては、障害者が働くことの権利も明示されています。日本では1960（昭和35）年に身体障害者雇用促進法（現：障害者雇用促進法*35）という法律が制定されました。この法律では、民間企業、国や地方公共団休等、都道府県等の教育委員会に対して、その雇用する労働者数の一定率（法定雇用率）以上、障害者を雇用することを義務づけ、障害者の労働権利が守られています。2021（令和3）年3月現在、法定雇用率は民間企業が2.3%、国や地方公共団体等が2.6%、都道府県等の教育委員会が2.5%となっています*36。

2　障害福祉サービスの種類

　障害福祉サービスは、介護給付と訓練等給付に大きく分けられます。合計で15種類のサービスがあります。

　障害者総合支援法に基づく障害児・者への福祉サービスの体系は図9－3のようになっており、大きく介護給付と訓練等給付に分かれています。

①介護給付

　介護給付は、障害児・者へ介護を提供するためのサービスで、居宅介護（ホームヘルプ）、重度訪問介護、同行援護、行動援護、重度障害者等包括支援、短期入所（ショートステイ）、療養介護、生活介護、施設入所支援の9種類があります。

〈居宅介護（ホームヘルプ）〉

　居宅において入浴、排せつおよび食事等の介護、調理、洗濯および掃除等の家事援助、その他の生活全般にわたる相談や援助を行います。

〈重度訪問介護〉

　重度の肢体不自由者、重度の知的障害者、重度の精神障害者で常に介護を必要とする方に、居宅において、入浴、排せつおよび食事等の介護、調理、洗濯および掃除等の家事援助、その他の生活全般にわたる相談や援助、外出時における移動中の介護を総合的に行います。

〈同行援護〉

　視覚障害のため移動に著しい困難を有する障害児・者に対し、外出時に同

別になると定めています。合理的配慮とは、障害者が困ることをなくしていくために、周囲の人や会社などがすべき無理のない配慮のことです。例えば、聴覚障害のある人に声だけで話す、知的障害のある人にわかりやすく説明をしないことなどは、合理的配慮をしていないということになり、そのことも差別となります。

*35
正式名称は、「障害者の雇用の促進等に関する法律」です。

*36
2018（平成30）年に公的機関による対象障害者の不適切計上が発覚しました。そのため法改正が行われ、2020（令和2）年4月より公的機関に対し雇用時の確認を厳格化、週20時間未満の障害者を雇用する事業主に対する特例給付金の新設、300人以下の中小企業における障害者雇用の促進を目的とした障害者雇用優良認定制度等が新設されました。

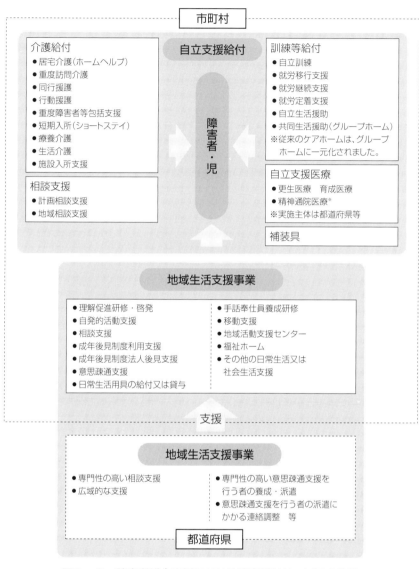

図9－3　障害者総合支援における障害福祉サービスの体系

出典：全国社会福祉協議会ホームページ「障害者総合支援法のサービス利用説明パンフレット（2018年4月版）」2018年　p.3

行し移動に必要な情報を提供するとともに、移動の援護、排せつおよび食事等の介護など、必要な援助を適切かつ効果的に行います。

〈行動援護〉

知的障害または精神障害により行動上著しい困難を有する障害児・者に対し、行動する際に生じ得る危険を回避するために必要な援護、外出時における移動中の介護、排せつおよび食事等の介護など、必要な援助を行います。

〈重度障害者等包括支援〉

　重度の障害児・者に対し、居宅介護、重度訪問介護、同行援護、行動援護、短期入所、生活介護、自立訓練、就労移行支援、就労継続支援、就労定着支援、自立生活援助、共同生活援助を包括的に提供します。

〈短期入所（ショートステイ）〉

　居宅において障害児・者の介護を行う者が疾病等の場合に、短期間、障害者支援施設*37等で、入浴、排せつおよび食事その他の必要な介護を行います。

*37　障害者支援施設
昼間に「生活介護」「自立訓練」「就労移行支援」を、夜間に「施設入所支援」を行う施設のことです。

〈療養介護〉

　医療を必要とし、常時介護を要する障害者に対し、主として昼間において、医療機関等の施設で、機能訓練、療養上の管理、看護、医学的管理のもとにおける介護および日常生活上の世話を行います。

〈生活介護〉

　常に介護を必要とする障害者に対し、主として昼間において、障害者支援施設等で入浴、排せつおよび食事等の介護、調理、洗濯および掃除等の家事、生活等に関する相談および助言その他の必要な日常生活上の支援、創作的活動または生産活動の機会の提供その他の身体機能または生活能力の向上のために必要な援助を行います。

〈施設入所支援〉

　施設に入所する障害者につき、主として夜間において、入浴、排せつおよび食事等の介護、生活等に関する相談および助言その他の必要な日常生活上の支援を行います。

②訓練等給付

　訓練等給付は、障害者の特性に合わせた訓練を行うもので、自立訓練（機能訓練・生活訓練）、就労移行支援、就労継続支援（Ａ型［雇用型］、Ｂ型［非雇用型］）、就労定着支援、自立生活援助、共同生活援助（グループホーム）の6種類があります。

〈自立訓練〉

　機能訓練では、理学療法、作業療法その他必要なリハビリテーションを提供します。生活訓練では、入浴、排せつおよび食事等に関する自立した日常

生活を営むために必要な訓練、生活等に関する相談等を行います。2018（平成30）年4月より機能訓練・生活訓練ともに障害の区別なく利用可能となり、視覚障害者に対する歩行訓練等は生活訓練として実施できるようになりました。また、宿泊型自立訓練もあります。

〈就労移行支援〉

　就労を希望する65歳未満の障害者であって、通常の事業所に雇用されることが可能であると見込まれる方に、生産活動、職場体験など就労に必要な知識および能力の向上のために必要な訓練、求職活動に関する支援、その適性に応じた職場の開拓、就職後における職場への定着のために必要な相談等のサービスを提供します。

〈就労継続支援A型（雇用型）〉

　企業等に就労することが困難であるが、雇用契約に基づき、継続的に就労することが可能な原則65歳未満の障害者に対し、生産活動やその他の活動の機会の提供、就労に必要な知識および能力の向上のために必要な訓練等の支援を行います。

〈就労継続支援B型（非雇用型）〉

　通常の事業所に雇用されることが困難な障害者のうち、通常の事業所に雇用されていたが、年齢や心身の状態等により、継続して雇用されることが困難となった方、就労移行支援を利用したが通常の事業所に雇用されるに至らなかった方等へ、生産活動その他の活動の機会の提供、就労に必要な知識および能力の向上のために必要な訓練等の支援を行います。

〈就労定着支援〉

　就労移行支援等の利用を経て一般就労へ移行し、就労に伴う環境変化により生活面の課題が生じている障害者に対して、生活面の課題を把握するとともに、企業や関係機関等との連絡調整やそれに伴う課題解決に向けて必要となる支援を実施します。

〈自立生活援助〉

　障害者支援施設やグループホームを利用していた一人暮らしを希望する障害者に対して、定期訪問や随時対応による生活状況のモニタリングや助言、近隣住民との関係構築など、インフォーマルを含めた生活環境の整備を実施

します。

〈共同生活援助（グループホーム）〉
　地域で共同生活を送ることができる障害者につき、主として夜間において、共同生活を送る住居において、入浴、排せつまたは食事の介護等、相談その他の日常生活上の援助を行います。

第4節　母子・父子・寡婦福祉

　事　例

　私は37歳の専業主婦で、2人の子ども（5歳、2歳）がいます。最近、仕事がうまくいっていない夫（40歳）から暴力を受けるようになり、子どもにまで暴力を振るうようになったことから離婚を決意しました。2人の子どもは私が引き取る予定です。しかし、長い間専業主婦だったため、この先、働いて2人の子どもを育てていけるか心配です。

　昨今、離婚の急増によって、ひとり親家庭が増加しています。ひとり親家庭の多くは、社会的、経済的、精神的に不安定な状態に置かれており、その家庭で暮らす子どもに対しては、健全な育成が求められています。そのため、ひとり親家庭に対しては、母子及び父子並びに寡婦福祉法を中心に就業による自立の促進を目的とした施策が行われています。

🔑 キーワード 🔓

□母子及び父子並びに寡婦福祉法　　□ひとり親家庭　　□母子世帯　　□父子世帯

□寡婦　　□母子家庭等自立支援対策大綱

1　ひとり親家庭等の現状

　近年、ひとり親世帯数は高い水準で推移しており、特に母子世帯が多くなっています。母子世帯は、経済的にも厳しく、平均年収は全世帯平均の約半分となっており、母親の雇用形態も非正規雇用で働いている人が多くなっているのが現状です。

①ひとり親家庭等の社会的状況

　ひとり親家庭とは、母親もしくは父親と20歳未満の子どもからなる世帯です。近年、子どものいる世帯数は減少していますが、ひとり親世帯数は高い水準で推移しています。厚生労働省が実施した「平成28年度全国ひとり親世帯等調査」（以下「全国ひとり親世帯等調査」）によると、ひとり親世帯数は、1993（平成5）年に94.7万世帯だったものが、2016（同28）年には141.9万世帯と約5割も増加しています。また、ひとり親世帯141.9万世帯のうち、母子世帯は123.2万世帯、父子世帯は18.7万世帯となっており、ひとり親世帯の約9割が母子家庭となっています（表9-3）。

　次に、ひとり親家庭になった理由についてみていくと、母子家庭は、1983（昭和58）年は死別が36.1%、離婚などによる生別が63.9%であったのに対して、2016（平成28）年は死別が8.0%、生別が91.1%となっています。このように近年では、生別の割合が増えており9割以上を占めています。また、そのうち、離婚が79.5%、未婚の母が8.7%となっており、約8割は離婚を原因としています。それに対して父子家庭は、1983（昭和58）年は死別が40.0%、生別が60.1%であったのに対して、2016（平成28）年は死別が19.0%、生別が80.0%となっています。やはり生別の割合が増えており8割を占めています。また、そのうち、離婚は75.6%、未婚の父が0.5%と、母子世帯と比較

表9-3　母子家庭・父子家庭の現状

	母子世帯	父子世帯
①世帯数［推測値］	123.2万世帯（123.8万世帯）	18.7万世帯（22.3万世帯）
②ひとり親世帯になった理由	離婚　79.5%（80.8%）	離婚　75.6%（74.3%）
	死別　8.0%（7.5%）	死別　19.0%（16.8%）
	未婚　8.7%（7.8%）	未婚　0.5%（1.2%）
③就業状況	81.8%（80.6%）	85.4%（91.3%）
就業のうち正規の職員・従業員	44.2%（39.4%）	68.2%（67.2%）
就業のうち自営業	3.4%（2.6%）	18.2%（15.6%）
就業のうちパート・アルバイト等	43.8%（47.4%）	6.4%（8.0%）
④平均年間収入 ［母又は父自身の収入］	243万円（223万円）	420万円（380万円）
⑤平均年間就労収入 ［母又は父自身の就労収入］	200万円（181万円）	398万円（360万円）
⑥平均年間収入 ［同居親族を含む世帯全員の収入］	348万円（291万円）	573万円（455万円）

注1：（　）内の値は、前回（平成23年度）調査結果を表している。
　2：「平均年間収入」及び「平均年間就労収入」は、平成27年の1年間の収入。
　3：集計結果の構成割合については、原則として、「不詳」となる回答（無記入や誤記入等）がある場合は、分母となる総数に不詳数を含めて算出した値（比率）を表している。
出典：厚生労働省『ひとり親家庭等の支援について』2020年　p.3

して未婚の割合が低いことが特徴といえます。

②ひとり親家庭の経済的状況

　ひとり親家庭の経済的状況は、他の世帯と比較して、母子家庭において年収が低くなっています。厚生労働省「平成28年国民生活基礎調査」によると、2015（平成27）年の1世帯あたり平均所得は、全世帯の平均値が545.4万円であるのに対して、母子世帯は270.1万円と約半分となっています。同調査によると、児童のいる世帯の平均所得については707.6万円となっていることから、母子世帯の経済的状況が低い水準にあることがわかります。

　また、全国ひとり親世帯等調査によると、親自身の年間平均収入は母子世帯が243万円、父子世帯が420万円となり、同じひとり親家庭で比較しても母子世帯の経済的状況が低い水準にあることがわかります。さらに、同調査から同居親族を含めた世帯年収をみると、母子世帯が348万円、父子世帯が573万円となり、たとえ家族の力を借りたとしても、母子世帯の経済的状況が厳しい状況にあることは変わりません。

③ひとり親家庭の就業状況

　ひとり親家庭の就業状況は、母子世帯の母について高い就業率となっています。全国ひとり親世帯等調査によると、母子世帯の母が81.8%、父子世帯の父が85.4%就業しています。これに対し、総務省「平成28年労働力調査」によると、母子世帯の母の平均年齢41.1歳が該当する年齢階級35〜44歳までの就業率が71.8%、父子世帯の父の平均年齢45.7歳が該当する年齢階級45〜54歳までの就業率が93.1%と示されており、この数値をみても母子世帯の母については就業率が高いことがわかります。

　また、全国ひとり親世帯等調査から、ひとり親世帯の雇用形態をみると、母子世帯の母は、正規の職員・従業員が44.2%、非正規の職員・従業員が48.4%となっています。それに対して、父子世帯の父は、正規の職員・従業員が68.2%、非正規の職員・従業員が7.8%となっています。この数値から、母子家庭の母は非正規雇用で働いている割合が高いということがわかります。

2　ひとり親家庭等に対する福祉の変遷

　ひとり親家庭に対する福祉は、母子及び父子並びに寡婦福祉法により規定されています。また、2002（平成14）年の「母子家庭等自立支援対策大綱」において、ひとり親家庭に対する自立支援の基本方針が示されました。

①母子及び父子並びに寡婦福祉法の始まり

　ひとり親家庭に対する福祉については、「母子及び父子並びに寡婦福祉法」で対応しています。母子及び父子並びに寡婦福祉法の始まりは、1952（昭和27）年に制定された「母子福祉資金の貸付等に関する法律」です。この法律では、低利の福祉資金の貸付、母子相談員（現在の母子・父子自立支援員）の配置、公共施設内の売店設置の優先許可などが規定されました。

　さらに、1962（昭和37）年には、母子世帯の経済的支援を目的として「児童扶養手当」が創設されましたが、母子福祉に関する施策が多岐にわたっていたことから、母子福祉の総合化を目的として1964（同39）年に「母子福祉法」が制定されました。その後、母子福祉法は対象を拡大し、1981（同56）年には、かつて母子家庭で子が成人した未婚の女性である「寡婦」を含めた「母子及び寡婦福祉法」となり、2014（平成26）年には、父子家庭も対象となり「母子及び父子並びに寡婦福祉法」となりました。

②母子家庭等自立支援対策大綱の制定

　戦後の戦争未亡人対策から始まり、50年間改革がなかった母子家庭対策を見直すことを目的に、2002（平成14）年３月に「母子家庭等自立支援対策大綱」がまとめられました。その背景には、急増する離婚に伴って母子家庭等ひとり親に養育される子どもが増え、その子どもたちの健全な育成が求められたことにあります。この大綱では、ひとり親家庭に対する「きめ細かな福祉サービスの展開」と母子家庭の母に対する「自立の支援」に主眼を置いた改革を実施することが示されました。

　具体的には、福祉事務所を設置する自治体において相談体制や情報提供体

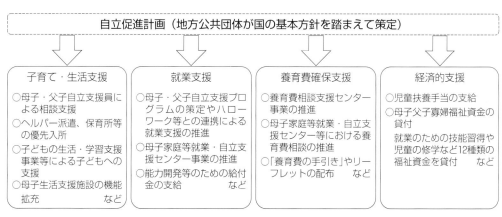

図9－4　ひとり親家庭等の自立支援策の体系

出典：厚生労働統計協会編『国民の福祉と介護の動向2020／2021』厚生労働統計協会　2020年　p.107

制を整備しつつ、自立促進計画を策定して「子育て・生活支援」「就業支援」「養育費確保支援」「経済的支援」の4つの柱を中心とした施策を総合的に展開することになりました（図9-4）。

3　ひとり親家庭等の自立支援策

ひとり親家庭の自立支援策は、安心して子育てと仕事を両立させるための「子育て・生活支援」、働いて収入を得るための「就業支援」、子どもの健全な育成のための「養育費確保支援」、経済基盤の安定のための「経済的支援」の4つの柱をもとに行われています。

---

①子育て・生活支援

ひとり親家庭が自立した生活を送るためには、安心して子育てと仕事を両立できるよう支援することが重要となります。特に未就学の子どもがいる家庭では保育が重要となることから、市町村は保育所への優先入所など特別な配慮を行うことになっています。また、修業や傷病などにより一時的に家事や保育などのサービスが必要となった場合に、家庭生

母子家庭　父子家庭

支え

活支援員を派遣する「ひとり親家庭等日常生活支援事業」が行われています。

施設における支援としては、子どもの養育が一時的に困難となった場合に児童養護施設などで預かる「子育て短期支援事業」[*38]、母子家庭の親子を入所させて生活支援や自立促進支援を行う「母子生活支援施設」などがあります。また、ひとり親家庭は、子どもの養育や生活の面で問題を多く抱えていることから、ひとり親家庭が生活のなかで直面する課題に対する相談支援やひとり親家庭の子どもに対する学習支援などを行う「ひとり親家庭等生活向上事業」が行われています。

②就業支援

ひとり親家庭が経済的に自立していくためには、収入を得るための就業支援が重要となります。就業相談や就職支援についてはハローワークによる支援が行われ、子育て中の女性などに対して専門的な就業支援を行うマザーズハローワークなどが設置されています。また、母子家庭の母等[*39]に対して就業相談や就職支援講習会の実施、就業情報の提供など一貫した就業支援サービスを提供する「母子家庭等就業・自立支援センター事業」や、福祉事務所や母子家庭等就業・自立支援センターなどがハローワークと連携して個々の

＊38　子育て短期支援事業
病気や仕事、育児疲れなどにより養育が困難な場合に児童養護施設等で一定期間預かる「短期入所生活援助（ショートステイ）事業」や、保護者が仕事などにより平日の夜間あるいは休日に子どもの養育が困難な場合に児童養護施設等で預かる「夜間養護等（トワイライトステイ）事業」があります。

＊39
本節において「母子家庭の母等」という場合は、「等」に父子家庭の父や寡婦も含まれます。

ケースに応じた自立支援プログラムを策定する「母子・父子自立支援プログラム策定事業」などが行われています。

　さらに、ひとり親家庭の母または父の職業能力の開発への支援が行われています。具体的には、雇用保険による教育訓練給付*40の受給資格のないひとり親家庭の母または父がパソコンなどの教育訓練講座を受講し、修了した場合にその受講料の一部を支給する「自立支援教育訓練給付金事業」や、看護師、介護福祉士、保育士などの資格を取得する際、生活費の負担を軽減する「高等職業訓練促進給付金」などがあります。

　最後に、ひとり親家庭に対する雇用や就業機会の拡大への支援として、雇用保険の事業では、母子家庭の母や児童扶養手当を受給している父子家庭の父等の就職が困難な者を新たに継続して雇用する事業主に対して、助成金を1年間支給する「特定求職者雇用開発助成金」*41などがあります。また、就業に関しては、性別により差別されることがなく、その能力を十分に発揮できる雇用環境を整備すること等を定めた「男女雇用機会均等法」*42が制定されています。母子家庭の母は、父子家庭の父と比較して非正規雇用で働いている人が多いことから、男性と同様の雇用機会を得られることが求められています。

③養育費確保支援

　ひとり親家庭において養育費は、子どもの健全な育成のために重要となります。子どもの扶養は親の義務であることから、離婚をして子どもと離れて暮らす親は、養育している親に対して養育費を支払う義務があります。2002（平成14）年の母子及び寡婦福祉法の改正では、養育費支払いの責務等を明記し、児童を監護しない親は養育費を支払うよう努めること、児童を監護している親は養育費を確保できるよう努めることとしました。また、国や地方公共団体は、養育費を確保するための環境整備に努めることとされ、広報活動の実施や養育費の手引きの配布などが行われています。

　さらに、2007（平成19）年には、母子家庭等就業・自立支援センターで受け付けた養育費の取り決めなどに関する相談における困難事例への対応や、養育費相談に応じる人材養成のための研修などを行う養育費相談支援センターが創設され、母子家庭等就業・自立支援センターには、養育費専門の相談員として養育費専門相談員が配置されることになりました。また、2011（同23）年の民法改正で、協議離婚の際に夫婦が取り決める事項に養育費の分担が明記されました。

*40　教育訓練給付
第3章p.63参照。

*41
特定求職者雇用開発助成金は、ひとり親家庭に特化した制度ではなく、高年齢者や障害者等の就職困難者もその対象に含まれています。

*42
正式名称は、「雇用の分野における男女の均等な機会及び待遇の確保等に関する法律」です。

④経済的支援

　ひとり親家庭は、一般的に収入が低いことから経済的支援によって経済基盤を安定させることが重要となります。ひとり親家庭に対する経済的支援としては、死別によるひとり親家庭に対しては、国民年金や厚生年金による「遺族年金」*43、生別によるひとり親家庭に対しては、「児童扶養手当」*44などがあります。

　さらに、母子家庭の母等の就労や子どもの就学などで資金が必要となったときに無利子もしくは低利子で資金の貸し付けを受けることができる「母子父子寡婦福祉資金貸付金」があります。実施主体は都道府県、指定都市、中核都市となっており、現在12種類*45の貸付金があります。利子は、貸付金の種類や連帯保証人の有無によって異なりますが、無利子もしくは低利子となっています。また、償還期限も貸付金の種類によって異なり、３年〜20年までとなっています。

*43　遺族年金
第５章p.96・102参照。

*44　児童扶養手当
第８章p.165参照。

*45
①事業開始資金、②事業継続資金、③修学資金、④技能習得資金、⑤修業資金、⑥就職支度資金、⑦医療介護資金、⑧生活資金、⑨住宅資金、⑩転宅資金、⑪就学支度資金、⑫結婚資金の12種類です。

第９章引用・参考文献

第１節

参考文献

・岩田正美・上野谷加代子・藤村正之著『ウェルビーイング・タウン　社会福祉入門（改訂版）』有斐閣　2013年
・喜多一憲監修・堀場純矢編『子ども家庭福祉』みらい　2020年
・厚生労働省編『厚生労働白書　平成30年版』日経印刷　2019年
・慎泰俊『ルポ　児童相談所−一時保護所から考える子ども支援−』筑摩書房　2017年
・宮武正明『子どもの貧困−貧困の連鎖と学習支援−』みらい　2014年

参考ホームページ

・WAMNET　http：//www.wam.go.jp/（2020年７月７日閲覧）

第２節

参考文献

・厚生労働省編『厚生労働白書　平成28年版』日経印刷　2016年
・厚生労働省編『厚生労働白書　平成29年版』日経印刷　2017年
・厚生労働統計協会編『国民の福祉と介護の動向　2018／2019』厚生労働統計協会　2018年
・社会福祉士養成講座編集委員会編『新・社会福祉士養成講座12　社会保障　第５版』中央法規出版　2016年
・石橋敏郎・山田晋編『やさしい社会福祉法制　新版』嵯峨野書院　2008年

・久塚純一・山田省三編『社会保障法解体新書　第 4 版』法律文化社　2015年

参考ホームページ

・首相官邸　https：//www.kantei.go.jp/index.html（2018年 9 月 1 日閲覧）

第 3 節

引用文献

1）厚生労働省「障害者自立支援法違憲訴訟に係る基本合意について『基本合意文章』」
　　2012年 1 月　p.1

参考文献

・佐藤久夫『共生社会を切り開く』有斐閣　2015年
・山下幸子・竹端寛・尾崎剛志・圓山里子『障害者福祉　第 3 版』ミネルヴァ書房　2020年
・日本障害者リハビリテーション協会編『ノーマライゼーション』2011年11月号　日本障害者リハビリテーション協会　2011年
・福祉労働編集委員会編『季刊福祉労働』第139号　現代書館　2013年
・中央法規出版編集部編『五訂　社会福祉用語辞典』中央法規出版　2010年

参考ホームページ

・厚生労働省　https：//www.mhlw.go.jp/（2020年 9 月 1 日閲覧）
・外務省　https：//www.mofa.go.jp/mofaj/（2020年 9 月 1 日閲覧）
・内閣府　https：//www.cao.go.jp/（2020年 9 月 1 日閲覧）
・全国社会福祉協議会　https：//www.shakyo.or.jp/（2020年 9 月 1 日閲覧）

第 4 節

参考文献

・厚生労働統計協会編『国民の福祉と介護の動向2020／2021』厚生労働統計協会　2020年
・「社会福祉学習双書」編集委員会編『児童家庭福祉論』全国社会福祉協議会　2020年
・社会福祉の動向編集委員会編『社会福祉の動向2020』中央法規出版　2020年
・社会福祉士養成講座編集委員会編『新・社会福祉士養成講座15　児童や家庭に対する支援と児童・家庭福祉制度　第 7 版』中央法規出版　2019年

参考ホームページ

・厚生労働省　https：//www.mhlw.go.jp/（2020年10月 1 日閲覧）
・総務省　https：//www.soumu.go.jp/（2020年10月 1 日閲覧）

💡 実務に役立つＱ＆Ａ　こんなときどうする？

Ｑ：児童福祉サービスの対象は何歳までですか。

Ａ：児童福祉法では、18歳未満を「児童」としてサービスの対象にしています。しかし、児童福祉施設では、18歳以上でも利用できる場合があります。なお、児童福祉法では「児童」をさらに細かく分類し、満１歳未満の児童を「乳児」、満１歳〜小学校就学前までの児童を「幼児」、小学生〜18歳未満の児童を「少年」と呼んでいます。

Ｑ：ご近所の80歳のＡさんが家族から虐待を受けています。何とかＡさんが施設に入所する方法はないのでしょうか。

Ａ：家族から虐待を受けているなど、「やむを得ない事由」によって介護保険サービスを受けられない場合は、老人福祉法の規定に基づいて、市区町村長の職権で施設へ措置入所させることができます。これによって家族の同意がなくても緊急に分離し、保護することができます。

Ｑ：介護給付の生活介護を利用したいと考えています。どうしたらよいのでしょうか。

Ａ：まずは居住地の市区町村に支給申請を行います。その後、市区町村より障害支援区分の認定と支給要否決定を受けます。この決定を行うにあたっては、市区町村の認定調査員により心身の状況や置かれている環境などの調査を受けることになります。また本人や家族の意向等も勘案され支給決定がなされます。なお、障害支援区分は、非該当および区分１〜区分６まであり、区分６が必要とされる支援の度合いが一番高くなります。

　生活介護を利用できるのは、障害者支援区分３以上の方、年齢が50歳以上の場合は障害支援区分２以上の方になります（障害者支援施設に入所する場合は、障害者支援区分４以上、50歳以上は３以上となります）。

Ｑ：小学生の子どもが１人いる母子家庭です。昨年、自営業の夫が病気で亡くなり遺族基礎年金（月額８万3,883円［2020（令和２）年度現在］）を受給しています。しかし、生活が苦しいため児童扶養手当も合わせて受けることを考えていますが、可能でしょうか。

A：原則、公的年金を受給している養育者は、児童扶養手当を併せて受けることができませんでしたが、2014（平成26）年の児童扶養手当法の改正により、受給している年金額が児童扶養手当の手当額よりも低い場合のみ、その差額分を児童扶養手当として受け取ることができるようになっています。ただし上記の場合は、児童扶養手当（子ども１人の場合、全部支給で月額４万3,160円［2020年（令和２）年度現在］）よりも遺族基礎年金の年金額の方が高くなるため、受けることができません。

✎第9章　ミニットペーパー

　　　年　　月　　日（　）第（　）限　　　　　学籍番号 _____

　　　　　　　　　　　　　　　　　　　　　　　氏　　名 _____

本章で学んだこと、そのなかで感じたこと

理解できなかったこと、疑問点

🏈TRY してみよう

①保育所（保育園）は（　　　　　　　）法に基づく（　　　　　　　）施設である。

②養護老人ホームへの入所は行政機関が（　　　　　　）として行うことが、
　（　　　　　　　）法に定められている。

③Aさんは、知的障害があり療育手帳を所持している。実家で両親と暮らしている
　が、現在無職であり就労を希望している。しかし、知的障害の程度から考えて雇
　用契約を締結し就労することは困難であると考えられる。Aさんは、
　（　　　　　　　　　　　　　）の障害福祉サービスを利用することが最も適切である。

④ひとり親家庭に対する経済的支援として、母子家庭の母等の就労や子どもの就学
　などで資金が必要となったときに無利子もしくは低利子で資金の貸し付けを受け
　ることができる（　　　　　　　　　　　　　）がある。

第 10 章

民間保険

―社会保険との違いはあるの？―

第1節　保険とは

事例

私は自営業をしていますが、自分の入っている国民年金だけで老後の生活資金を賄（まかな）えるかどうか不安です。友人から民間保険会社の個人年金保険というものがあると聞きましたが、第5章で学んだ公的な国民年金との違いはあるのでしょうか。

第5章で学んだ国民年金（厚生年金）は、社会保険の一種で強制加入となっていますが、個人年金保険は民間の保険会社との契約による加入となる点が大きな違いです。しかし、国民年金（厚生年金）だけではゆとりある老後の生活を謳歌できない場合があるので、経済的に余裕がある人が個人年金保険などに加入することによって、老後の生活資金を準備することは合理的な選択です。さらに、そもそも保険とは何かをもっと詳しく知り、賢い保険の入り方を知ることが大切です。

🔑 キーワード 🔒

□保険　　□リスク　　□不確実性　　□大数の法則　　□収支相等の原則

□給付・反対給付均等の原則

1　保険の概念と特徴

保険はリスク移転の手段です。リスクとは「万が一の事態」を指しており、損害や損失発生の可能性です。私たちは、損害や損失がいつ、どこで、どれほどの規模で発生するか、予測できません。しかし、保険に加入することによって、このような不確実性つまりリスクを保険会社に保障という形で担ってもらうことができます。したがって、万が一のときに保険給付を受け取ることによって経済的保障が得られるのです。

①保険の概念

保険とは、同様なリスクにさらされている多数の経済主体[*1]が、リスクに見合った保険料を支払うことによって保険集団を形成し、特定の偶然事故に関連する経済上の不安定を除去・軽減できる経済的保障を目的とする制度です。

保険は一種の経済取引であり、保険契約によって実現されます（図10-1）。保険契約者が支払う料金を保険料といい、民間保険に加入する前提は、保険

*1　経済主体
経済活動を行う基本的単位です。具体的には、政府、企業と家計から構成されます。そのなかで、家計は最も小さい経済主体です。

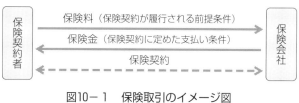

図10-1　保険取引のイメージ図

料の負担能力があることです。一方で、保険金とは、保険事故が発生した場合に、保険契約者あるいは保険金受取人[*2]に支払う金額のことをいいます。

＊2　保険金受取人
保険金受取人とは、保険の保障（補償）対象となる人を指します。したがって、保険契約者と保険金受取人は必ずしも一致しません。

②保険の特徴

　私たちの生活にはさまざまなリスクが潜んでいます。例えば、病気になるリスク、通勤や旅行中にけがをするリスク、自動車運転中に事故を起こして人にけがさせてしまう責任リスクなど、このような損害や損失が発生する可能性について、私たちはすべてを把握しあるいは回避することは不可能です。そのため、万が一のときのために保険に加入することが、消費者にとって合理的な選択であり、私的生活保障を得られる重要な手段です。しかし、保険はよく複雑でわかりにくいといわれます。その原因は、保険の特徴にあります。

　以下に保険の特徴を5つ挙げます。まず第1に、保険は無形財です。保険は目に見えない商品であり、その必要性を自ら認識することが難しい側面があるため、「弱需要財」ともいわれます。第2に、保険は情報財です。保険契約には、保険金の支払条件がきめ細かく記載されており、保障（補償）内容に関する情報が集積しています。第3に、保険は非交換財です。保険は普通の商品と異なって、他者と自分の契約した保険を交換することはできません。したがって、誰のためにどういう保険を選択するか、事前に真剣に考えなければなりません。第4に、保険は価値転倒財です。保険に加入した時点では、保険の有用性を感じません。保険事故が発生した後、保険金が支払われたときにようやく契約した保険商品の価値が確定します。その意味で、保険の価値を判断しづらい側面からも、保険販売プロセスにおける丁寧な説明が必要です。第5に、保険はクラブ財です。保険料を支払った人だけが、加入したその保険が提供する保障（補償）サービスを受ける権利があります。このように、同じ保険に加入する人は同質のリスクを有することを意味しており、1つの保険集団を形成します。

③保険の種類

　世の中にはさまざまな種類の保険があり、それらは保険の分類基準によっ

表10－1　保険の分類

分類基準	種類	
保険の目的物	人保険	物保険
保険期間	長期保険	短期保険
保険金給付方法	定額保険	実損てん補
運営主体	国営保険	私営保険
加入要件	強制保険	任意保険
目的	政策保険	任意保険

て区分けすることができます。そのなかで最も一般的な分類基準は保険の対象であり、それによって保険を人保険と物保険に分類できます（表10－1）。

　なお、人保険は生命保険を指しており、物保険は損害保険を指しています。保険の運営主体で分類する場合、国営保険と私営保険になります。国営保険のなかには社会保険が含まれます。さらに、加入要件で分類する場合、強制保険と任意保険になります。強制保険に社会保険が含まれることと対照的に、任意保険には民間保険が含まれます。

2　保険の原理・原則

　保険の基本法則を大数の法則といいます。また、保険の基本原則には、「収支相等の原則」と「給付・反対給付均等の原則」という２つの原則があります。

　保険制度は、確率に基づく保険数理的・技術的側面を有する制度です。たとえば、コインを投げる実験をしてみましょう。その表が出る確率を確かめる場合、10回から100回、10,000回と投げる回数を増やせば増やすほど限りなくその確率は１／２に近づいていきます。このように、一見ランダムにみえる現象を大量観察することによって、その発生確率を統計的に把握することができる法則を、「大数の法則」（Law of Large Numbers）といいます。保険はまさにこの大数の法則を応用した経済制度です。例えば、Ａ市で火災が発生する確率は一見把握できないように思われますが、火災発生件数の推移を分析することによって、一定の確率で発生件数を把握することができます。これは、火災保険料の算定をする保険数理的部分となります。

　また保険は、次の２つの基本原則によって成り立っています。まず、保険経営全体から見たとき、保険加入者が納める保険料の総額と保険者が支払う保険金の総額が等しくなければなりません。これを、「収支相等の原則」と

いい、保険が成立するためにはこの原則が達成されなければなりません。この原則は、保険の集団性と保険経営の安定性を強調した原則です。

　次に、個々の保険契約に着目した場合、保険者が引き受けるリスクと支払われる保険料との間に均衡が達成されなければなりません。これを個別保険契約における公平性を重視した「給付・反対給付均等の原則」といいます。この原則は、保険が技術的に成立するための基本条件であるとともに、保険料負担の公平性を追求した原則です。つまり、リスクの高い人は高い保険料を、リスクの低い人は低い保険料を支払うことによって、保険原理が実現できます。

3　民間保険と社会保険の違い

民間保険は、消費者が任意で加入する私的保険です。社会保険は、強制加入の公的保険です。

　社会保険は民間保険と同様に、リスクの移転、多数の経済主体が結合することによって、社会的リスクのプーリング（多くの人が参加することによって、リスク分散が可能となり、社会全体で最低限の生活を保障できること）が可能となります。リスクの発生率や社会保険料の算定と給付なども、保険数理の技術を利用しています。しかし、社会保険は社会保障制度の中核として、社会政策的目的を実現するために、民間保険と異なる性質を持っています。

　第1に、目的が異なります。社会保険は国が国民の経済生活の安定と福祉の向上を目指して行う政策保険でもあります。そして、社会保険は強制加入です。一方、民間保険は任意加入です。第2に、加入対象が異なります。社会保険の加入対象は全国民です。一方、民間保険の対象は加入意欲（潜在的あるいは顕在的）を持っている消費者です。第3に、保険料の算出基準が異なります。社会保険料の拠出基準は応能負担です。つまり、所得に応じて社会保険料を負担します。一方、民間保険はリスクに応じて保険料が算出されます。例えば、健康な人は病弱な人よ

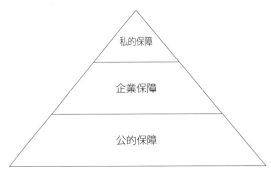

図10－2　生活保障の３層構造

り、病気になるリスクが低いため、保険料がその分安く設定されます。第４に、制度的機能が異なります。社会保険は、全国民の最低限度の生活水準を維持するために設計されたセーフティネットです。一方、民間保険は、個人が自己責任に基づいて加入する自助努力的なものであり、経済的保障を得られる手段です。生活保障は、このような公的保障の部分、私的保障の部分ともう一つ企業保障から形成されます（図10－2）。

　なお、各種協同組合の共済団体が販売する共済商品は、性質上民間保険と同様です。しかし、共済の理念は非営利であり、組合員のために提供する保障（補償）サービスです。また、共済は生命共済や火災共済、自動車共済商品を同時に取り扱い、そして販売することができます。つまり、兼営が認められます。

.... 第２節　　生命保険

事例

　　私は社会人２年目の24歳（女性）です。今後の生活設計を真剣に考えなければならないと思い、生命保険に加入することを検討しています。

　　今後もし結婚、そして子どもを産みたいと考えている場合、まず結婚資金を捻出することや早い段階から生活資金、老後の準備も視野に入れた生活設計を考えることが必要になってきます。そして、その際に活用できるのが生命保険です。

🔑 キーワード 🔒

| □生命保険 | □長期保険 | □定額支払 | □生存保険 | □死亡保険 | □生死混合保険 |

1　生命保険の特徴

生命保険は、人を対象とする保険であり、病気やけが、死亡などの不慮の事故が発生するときに保険金が支払われます。

　生命保険とは人を対象とする保険であり、生きるリスク（病気やけが、長生きリスク）や死ぬリスク（死亡）を対象とします。生命保険の特徴について、次の３点が挙げられます。第１に、生命保険は長期保険です。一般的に生命保険は、10年や20年にわたる長期契約の保険です。第２に、生命保険は定額支払保険です。第３に、生命保険においては、リスク選択が重要です。生命保険契約の入り口、つまり「契約の前に引き受けるリスク＝保険加入者の健康状態」をしっかり把握することによって、適正な保険料を提示することができますし、保険経営の安定を確保することができます。

2　生命保険商品の種類

生命保険には、生存保険、死亡保険と生死混合保険の３つの種類があります。

　今日では、テレビ・新聞・雑誌などのメディアやインターネット上で、生命保険の広告を目にする機会が大変多くなっていますが、一体どのような生命保険があるのでしょうか。

　実際に、さまざまな生命保険をその基本性質にしたがって分類すると、生存保険と死亡保険、そしてこの２つの保険を融合した生死混合保険という３つの種類しかありません。

　生存保険とは、保険契約期間中に生存し、かつ保険契約が満期になったときに生存していることを前提条件に保険給付（生存保険金）を受けることができる保険です。典型的な生存保険は年金保険です。生存リスク、特に超高齢化社会における長生きリスクの対応策として、ニーズが高いといえます。

　死亡保険は、保険給付（死亡保険金）の条件が死亡です。つまり、保険期間中あるいは保険契約終了時点で死亡した場合にのみ死亡保険金が支払われます。例えば、10年定期保険、定期付き終身保険などの商品があります。このような保険は、家計を支えている一家の大黒柱が万が一のことで死亡した

場合、残された家族が経済的に困窮することを避けるための保険です。定期保険は生命保険の主力商品の1つです。シンプルで、保険料は比較的割安です。

　生死混合保険は、文字通り「生存保険＋死亡保険」という形で設計された保険です。したがって、保険期間中に死亡した場合は死亡保険金、生存した場合は生存保険金が支払われます。典型的な生死混合保険は養老保険です。養老保険は保障内容が充実しているため、保険料は割高になります。

3　生命保険の経営

　保険自由化以降、競争激化により生命保険会社の破綻などが発生しました。販売チャネル（保険販売の経路）の多様化も進み、総合保障型保険商品の提供から組み合わせ自由のオーダーメイド型保険商品へとシフトしています。

　先述のように、生命保険は目に見えないうえに保険約款[3]に書かれている保障内容が理解できないなどの特徴があり、一般の消費者は自ら積極的に保険に入ろうとしないのが実情です。したがって、「保険は売られるモノ」といわれるように、いかに保険商品を設計し、どのように販売するかが保険会社にとって大きな課題です。

　生命保険の主な販売チャネルは、営業職員チャネルです。そのほか、近年保険ショップを代表とする総合代理店が台頭しています。ネット保険チャネルも新たなビジネスモデルとして注目されています。従来、外資系生命保険会社は主に単品型の商品を中心とした戦略で市場展開をし、国内大手生命保険会社は総合保障型保険商品を中心とした戦略で市場展開をしていました。しかし、少子高齢化やインターネットなどを通じて消費者が保険に関する比較情報を容易に入手できるようになったことも大きく影響し、生命保険会社は個々の保障内容を自由に選択できるオーダーメイド型保険商品を提案するようになってきました。

＊3　保険約款
保険契約者と保険会社の間で締結する保険契約の内容が記載された文書のことです。

第3節　損害保険

　　3月に大学を卒業し社会人になるため、車を購入しようと考えていますが、自動車事故などに対応した保険はあるのでしょうか。

　　車を買う場合、まずは強制加入の自動車賠償責任保険のほか、任意の自動車保険の加入も合わせて考えるべきです。例えば、自動車事故が発生した場合の他人に対する賠償責任や自分自身のけがなどに備える責任保険・傷害保険と自動車の修理などに備えた車両保険に加入することを検討すべきです。これらは損害保険の領域になります。

🔑キーワード🔓

□損害保険　　□短期保険　　□家計分野保険　　□企業分野保険　　□再保険

1　損害保険の特徴

損害保険は、偶然に発生する事故や損害を対象とする保険です。

　日常生活のなかで偶然に発生する、火災や自動車事故などを対象とする保険を損害保険といいます。損害保険の特徴について、次の3点が挙げられます。第1に、損害保険は短期保険です。基本的には1年更新の契約になります。保険契約者にとっては、毎年保険会社を選択できるメリットがあります。しかし、損害保険会社側から見ると、既存の保険契約を維持すると同時に新規の契約を獲得するための経営努力をしなければなりません。テレビ・ラジオ・新聞・インターネットなどでよくみられる自動車保険の広告はその典型的な事例です。

　第2に、損害保険の保険金支払い原則は、実損てん補です。つまり、実際に発生した損害を査定したうえで、その損失を補填することを目的に保険金が支払われます。したがって、損害保険の契約において、出口つまり保険契約終了時点における損害査定が最重要になります。保険には「利得禁止の原則」があります。つまり、保険によって損害額以上の利益を得ること（焼け

太り）は禁止されています。なぜなら、保険は「万が一」に起きた不慮の事故や災害による損失を補填する制度であるからです。

第3に、損害保険のカバーするリスクは、家計分野から企業分野まで幅広く存在することが挙げられます。

2　損害保険商品の種類

損害保険商品は、家計分野保険と企業分野保険の大きく2つに分けることができます。

家計分野の損害保険として、自動車保険、火災保険、家財保険などの保険商品があります。企業分野の保険には、生産物賠償責任保険や工場保険などがあります。

なお、引き受けたリスクの規模があまりにも大きくなる場合（例えば、超大型台風の発生など）、保険会社は多額の保険金の支払いリスクに陥るため、リスクを分散する必要があります。その保険会社間のリスク分散ツールの一つが、再保険市場です。再保険は「保険の保険」であり、保険会社間の保険取引になりますし、グローバルな市場です。

3　損害保険の経営

保険自由化以降、損害保険市場における自由競争が激化し、統廃合による業界再編成が行われました。

1996（平成8）年に、当時の橋本政権は日本版「金融ビッグバン」*4を打ち出し、金融市場における規制緩和政策が施行されました。保険事業における自由化の主な内容は、子会社方式による生命保険・損害保険の相互参入の認可、商品および保険料率の自由化でした。保険自由化以降、損害保険業界の再編成が進み、現在は大手3社による3メガ損保（東京海上ホールディングス、MS&ADインシュアランスグループホールディングス、SOMPOホールディングス）の時代となっています。また、損害保険市場におけるグローバル化が進んでいます。

損害保険の主力販売チャネルは代理店です。代理店には、乗合代理店*5と専属代理店の2種類があります。近年、代理店の統廃合が進み、乗合代理店が主力チャネルとなっています。なお、近年自動車保険をめぐる通販型やネット販売チャネルの競争が激化しています。

少子高齢化社会さらに人口減少時代を迎えた日本の損害保険市場は、縮小

*4　金融ビッグバン
金融ビッグバンとは、金融市場の規制を緩和・撤廃して、金融市場の活性化や国際化を図ろうとする政策のことです。1996（平成8）年に橋本政権が提唱した「金融システム改革のプラン」に盛り込まれた政策のことを「日本版金融ビッグバン」といいます。

*5　乗合代理店
複数の保険会社と代理店契約を結んでいる保険代理店のことをいい、複数の会社の商品を同時に検討したいという消費者のニーズに対応しています。ただし、乗合代理店は保険会社から代理手数料を徴収することで利益を得るため、中立的な立場で

傾向にあるため、今後ますます多角的経営が求められます。損害保険事業の
５本柱は、国内損害保険事業、国内生命保険事業、海外損害保険事業、リス
クコンサルティング事業、再保険事業です。

消費者のニーズに合った保険商品を提供できるか不明瞭な部分があります。

第4節　第3分野保険

事例

　　私は現在28歳（男性）です。来月、３年お付き合いをした女性と結婚することに
なりました。２人とも働いているため結婚式や新婚旅行の準備が忙しいですが、結
婚することを機会に、今後どのような医療保険に加入しようか話し合っています。

　　現時点において、２人は共働きですから、病気やけがによるリスクに備えたいもので
す。したがって、医療保険やがん保険を検討することが有効です。なお、新婚旅行に行
くことも予定していますので、海外旅行傷害保険にも加入しておくべきです。

🔑 キーワード 🔒

□傷害疾病定額保険　　□医療保険　　□傷害保険　　□介護保険

1　第3分野保険の位置づけ

第3分野保険は、病気やけがなどのリスクに対する保険です。

　2010（平成22）年４月の保険法の施行によって、第３分野保険契約は「傷
害疾病定額保険」と定義されるようになりました。それまで、「保険業法」
による定義では、「生命保険や損害保険に属さない保険」とされていました。
第３分野保険は、2001（同13）年７月より生命保険会社と損害保険会社の相
互参入が可能となりました。私たちがよく知っている「がん保険」や「３大
疾病医療保険」などは、第３分野保険です。今日、医療保険・がん保険は成
長分野であり、生命保険会社・損害保険会社間の競争が激しさを増していま
す。

生命保険	第３分野保険	損害保険
生存リスクと死亡リスクを対象とした保険	病気やけがのリスクを対象とした保険	偶然の事故によるリスクを対象とした保険

生命保険会社が引き受けるリスクの範囲（定額給付）

損害保険会社が引き受けるリスクの範囲（実損てん補）

図10－3　第３分野保険の位置づけ

2　第３分野保険の種類

第３分野保険には、医療保険・傷害保険・介護保険が含まれます。

①医療保険

　病気やけがに伴う入院や手術を受けた場合などには、多額の医療費がかかります。それらに備えるために、民間医療保険に加入することが消費者にとって合理的な手段です。医療保険商品は、単品型医療保険商品と総合保障型医療保険商品に整理することができます。単品型医療保険商品とは、「○○がん保険」「○○疾病保険」「○○入院保険」など、保障内容がシンプルでわかりやすいうえに、保険料が比較的に安い保険商品です。この分野では、外資系保険会社が強い競争力を持っています。

　総合保障型医療保険商品は、その名の通り保障内容が充実しており、特定の疾病や入院、けがなどを保障できるとともに、特約[*6]の形でさまざまなオプションが付けられます。しかし、そのデメリットとして、保険料が高く、複雑でわかりにくい点が挙げられます。

②傷害保険

　傷害保険は、けがのリスクを対象とした保険です。日常生活のなかで、余暇を楽しんだり、旅行に行ったりするなど、アクティブに活動することで生活の質を高めることができる一方、万が一けがをしたり、最悪の場合事故に巻き込まれたりするリスクが潜んでいます。このようなリスクは急激性・偶然性・外来性という３つの特徴を持っていますが、それらを傷害保険によってカバーできます。例えば、普通傷害保険と家族傷害保険などに加入することによって、家庭内あるいは通勤途中、勤務中、旅行中など、あらゆる傷害のリスクをカバーできます。

＊6　特約
保険契約には、メインとなる主契約とそれにオプションとして付けることのできる特約があります。つまり、特約とは、主契約に付加する契約のことです。ただし、特約のみで契約することはできません。

③介護保険

　高齢になるにつれてさまざまな身体の衰え、さらに病気のリスクが高まります。介護保険は、介護リスクを対象とした保険です。具体的には、認知症や寝たきり等で要介護状態となった場合などのリスクをカバーします。保険会社間の商品戦略によって、さまざまな介護保険商品が販売されていますが、基本的には、第6章で学んだ公的介護保険の補完的役割を果たしています。

④就業不能保険

　働き盛りの人が万が一の病気やけがによって、仕事を継続することが困難になった場合、本人や家族が経済的に困窮することが想定されます。このような所得喪失のリスクをカバーする保険が就業不能保険です。

3　第3分野保険市場の成長性

　長生きリスク・介護リスクなどに伴う保険需要が高まることによって、今後、第3分野保険市場の成長が見込まれます。

　社会経済環境の変化に伴い、消費者の価値観やライフスタイルも大きな変化を見せ、未婚化・晩婚化、単身世帯の増加が顕著になっています。日本は、2011（平成23）年に人口減少時代に突入し、保険市場全体の縮小に拍車がかかっています。そのなかにあって、成長分野として注目されているのは、実は第3分野保険です。女性の社会進出や高齢化の進展に伴う病気やけがに関する保険ニーズが高まっています。また、第3分野保険は、外資系保険会社が競争優位を保っていますが、生命保険会社と損害保険会社による販売が可能であるため、今後ますます競争が激化することが予想されます。

参考文献

・下和田功編『はじめて学ぶリスクと保険』有斐閣　2004年
・近見正彦・堀田一吉・江澤雅彦編『保険学』有斐閣　2011年
・庭田範秋編『新保険学』有斐閣　1993年

💡 実務に役立つQ&A　こんなときどうする？

Q：海外旅行先で下痢や嘔吐が続いたため、現地の病院で治療を受けました。この場合の費用は、海外旅行保険でカバーできますか。

A：できます。海外旅行保険の保障（補償）内容は商品の種類によってさまざまですが、旅先での急な病気や不慮の事故によるけがなどが原因で発生する治療費用は、保障（補償）範囲内となります。

Q：学生でも生命保険に入れますか。

A：親権者（未成年者の両親など親権を持つ者）の同意があれば、学生でも生命保険に入れます。ちなみに、ある程度の資産や支払い能力が認められた場合、無職者でも生命保険に入れます。

Q：レンタカーを借りる予定ですが、万が一の事故に備える1日保険はありますか。

A：あります。レンタカー会社とそのサービスによって異なりますが、基本料金のなかに基本的な補償（対人補償・対物補償・車両補償・人身傷害補償）をカバーする保険の保険料が含まれているケースが一般的です。

✏️第10章　ミニットペーパー

　　年　　月　　日（　）第（　）限　　　学籍番号 ＿＿＿＿＿＿＿＿＿

　　　　　　　　　　　　　　　　　　　　氏　　名 ＿＿＿＿＿＿＿＿＿

本章で学んだこと、そのなかで感じたこと

....

....

....

....

....

理解できなかったこと、疑問点

....

....

....

....

....

🏉**TRY してみよう**

①保険とは、（　　　　　　　　　　　　）にさらされている多数の経済主体が、リスク
　に見合った保険料を支払うことによって保険集団を形成し、特定の偶然事故に関
　連する経済上の不安定を除去・軽減できる（　　　　　　　　　）を目的とする制度
　である。

②保険の基本原則には（　　　　　　　　）の原則と（　　　　　　　　　　）の原則
　がある。

③共済の理念は（　　　　　）であり、（　　　　　　）のために保障（補償）サー
　ビスを提供する。

第 **11** 章

社会保障の
財源と費用

―社会保障に係るお金は
どうなっているの？―

第1節　社会保障費用統計

　　少子高齢化によって社会保障にかかる費用が増加しているために、消費税を増税したと聞きました。そもそも社会保障で使われるお金はどのように集められているのでしょうか。

　社会保障の財源は「社会保険料」と、国と自治体が支出する「公費」がその中心となっています。日本の社会保障制度は、5つの社会保険（年金・医療・介護・雇用・労災）が中心となっていますので、社会保険料が約73兆円と最も大きな財源となっています。

　2014（平成26）年度から、国分の消費税収はすべて社会保障に使われることとなっていますが、それだけでは社会保障制度において国が支出している金額（約34兆円：2018［平成30］年度）には足りません。そのため、国は今後も消費税以外の財源も使ってお金を確保する必要があります。

🔑 キーワード 🔓

□社会保障費用統計	□社会保障給付費	□社会支出	□社会保障財源

1　社会保障給付費と社会支出

　日本の社会保障の費用を表す数字として、社会保障給付費と社会支出があります。社会支出には施設整備費等が含まれるため、社会保障給付費よりも金額が大きくなります。

　社会保障費用統計は、国立社会保障・人口問題研究所が毎年公表しているもので、社会保障給付費と社会支出の2つの統計が含まれています。いずれも、1年間に社会保障制度で使われた費用を表すものでありますが、含まれるものや用途が異なります。

　まず「社会保障給付費」は、ILO（国際労働機関）が定めた基準に基づいて集計された社会保障の費用を示すものであり、一般的に日本の社会保障の費用やその内訳を表す場合は、この数字が使われます。

　一方で「社会支出」は、OECD（経済協力開発機構）が定めた基準に基づいて集計された社会保障の費用を示す数字で、国際比較をする場合はこの数字がよく使われます。

表11-1　社会保障給付費と社会支出

	2018（平成30）年度
社会保障給付費（ILO基準）	121兆5,408億円
社会支出（OECD基準）	125兆4,294億円

出典：国立社会保障・人口問題研究所『平成30年度　社会保障費用統計』をもとに作成

　いずれも社会保障の費用を示す数字ですが、社会支出の方には社会保障給付費には含まれない施設整備費等も含まれているため、社会支出の金額の方が少し大きくなります（表11-1）。

　また、あくまで税や社会保険料等を財源として給付された費用を示すものであり、医療保険や介護保険等の自己負担分はいずれにも含まれません。

2　社会保障給付費

　社会保障給付費は年間120兆円を超える規模となっており、国の一般会計予算よりも大きくなっています。このうち、高齢者関係給付費が全体の約7割を占めており、部門別では「年金」、機能別は「高齢」が最も大きくなっています。

①社会保障給付費の大きさ

　2018（平成30）年度の社会保障給付費は、121兆5,408億円であり、前年度から約1.3兆円増加しました。国民所得[*1]に占める割合（対国民所得比）は30.06%、国内総生産（GDP）[*2]に占める割合（対国内総生産比）は、22.16%でした。また、1人あたりの社会保障給付費は96万1,200円、1世帯あたりの社会保障給付費は234万3,800円となっています。

　社会保障給付費は増加を続けており、「福祉元年」の1973（昭和48）年度は6.3兆円だったものが、介護保険制度が実施された2000（平成12）年度は78.4兆円となり、2009（同21）年度に初めて100兆円を突破しました。「国の予算」と呼ばれる一般会計予算（当初予算）が近年は100兆円前後で推移していますので、国家予算よりも大きい金額が社会保障給付で使われるようになっています。

　今後については、内閣官房・内閣府・財務省・厚生労働省が2018（平成30）年に推計を公表しています（「2040年を見据えた社会保障の将来見通し（議論の素材）」）。これによると、2025（令和7）年度に社会保障給付費は約140兆円（対GDP比22%程度）、2040（同22）年度には190兆円程度（対GDP比24%程度）まで増加することが見込まれており（計画ベース・経済ベースラインケース）、特に介護費用の増加率が大きいことが予想されています。

[*1]
2018（平成30）年度の国民所得は約404兆円です。

[*2]
2018（平成30）年度の国内総生産は約548兆円でした。

②社会保障給付費の内訳

　社会保障給付費の内訳を示す方法には、部門別、機能別のほかに、高齢者関係給付費、児童・家族関係給付費などがあります。

　部門別は社会保障給付費を、「年金」「医療」「福祉その他」の3つに分類したものです。「福祉その他」には、年金・医療を除くすべての社会保障給付が含まれます。

　このうち一番大きいのが55.3兆円の年金で、社会保障給付費全体の45.5%を占めています（表11-2）。1980（昭和55）年度までは「医療」が最も大きい項目でしたが、1981（同56）年度からは「年金」が最も大きくなりました。次が「医療」で39.7兆円（32.7%）です。「福祉その他」は26.5兆円（21.8%）と金額は最も小さいですが、「介護対策」が含まれていることなどから、2000（平成12）年に介護保険制度が実施されて以降、大きく増加しています。

　機能別は社会保障給付費を、「高齢」「遺族」「障害」「労働災害」「保健医療」「家族」「失業」「住宅」「生活保護その他」の9つに分類したものです。「家族」には、児童手当や出産・育児等に関するさまざまな給付が含まれています。

　このうち最も大きいのは「高齢」の57.3兆円で、全体の47.1%を占めています（表11-3）。次に大きいのは、「保健医療」で38.1兆円（31.3%）となっています。以下、「家族」「遺族」「障害」「生活保護その他」「失業」「労働災害」「住宅」の順になっています。

　「高齢者関係給付費」は、年金や高齢者医療、介護等の高齢者福祉の費用、雇用保険の高年齢雇用継続給付費をまとめたものであり、2018（平成30）年度は80.8兆円、社会保障給付費全体に占める割合は66.5%となっています。

表11-2　部門別社会保障給付費の構成割合

（単位：%）

	年金	医療	福祉その他	
				介護対策（再掲）
2018（平成30）年度	45.5	32.7	21.8	8.5

出典：表11-1に同じ

表11-3　機能別社会保障給付費の構成割合

（単位：%）

	高齢	保健医療	家族	遺族	障害	生活保護その他	失業	労働災害	住宅
2018（平成30）年度	47.1	31.3	7.1	5.3	3.9	2.8	1.2	0.8	0.5

出典：表11-1に同じ

一方「児童・家族関係給付費」は、児童手当や児童福祉サービス、出産関係の給付の費用をまとめたものであり、2018（同30）年度は9.0兆円、社会保障給付費全体に占める割合は7.4%となっています。

3　社会保障財源

社会保障財源は、「社会保険料」「公費負担」「他の収入」の順で大きくなっています。

2018（平成30）年度の社会保障財源は、132兆5,963億円であり、前年度から6.1%減少しました。

社会保障財源は、大きく「社会保険料」「公費負担」「他の収入」に分類されます（表11－4）。このうち最も大きいのが72.6兆円の「社会保険料」で全体の54.7%を占めます。次に「公費負担」が

50.4兆円（38.0%）、「他の収入」が9.6兆円（7.3%）と続きます。

社会保険料には、厚生年金保険や健康保険のように被保険者と事業主がともに負担するものや、国民年金（第1号被保険者）や国民健康保険のように被保険者のみが負担するもの、さらに労働者災害補償保険のように事業主のみが負担するものがありますが、社会保障財源全体に占める割合をみると、被保険者拠出が28.9%、事業主拠出が25.8%と若干被保険者拠出が大きくなっています。

公費負担は、国の負担する「国庫負担」と地方公共団体（都道府県・市町村）の負担である「他の公費負担」に分類されます。「国庫負担」は、第2節で説明される「社会保障関係費」にほぼ相当します。社会保障財源全体に占める割合をみると、国庫負担が25.3%、他の公費負担が12.7%であり、公

表11－4　社会保障財源の構成（2018［平成30］年度）

社会保障財源	社会保険料 （54.7%）	被保険者拠出（28.9%）
		事業主拠出（25.8%）
	公費負担 （38.0%）	国庫負担（25.3%）
		他の公費負担（12.7%）
	他の収入 （7.3%）	資産収入（3.3%）
		その他（3.9%）

出典：表11－1に同じ

（単位：兆円、％）

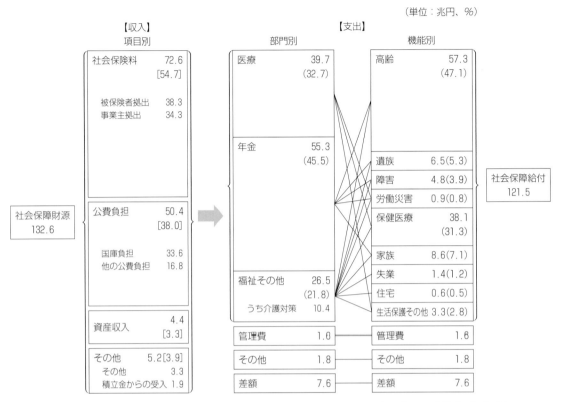

図11-1　ILO基準における社会保障財源と社会保障給付のイメージ図（2018 [平成30] 年度）

注1：2018年度の社会保障財源は132.6兆円（他制度からの移転を除く）であり、[　] 内は社会保障財源に対する割合。
　2：2018年度の社会保障給付費は121.5兆円であり、（　）内は社会保障給付費に対する割合。
　3：収入のその他には積立金からの受入等を含む。支出のその他には施設整備費等を含む。
　4：差額は社会保障財源（132.6兆円）と社会保障給付費、管理費、運用損失、その他の計（125.0兆円）の差であり、他制度からの移転、他制度への移転を含まない。差額は積立金への繰入や翌年度繰越金である。

出典：国立社会保障・人口問題研究所『平成30年度　社会保障費用統計』2020年　p.15

　費負担の約７割が国庫負担となっています。近年、公費負担に占める「他の公費負担」の割合は増加傾向にあります。

　そのほかには、公的年金の積立金の運用益による「資産収入」や、積立金からの受入などの「その他」があります。資産収入は、年金の積立金の運用実績等によって大きく額が変動しています。たとえば、2018（平成30）年度の資産収入は約4.4兆円でしたが、前年度の2017（同29）年度は約14.1兆円にのぼっていました。

4　社会支出と国際比較

　社会支出の水準を国際比較すると、日本の社会支出はイギリスと同程度でありますが、アメリカや他のヨーロッパ諸国よりは小さくなっています。

228

　先述のように、2018（平成30）年度の社会支出は125兆4,294億円であり、これは前年度から約1.2兆円の増加でした。国民所得に占める割合は31.03%、国内総生産（GDP）に占める割合は、22.87%でした。

　社会支出の大きさを国際比較する際は、それぞれの国の経済の大きさ（国内総生産の金額）と比べてどの程度かを比較します。アメリカ、イギリス、スウェーデン、ドイツ、フランスの5か国と比較すると、日本の社会支出はイギリスと同程度で、アメリカやその他のヨーロッパ諸国よりも小さい水準です（表11-5）。

　また、9つの政策分野別の構成割合（2017年度）をみると、日本は「高齢」が45.9%と他国よりも高くなっており、それに対して「家族」、職業訓練などの「積極的労働市場政策」「失業」「住宅」は、アメリカと比較すると高いものもありますが、ヨーロッパ諸国と比較すると低いものが多くなっています（図11-2）。

表11-5　社会支出の対国内総生産（GDP）比

	日本	イギリス	アメリカ	スウェーデン	ドイツ	フランス
2017年度	22.87%	21.07%	24.88%	26.46%	27.75%	32.06%

注：日本は2018年度、フランスは2015年度。
出典：表11-1に同じ

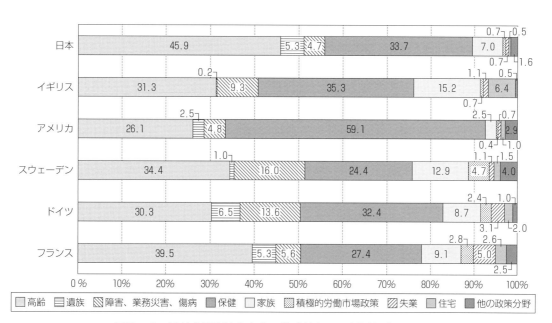

図11-2　政策分野別社会支出の構成割合の国際比較（2017年度）

注：フランスは2015年度。
出典：図11-1に同じ　p.9

新聞やニュースを見ると、日本は国の借金が毎年増えて財政赤字だと報道されています。どうしてそのようなことになっているのでしょうか。

　国は予算を立てて、社会保障や公共事業、防衛、教育などを私たち国民に提供しています。その予算のなかで、最も大きな割合を占めているのが、これからみなさんが学ぶ社会保障関係費です。予算は私たちの税金を収入にして立てられているのですが、最も大きな割合を占める社会保障関係費が毎年伸び続けていることで、税収だけでは賄えず、国債という借金をしてその分を補てんしています。だから、日本は毎年借金が増えて、大赤字になっているのです。

🔑 キーワード 🔒

□社会保障関係費　　□一般会計（歳入）　　□一般会計（歳出）　　□特別会計

1　社会保障関係費

　社会保障給付費の財源を占める公費負担のうち、国庫負担分が社会保障関係費に相当します。社会保障給付費の増大に伴い、社会保障関係費が毎年度1兆円規模で増大していくことになります。

①社会保障関係費

　第1節で学んだ社会保障給付費[*3]は、社会保障制度を通じて、国民に給付される金銭・サービスの合計額です。言い換えれば、国民に給付される現金給付（代表的な例として年金）と現物給付（代表的な例として医療サービスや介護サービス）の合計額が社会保障給付費といえます。社会保障給付費の財源は、①社会保険料、②公費負担である国庫負担と他の公費負担（地方税等負担）、③他の収入（資産収入等）です。②公費負担のうち、国庫負担が社会保障関係費に相当します（図11－3）。

　第1章で学んだように、日本は急速に高齢化が進んでいます。それに伴って社会保障給付費も増加の一途をたどっているため、国庫負担すなわち社会保障関係費が増大しつつあります。このため、現状のままでいくと、社会保障給付費の増大に伴い、社会保障関係費が毎年度1兆円規模で増大していく

*3
社会保障給付費と社会保障関係費は混同しやすいので、それぞれを整理しながら、学んでください。

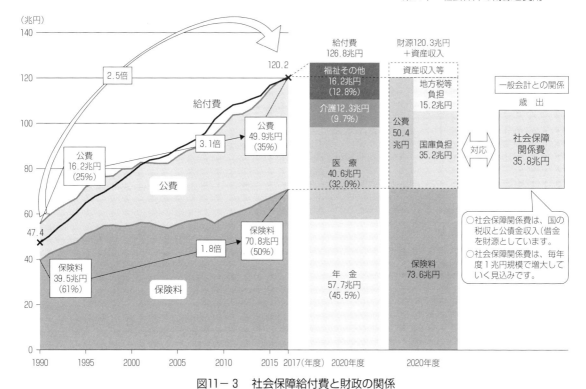

図11－3　社会保障給付費と財政の関係

注１：2020（令和２）年度は厚生労働省（当初予算ベース）による。
　２：かっこ書きは社会保障財源全体に占める割合。
出典：財務省「社会保障について①（総論、医療、子ども・子育て、雇用）」2020年10月　p.3を一部改変

ことになります。

②社会保障関係費の内訳

　2020（令和２）年度の社会保障関係費は35兆8,608億円となっています。その内訳は、年金が12兆5,232億円（34.9％）、医療が12兆1,546億円（33.9％）、福祉・その他が７兆7,993億円（21.7％）、介護が３兆3,838億円（9.4％）の順になっています。

2　国の財政状況

　社会保障関係費の増大等で歳出が伸び続けたことによって、日本の財政状況は、歳出が税収等を上回る財政赤字の状況が続いています。

①財政、歳入、歳出

　社会保障関係費は、国の予算の国庫負担部分に相当しますが、この国庫負担は、国の税収と公債金収入（借金）を財源としています。また、国は税収

と公債金収入を財源にして社会保障関係費を負担
しているだけではなく、そのほかに公共事業や防
衛、教育などの費用を負担しています。

　国や地方公共団体が社会保障や公共事業などの
サービス等を提供していくために、税金などを集
め（収入）、管理し、必要な費用を支出していく
活動を財政といいます。また、国の収入・支出は
4月～翌年3月までの期間（会計年度）で計算し
ますが、この1年間の収入を歳入、支出を歳出と
いいます。

　国が社会保障、公共事業、防衛、教育など、基本的な活動を行うのに必要
な歳入、歳出を経理する会計のことを一般会計といい、国が行う特定の事業
や資金を運用する等の目的で一般会計と区分して設けられた会計を特別会計
といいます。予算編成や国会審議について、基本的に一般会計と特別会計の
違いはありません。

　なお、国の財政は、歳出が税収等を上回る財政赤字の状況が続いています。
これは、高齢化等による社会保障関係費の増大等により歳出が伸び続けたこ
とによります。

②一般会計（歳出）

　国会で決められた予算により、一般会計歳出の内訳、つまり税収の使い道
が決まります。2020（令和2）年度の一般会計歳出総額102兆6,580億円のう
ち、一番多く使われている社会保障関係費の占める割合は34.9%で、次いで
国債費22.7%、地方交付税交付金等15.4%の順になっています（図11-4）。
この3項目で一般会計歳出全体の7割を超えています。一般会計歳出では、
社会保障関係費の割合が年々増加しています。その一方で、公共事業関係費、
文教及び科学振興費の割合は、年々縮小傾向にあります。

③一般会計（歳入）

　本来は、その年の歳出総額をその年の税収で賄うべきですが、2020（令和
2）年度の所得税や法人税、消費税などの「租税・印紙収入」すなわち税収
が一般会計歳入総額の62%程度（63兆5,130億円）にしかなっていません（図
11-5）。残りの約32%が公債金すなわち借金になっています。

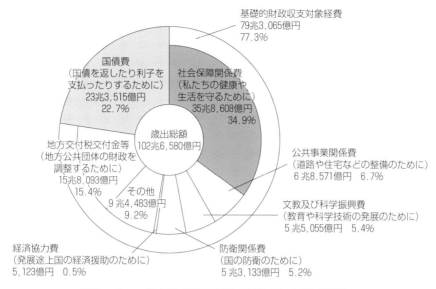

図11－4　一般会計歳出の内訳（令和2年度当初予算）

出典：国税庁ホームページ「税の学習コーナー学習発展編　国の財政」を一部改変
https://www.nta.go.jp/taxes/kids/hatten/page03.htm（2020［令和2］年10月20日閲覧）

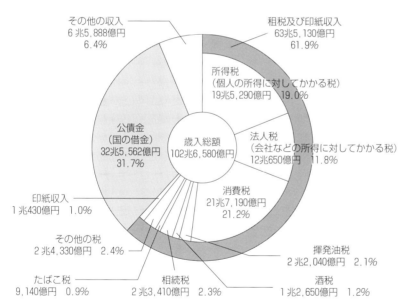

図11－5　一般会計歳入の内訳（令和2年度当初予算）

出典：図11－4に同じ

④特別会計

　国の行政の活動は、非常に広範囲で内容も複雑化しています。事業によっては、特定の歳入と特定の歳出を一般会計と区分して経理することにより、

特定の事業や資金ごとの運用状況等がより明確になる場合があります。このように一般会計とは経理を別にする会計が特別会計です。

特別会計は、国が、①特定の事業を行う場合、②特定の資金を保有してその運用を行う場合、③その他特定の歳入をもって特定の歳出に充て、一般の歳入・歳出と区分して経理する必要のある場合に限って設置が認められます。

2020（令和２）年度においては、経過的なものも含めて、年金特別会計や労働保険特別会計など13の特別会計が設置されています。

第3節　　国民負担率

事 例

前節までの学びを通して、少子高齢化の急激な進展を背景に社会保障給付費・社会保障関係費が増大し、そのために財政赤字が増えていることがわかりました。税負担や社会保険料負担を増やすと財政赤字は改善すると思いますが、私たち国民や企業は、どれぐらい税金や保険料を負担できるのでしょうか。あまり多くても大変そうですし…。アメリカやヨーロッパでは、国民が税金や社会保険料をどれくらい負担しているのでしょうか。

社会保障給付費・社会保障関係費の増加に伴い、その財源をどのように調達するのかが問題になっています。税金や社会保険料で財源を調達するときに国民所得に対する負担を表す指標として国民負担率があります。増税や社会保険料の負担増が避けられないとしたうえで、諸外国の国民負担率を参考にしながら、国民負担率をどの程度までに抑えるべきかが議論されています。

🔑 **キーワード** 🔒

□国民負担率　　□国民負担率の国際比較

1　国民負担率

国民負担率と財政赤字を考慮した潜在的国民負担率があります。現在、日本の国民負担率は44.6％で、諸外国と比べて低くなっています。日本の国民負担率を50％よりも低い水準にとどめることが政策方針とされています。

①国民負担率と潜在的国民負担率

　国民負担率といっても個々の家計や企業の租税・社会保障の負担を示すものではなく、国全体での負担を示す指標です。国民負担率とは、国民所得に対する租税負担（家計や企業の租税負担）の比率である租税負担率と国民所得に対する社会保障負担（事業主負担を含む社会保険料負担）の比率である社会保障負担比率の合計のことをいいます。

　租税ではなく国債によって財源を調達すると、見かけ上は国民負担率が低くなることから、国民負担率に国民所得に対する財政赤字額の比率を加えた指標を、「潜在的国民負担率」として使う場合もあります。

　2020（令和2）年度における日本の国民負担率は、44.6%（うち租税負担率26.5%、社会保障負担率18.1%）です。潜在的国民負担率は、49.9%になっています。今後、日本の国民負担率は、高齢化に伴って上昇していく見込みです。

　国民負担率 ＝ 租税負担率（租税負担／国民所得）＋社会保障負担率（社会保障負担／国民所得）
　潜在的国民負担率 ＝ 国民負担率＋（財政赤字／国民所得）

---

②国民負担率の推移

　国民負担率は、1970（昭和45）年度の24.3%から2020（令和2）年度の44.6%へと50年間で約1.8倍も増加しています（表11-6）。その間、租税負担率は18.9%から26.5%と約1.4倍増加したのに対して、社会保障負担率は5.4%から18.1%と約3.4倍も増加しています。

　ちなみに潜在的国民負担率は、1970（昭和45）年度の24.9%から2020（令和2）年度の49.9%と約2倍に増加しています。潜在的国民負担率の方が国民負担率よりも増加しているということは、財政赤字がそれだけ増大してい

表11-6　国民負担率及び租税負担率の推移（対国民所得比）

(単位：%)

	1970年度 （昭和45）	1980年度 （昭和55）	1990年度 （平成2）	2000年度 （平成12）	2010年度 （平成22）	2020年度 （令和2）
租税負担率	18.9	21.7	27.7	22.9	21.6	26.5
社会保障負担率	5.4	8.8	10.6	13.1	15.7	18.1
国民負担率(合計)	24.3	30.5	38.4	36.0	37.2	44.6

注：2010（平成22）年度までは実績、2020（令和2）年度は見通しである。
出典：財務省ホームページ「国民負担率（対国民所得比）の推移」をもとに作成
　　　https://www.mof.go.jp/budget/topics/futanritsu/sy202002a.pdf（2020［令和2］年10月20日閲覧）

ることを示しています。

　国民負担率がどこまで増加するのだろうかという疑問に対して、「国民負担の水準について、高齢化のピーク時（2020年頃）において50%以下、21世紀初頭の時点においては40%台半ばをめどにその上昇を抑制する」との考え方が、1993（平成5）年10月の第3次臨時行政改革推進審議会において示されています。

③国民負担率の国際比較

　先進諸国の国民負担率の現状を見ると、低い方からアメリカ34.5%、イギリス47.7%、ドイツ54.1%、スウェーデン58.9%、フランス68.2%の順になっています（図11−6）。日本の国民負担率を諸外国の国民負担率と比較してみると、アメリカより高く、ヨーロッパ主要国より低い水準になっています。高齢化が他国に類を見ない速度で進んでいくなか、2017年の日本の国民負担率は、OECD加盟35か国のなかでは、下から9番目と低い水準になっています。

　日本の国民負担率が諸外国より低い水準にあることを増税や社会保険料負担増の根拠にするのは拙速です。社会保障の給付のあり方と国民負担の関係については、今後、国民全体で議論していく必要があります。

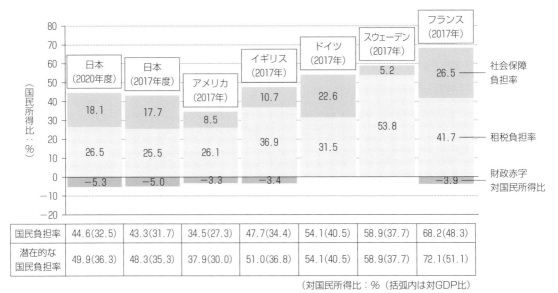

	日本(2020年度)	日本(2017年度)	アメリカ(2017年)	イギリス(2017年)	ドイツ(2017年)	スウェーデン(2017年)	フランス(2017年)
国民負担率	44.6(32.5)	43.3(31.7)	34.5(27.3)	47.7(34.4)	54.1(40.5)	58.9(37.7)	68.2(48.3)
潜在的な国民負担率	49.9(36.3)	48.3(35.3)	37.9(30.0)	51.0(36.8)	54.1(40.5)	58.9(37.7)	72.1(51.1)

（対国民所得比：% （括弧内は対GDP比）

図11− 6　　国民負担率の国際比較

注1：日本は2020（令和2）年度見通し及び2017（同29）年度実績。諸外国は2017年実績。
　　2：財政赤字の国民所得比は、日本及びアメリカについては一般政府から社会保障基金を除いたベース、その他の国は一般政府ベース。
出典：財務省ホームページ「国民負担率の国際比較」を一部改変
　　　https://www.mof.go.jp/budget/topics/futanritsu/sy202002b.pdf（2020［令和2］年10月20日閲覧）

第11章引用・参考文献

第 1 節

参考文献

・国立社会保障・人口問題研究所『平成30年度　社会保障費用統計』2020年

第 2 節・第 3 節

参考文献

・捧直太郎「令和 2 年度（2020年度）社会保障関係予算」『立法と調査』No. 420　2020年
・財務省主計局「平成29年版　特別会計ガイドブック」2017年
・財務省「財政制度分科会（平成30年 4 月11日開催）資料　社会保障について」2018年

参考ホームページ

・国税庁ホームページ　https : //www.nta.go.jp/（2020年10月20日閲覧）
・財務省ホームページ　https : //www.mof.go.jp/（2020年10月20日閲覧）

✏ 第11章　ミニットペーパー

年　　月　　日（　）第（　）限　　　　学籍番号 ＿＿＿＿＿＿＿＿＿＿＿

氏　　名 ＿＿＿＿＿＿＿＿＿＿＿

本章で学んだこと、そのなかで感じたこと

理解できなかったこと、疑問点

🏉TRY してみよう

①2018（平成30）年度の社会保障財源の項目別割合をみると、（　　　　　　　　）
　が最も多く、次に公費負担、他の収入の順になっています。

②2020（令和２）年度の一般会計歳出総額の内訳は、（　　　　　　　　　）が最も
　多く、次に（　　　　　）、（　　　　　　　　　　）の順になっています。

③2017年（日本は2017[平成29]年度）の主要先進国（日本、ドイツ、フランス、イ
　ギリス、スウェーデン、アメリカ）の国民負担率は、低い方から（　　　　　　）、
　（　　　　）、（　　　　　　）、（　　　　　　）、（　　　　　　　）、（　　　　　）
　の順になっている。

第 12 章

社会保障の歴史

―社会保障はどのように誕生し
発展してきたの？―

事 例

　17世紀イギリスの農村で、ロジャーは貧しい農家の子として生まれ育ちました。8歳のときに飢饉が起こり、食べるものがなくて餓死しそうになりました。冬には伝染病が流行し、受けられる医療もなく感染した両親は亡くなりました。残されたロジャーは孤児となり、支えてくれる家族はおらず、近所の畑から野菜を盗んで食べたり、週に1度だけ教会がチャリティで行うパンの配給をもらったりして空腹をまぎらわしました。しかし、ついには農村での生活を捨て、孤児の仲間とともに都市へ出ることにしました。ロンドンのスラム街にたどり着き、そこでストリート生活をしながら、くず拾いや煙突掃除などの臨時の仕事をして食いつなぐことになりました。今後もまともな暮らしをする望みはないままです。

　近代以前の時代には、人々の生活や健康を支える社会保障制度はありませんでした。中世末期から近代にかけて（15世紀～17世紀）のヨーロッパでは、貧しい農民たちは、病気になっても医療を受けることができず、農作物が採れなければ餓死することもしばしばでした。年金も生活保護もなく、多くの子どもは教育を受けることもできません。まともな仕事に就けず、ホームレス状態になれば、路上で「物乞い」（こじき）をするしかありません。社会保障制度以外の救済といえば、教会（キリスト教）による慈善事業や領主（国や地域の権力者）によるわずかな施しに頼るしかありませんでした。このような多くのリスクを抱えた庶民の暮らしに対して、包括的な社会保障制度が用意されたのは20世紀半ばになってからのことです。

🔑キーワード🔒

□貧民	□救貧法	□ビスマルク	□ワイマール憲法	□ニューディール政策
□ベヴァリッジ報告	□ナショナルミニマム			

1　救貧制度と社会保険の整備

　ヨーロッパの多くの国では、中世から近代初期にかけて貧民を救済する「救貧制度」と呼ばれる貧困対策が実施されるようになります。ヨーロッパの植民地として建国されたアメリカでも同様の制度が整備されました。しかし、救貧制度は貧民や失業者の生活を保障するというよりも、彼らがホームレスとなって街にあふれることを防ぎ、また彼らを救貧施設に収容して安上がりに管理しようとする性格のものでした。

①イギリスの救貧法

　イギリスでは、早くも16世紀から都市や農村での貧困の問題が注目されはじめました。そこで、1601年に「救貧法」と呼ばれる救貧制度がつくられます。女王エリザベス１世の時代であったため、エリザベス救貧法と後に呼ばれています。この法律によって、地域ごとに「貧民監督官」が配置され、貧民の直接的な保護や観察が行われることになりました。また、「働けない者」を救貧施設に収容する一方で、「働ける者」にはできるだけ就労するようにと指導しました。このように救済する対象をなるべく絞り込む（選別する）という考え方（選別主義）は、現代の社会保障にも残されています。

　1834年に救貧法は大幅に改正され、改正救貧法（新救貧法）が制定されました。改正救貧法では、地方ではなく中央政府の権限を強化する中央集権化を図りました。また、働けるにもかかわらず働かないために貧困な状態にある者には、就労の指導では足りないので、「ワークハウス（労役場）」で強制労働することを原則としました。さらに、救貧施設の環境を劣悪にするなど、救済の水準を低くすることで、貧民が救済を受けることに対して働いている者が不公平感を抱かないようにしました。この考え方は「劣等処遇」と呼ばれています。

②イギリスの社会保険

　産業革命によって工業化が進められた19世紀のイギリスでは、都市に大規模な工場がつくられ、そこで雇われて働く労働者（賃金労働者）が増加しました。その結果、最低限の労働条件の確保、労働災害の補償、公衆衛生（街や住居の衛生）の確保、子どもや若者（次世代）の教育・職業訓練、退職者の生活問題といった新たな問題が噴出しました。

　そこでイギリスでは、貧民に対する救貧制度だけでは不足であり、幅広い労働者のための制度をつくる必要性から、1908年に（保険ではなく税財源による）老齢年金法、1911年に国民保険法などの社会保障制度を整備していきました。この国民保険法は、医療保険と失業保険から構成され、多くの工場労働者が加入しました。失業に備えて保険をかけるという失業保険は、世界

で初めて考案された画期的な制度でした。

③ドイツの社会保険

　ドイツでも、19世紀末において、急速な工業化を背景に労働・失業問題が深刻化しました。人々は労働運動によって政府を強く批判しました。そこで、宰相ビスマルク（Bismarck, O.）は、労働者の不満を鎮め、政府の信頼を得るために、いわゆる「飴と鞭」の政策を行いました。それは、一方で政府を批判する社会運動を弾圧し、もう一方で労働者に医療や年金を用意するというものでした。

　労働者のための医療や年金の制度として、イギリスより早く、世界で初めて社会保険が導入されました。この社会保険は、1883年の医療保険法（疾病保険法）、1884年の労災保険法、1889年の老齢・障害保険法という3つの制度から構成されていました。こうしてドイツでは、早い段階から救貧制度だけでなく、社会保険を中心とした社会保障制度を発達させていきました。

　そして1919年には、ワイマール憲法によって世界で初めて生存権が規定され、すべての者が「人間としての尊厳を有する生活」を送ることが保障されました。

2　社会保障の誕生

　20世紀に入ると、救貧制度による救済よりも、社会保険による「予防」に力を入れる政策が拡大しました。貧困に陥ってから救済するのではなく、極端な貧困状態に陥ることを予防する目的で、老後、また病気やけがに備えるための社会保険が注目されました。このように予防という理念を掲げ、全国民を対象に整備されるようになった各種制度が「社会保障」と呼ばれるようになっていきます。

①アメリカの社会保障法

　アメリカは、19世紀から20世紀にかけて自由主義経済による好景気に沸いていました。しかし、1929年に起こった世界恐慌によって経済不況に陥り、大量の失業者や低所得世帯を生み出す結果となりました。

　そこで、ルーズベルト（Roosevelt, F.）大統領は「ニューディール政策」を展開し、道路やダムの建設などの公共事業を拡大して失業者に仕事を与えるとともに、1935年には社会保障法を制定して失業者・貧困者の救済を行いました。

　この社会保障法によって、世界で初めて「社会保障」という言葉が法律で使用されました。その中身は、失業保険、年金保険、公的扶助（主に児童を対象）の3つから構成されていました。

②イギリスの社会保障計画と「福祉国家」

　イギリスでは、1942年に「ベヴァリッジ報告」が示され、包括的な社会保障を整備する計画が立てられました。その理念は「ナショナルミニマム」（国民の最低限度の生活水準）という言葉で示され、すべての国民が最低限度の社会保障を利用できる体制を整えることが目標とされました。

　この社会保障計画に基づいて、救貧法が廃止され、1948年に国民扶助法が成立し、また「国民保健サービス（NHS）」と呼ばれる医療制度（税財源による医療）や児童手当制度、そして各種の社会福祉サービスが整備されました。こうした包括的な社会保障制度を持つ国を「福祉国家」と呼びます。

表12-1　欧米の主な社会保障の歴史

1601年	エリザベス救貧法（イギリス）
1834年	改正救貧法（イギリス）
1883〜89年	ビスマルクの社会保険（ドイツ）
1908年	（税財源による）老齢年金法（イギリス）
1911年	国民保険法（イギリス）
1919年	ワイマール憲法（ドイツ）
1935年	社会保障法（アメリカ）
1942年	「ベヴァリッジ報告」（イギリス）

3　社会保障の拡大と転換

　第二次世界大戦後、20世紀半ばの欧米は経済成長の時代であり、豊かな財源を背景に社会保障は拡大しました。特にヨーロッパでは、年金や医療だけでなく、障害者・高齢者・児童に対する福祉サービス、家族や失業者に対する手当制度など、幅広いサービスや給付の制度が拡充されました。また、アメリカでは民間市場を活用した医療や福祉サービスが発展しました。

①アメリカにおける社会保障の拡大

　アメリカの社会保障は、公民権運動などの影響を受けて、とりわけ1960年代に拡充されます。1962年には、社会保障法のなかにあった公的扶助が、母子世帯への給付を中心とする「要扶養児童家庭扶助（Aid to Families with Dependent Children：AFDC）」[*1]という制度に変更されました。また1964年には、低所得世帯に対する食料購入券の配布制度である「食料スタンプ（Food Stamp）」[*2]が導入されました。

　医療については、1965年に低所得者を対象とした医療扶助である「メディケイド（Medicaid）」[*3]と、高齢者等を対象とした公的医療保険である「メディケア（Medicare）」[*4]が導入されました。しかし医療が「皆保険」になることはありませんでした。また、働けない障害者・高齢者に対して最低

＊1　要扶養児童家庭扶助（AFDC）
第13章p.263も参照。

＊2　食料スタンプ（Food Stamp）
第13章p.264も参照。

＊3　メディケイド（Medicaid）
第13章p.262も参照。

＊4　メディケア（Medicare）
第13章p.262も参照。

生活を保障する「補足的所得保障（Supplement Security Income：SSI）」
*⁵が1972年に創設されました。

＊5　補足的所得保障
（SSI）
第13章p.264も参照。

②欧米における社会保障の転換

　1973年のオイルショックを契機に、世界経済は不況の時代に入ります。ヨーロッパの福祉国家でも財政難となり、社会保障を縮小する政策がとられるようになります。

　1980年代に、イギリスではサッチャー（Thatcher, M.）首相が、アメリカではレーガン（Reagan, R.）大統領がそれぞれ社会保障予算の削減を目指す政策を打ち出し、注目されました。社会保障予算は簡単に削減できなかったものの、社会保障を拡充させる福祉国家路線は確実に見直され、手厚い現金給付ではなく、就労や自立を促すサービス（就労支援や職業訓練）の重要性が指摘されるようになります。

　アメリカの公的扶助である「要扶養児童家庭扶助（AFDC）」は、1996年に「貧困家庭一時扶助（Temporary Assistance for Needy Families：TANF）」*⁶へと改正され、救済だけでなく就労促進を強化することになりました。1990年代以降、現在でも世界の社会保障政策で重視されている就労促進（ワークフェア）の考え方は、こうしたアメリカの社会保障改革の流れから多大な影響を受けています。

＊6　貧困家庭一時扶
助（TANF）
第13章p.263も参照。

　また、医療が国民皆保険になっていないアメリカでは、低所得者らが医療を受けられなかったり、医療費負担が重くなったりする問題が長らく続いてきました。そこでオバマ（Obama, B.）大統領による医療制度の改革が進められ、2010年に医療制度改革法（通称「オバマケア」）が成立しました。これにより、すべての市民を民間保険会社やメディケイド等を含む何らかの医療保険に加入させ、かつ負担を軽減させるための措置等がとられ、2014年から順次適用されています。

　このようにして、今日のヨーロッパの社会保障には、一方で1960年代につくられた福祉国家時代の遺産となっている制度があり、また一方で就労や自立を促し、民間サービスを積極的に活用する制度（市場原理による社会保障）があって、それらが混在するという特徴を持っています。また、アメリカは社会保障法による最低限度の社会保障を維持しつつ、就労による自立支援の対策を強化しています。

第2節　日本における社会保障の歴史

事例

　日本では1961（昭和36）年に、すべての国民が必ず年金保険と医療保険の制度に加入する「皆年金・皆保険」の体制が整えられました。農業を営む上原春雄さんは、この改正によって初めて自分自身の保険証（国民健康保険被保険者証）を持つことができました。もちろん、妻の秋江さんと小学生の娘の冬美さんも初めて医療保険を使えることになりました。春雄さんは初めて国民年金にも加入しました。毎月の保険料は100円で、老後は月額1万円の年金がもらえるとされました。当時の大卒初任給が月額約2万円といわれるなかで、農家の収入は低かったのですが、保険料は安く新しい制度に対する期待もあり、負担感はさほどありませんでした。春雄さんは現在80歳を過ぎ、月額約6万円、夫婦で約12万円の年金をもらって暮らしています。

　日本の場合、社会保障制度の基礎をなす医療保険と年金保険は、1961（昭和36）年に全国民が加入する社会保険制度として完成しました。第二次世界大戦以前から医療保険も年金保険もあったのですが、それらは主に被用者（サラリーマンや公務員）のためのもので、上原さん夫妻のような農業従事者や自営業者の多くは加入できなかったのです。平均寿命が短く、少子高齢化問題もなかった時代でしたから、年金の未加入はあまり大きな問題ではありませんでした。自営業者の場合「定年退職」もなく、何歳になっても農業による収入が見込めることから年金額も低く見積もられました。とはいえ、当初の年金額は1万円でしたが、物価変動をふまえて2020（令和2）年現在では約6万5,000円を給付しています。公的年金が単なる積み立て貯金ではないことがわかるでしょう。

🔑 キーワード 🔒

□恤救規則　　□救護法　　□健康保険法　　□国民健康保険法　　□労働者年金保険法

□厚生年金保険法　　□国民皆年金・皆保険

1　公的扶助と社会保険の整備

　日本の社会保障制度の始まりは意外に早く、明治初期の公的扶助にそのスタートを見ることができます。明治時代には軍人や国家公務員に対する恩給制度（税財源による年金）もつくられ、次に大正・昭和初期に一般労働者の医療保険と年金保険（後の厚生年金）がつくられます。しかし第二次世界大戦前において、自営業者や農業従事者の医療や年金の制度が確立されることはありませんでした。

①公的扶助制度の確立

　1874（明治７）年に、日本で最初の救貧制度である「恤救規則」と呼ばれる給付制度が導入されました。この制度は、人々に家族や近隣による助け合いを強要しつつも、本当に困窮する者に対しては現金給付による救済を規定していました。ただしその対象は、高齢、障害、疾病等のために就労できない者や孤児などとされ、身寄りのない「働けない者」に制限していました。

　また、「救済を手厚くすると怠け者が増える」とする惰民養成論が支持され、困窮者の問題はモラル（労働倫理）の問題にすり替えられていきました。そのため、社会保障は「感化救済事業」と呼ばれていました。ただし、軍人に対する扱いは特別で、傷病兵や戦死者の遺族を救護する制度として、1917（大正６）年に軍事救護法が制定されました。この制度は日本で初めて公的扶助義務（国が扶助を行う義務）を規定しました。

　その後、昭和恐慌や米騒動などの社会運動の高まりを受け、ようやく1929（昭和４）年に一般国民を対象とする公的扶助として成立したのが救護法です。救護法は、生活、医療、助産、生業に対して扶助を行う一方で、身寄りのない高齢者や孤児を収容するための「救護施設」を定めました。この救護施設は現在の多くの社会福祉施設の前身となっています。

②富国強兵と社会保険の確立

　明治以来、富国強兵の国づくりを進めてきた政府は、その一環として大正時代から昭和初期にかけて労働者に対する社会保障（ただし、当時「社会保障」という概念はなかった）の整備を進めました。労働者の健康と家族と老後を保障することが労働意欲や生産性の向上につながり、強い経済や国家をつくることに貢献すると考えたからです。こうした考え方は「生産力理論」と呼ばれ、現在でも社会保障政策の基礎にあると考えられます。

　1922（大正11）年に健康保険法が制定され、大企業に勤める労働者（被用者）に対する医療保険が整いました。1938（昭和13）年には国民健康保険法が制定され、被用者以外の国民一般に対する医療保険の道が開かれました。しかし、この医療保険の導入は各自治体に委ねられ、かつ任意加入であったため、医療保険が皆保険になったわけではありませんでした。

　老後の保障としては、軍人や国家公務員に対してのみ恩給制度（税財源による年金）がありましたが、一般の労働者を対象とした年金保険は長らくつくられませんでした。そこで、1941（昭和16）年に労働者年金保険法が制定されました。この法律は1944（同19）年に厚生年金保険法に改正され、現在の厚生年金の前身となりました。なお、この頃の社会保障は「厚生事業」と

呼ばれており、1938年（同13年）には厚生省（現：厚生労働省）も創設され
ています。

2　高度経済成長期における社会保障の拡大

　第二次世界大戦後は、戦前からある社会保険を基本にしつつ、対象の拡大が図られました。その結果、医療と年金についてはすべての国民が強制的に加入する「皆保険・皆年金」の体制が確立されました。また戦後直後には、失業保険と労災保険もつくられました。さらに「福祉六法」をはじめとする社会福祉サービスを拡大し、高度経済成長を背景に、児童手当や高齢者の医療費無料化制度も導入することになりました。

①第二次世界大戦後における社会保障の整備

　1945（昭和20）年に終戦を迎え、貧困、失業、住居喪失といった問題が全国で深刻な状況にありました。政府はGHQ（連合国軍総司令部）の指示を受けながら、新しい社会保障制度の整備に取り組みました。

　1946（昭和21）年にまず旧生活保護法が制定され、これらの貧困問題への対応が開始されました。また同年には日本国憲法も制定されました。日本国憲法の第25条では、「すべて国民は、健康で文化的な最低限度の生活を営む権利を有する。国は、すべての生活部面について、社会福祉、社会保障及び公衆衛生の向上及び増進に努めなければならない」と定められました。いわゆる生存権の規定です。この条文で、日本で初めて「社会福祉」と「社会保障」という言葉が使われました。

　社会保障制度審議会は、1950（昭和25）年の「社会保障制度に関する勧告」のなかで、日本の社会保障の具体的な内容や定義を示しました。その勧告では「社会保障制度とは、疾病、負傷、分娩、廃疾、死亡、老齢、失業、多子その他困窮の原因に対し、保険的方法又は直接公の負担において経済保障の途を講じ、生活困窮に陥った者に対しては、国家扶助によって最低限度の生活を保障するとともに、公衆衛生及び社会福祉の向上を図り、もってすべての国民が文化的社会の成員たるに値する生活を営むことができるようにすること」とされました。

　これらを受けて、憲法が保障する生存権を実体化し、国家責任を一層明確にするために、1950（昭和25）年に生活保護法（1946［同21］年の旧法に対して「新生活保護法」とも呼ばれる）が制定されました。また、翌1951（同26）年に社会福祉事業法（現：社会福祉法）が制定され、社会福祉事業の定義のほか、福祉事務所、社会福祉主事、社会福祉法人などの社会福祉の基本的共通事項が定められました。

②国民皆年金・皆保険

1947（昭和22）年には、失業保険法と労働者災害補償保険法（労災保険法）が制定されました。失業保険（現在の雇用保険）は日本で初めてのものでした。

公務員の医療・年金等については、別立ての制度が設けられました。1948（昭和23）年の国家公務員共済組合法と、1962（同37）年の地方公務員等共済組合法です。

被用者に対する年金はすでに厚生年金として確立されていましたが、その他の一般国民に対する強制加入の年金として、1959（昭和34）年に国民年金法が制定されました。こうして、同法が施行された1961（同36）年に「国民皆年金」の体制が整いました。

なお、医療保険については、1961（昭和36）年に国民健康保険が強制加入になったことにより、「国民皆保険」の体制が実現しました。これらをもって「国民皆年金・皆保険体制の確立」といい、社会保障が全国民をカバーできた、すなわち「普遍化」を達成したと考えられました。しかし、保険の仕組みは未加入や保険料の未納という問題がつきまとうため、実際にはすべての人が十分な年金を受け、医療サービスを利用できることを約束したわけではありませんでした。

国民皆年金・皆保険制度

③欧米型の社会保障を目指して

高度経済成長時代であった1960年代は、日本も欧米のような福祉国家体制を築くことを目標とし、社会保障の拡大整備が続けられました。

生活保護法に加えて、児童福祉法（1947［昭和22］年）、身体障害者福祉法（1949［同24］年）、精神薄弱者福祉法（1960［同35］年：1999［平成11］年に知的障害者福祉法に改称）、老人福祉法（1963［昭和38］年）、母子福祉法（1964［同39］年：1981［同56］年に母子及び寡婦福祉法に改称、2014［平成26］年に母子及び父子並びに寡婦福祉法に改称）が制定され、いわゆる「福祉六法」体制が確立されました。

1971年（昭和46）には児童手当法が制定され、社会保険でも公的扶助でもない「社会手当」という新しい社会保障の方式が具体化しました。また、政

府は1973（同48）年を「福祉元年」と位置づけ、さらなる福祉の充実化に向け、70歳以上の高齢者を対象とした「老人医療費無料化制度」を導入し、高齢者が負担なく医療を利用できる制度を実現させました。

3　高度経済成長期以降の社会保障の転換

高度経済成長が終わった1970年代初頭から、国の財政難と政策理念の転換によって社会保障は「見直し」の時期に入ります。これにより、利用者負担の増加や利用可能なサービスの抑制が図られました。また、少子高齢化はさらに進展し、財政抑制という政府の意図に反して社会保障費は一層増大化の道をたどりました。そこで、市場化や利用契約化によって民間事業者を活用する道が開かれるようになりました。

①「福祉見直し」

1973（昭和48）年末のオイルショックを契機に高度経済成長は終わりを迎えました。このことは、豊富な財源を前提としていた福祉国家路線をやめて、別の方法を模索しなければならない状況になったことを意味していました。

1974（昭和49）年に、失業保険法を改正した雇用保険法が制定されました。これにより、失業者に対する現金給付を基本としながら、失業者の求職支援、失業の予防、雇用機会の拡大、労働者の職業能力の開発と向上を図ることに重点が置かれるようになりました。しかし、パートタイム就労者の加入には依然として条件があるため、いわゆるフリーターや新卒無業者が失業時に給付を受けることができず、また長期失業者の問題にも対応できないという課題を抱えています。

1982（昭和57）年には、老人保健法が定められ、予防の観点から高齢者の医療や保健のサービスが拡充されました。しかし、同法の施行に合わせて老人医療費無料化制度は廃止され、一部自己負担が導入されました。この老人保健法に基づく老人医療は、その後も順次自己負担の額および割合を増やしていき、現在は高齢者の医療の確保に関する法律に基づく「後期高齢者医療制度」に引き継がれています。

②少子高齢化対策と福祉の市場化

1990年代になると、人口の少子高齢化が進展します。1990（平成２）年に合計特殊出生率が戦後最低の1.57となり、人々の関心を集めました。

また、要介護高齢者が増加し、介護サービスと財源が足りなくなることを予期して、1997（平成９）年に介護保険法が制定されました。介護サービスを社会保険の方式で供給するという制度は世界でも珍しく、注目されました。

介護保険法が注目されたもう一つの理由は、それが社会保障に市場原理を

取り入れようとした点にもあります。介護保険法による介護サービスは民間営利企業や非営利団体（NPO等）にも委ねられ、社会資源を増やすのに役立ちました。競争原理によって介護市場が成熟化していくことに期待が寄せられたのです。一方で、介護サービスが市場化されたことで、利用者負担が増えたり、経営合理化のために介護の担い手の労働条件が劣悪化したりといった問題が発生するようになりました。

　社会保障予算を抑制し、市場原理を導入することで合理化を図ろうとする政策の流れは現在もなお引き継がれており、今後も社会保障の歴史を大きく転換させる動きが続くでしょう。

③福祉サービスの利用契約化

　介護保険法は、社会福祉の各種サービスを「措置」から「利用契約」によるものへと転換させる役割も果たしました。社会福祉の各領域でこの利用契約化を進める改革を「社会福祉基礎構造改革」と呼び、2000（平成12）年制定の社会福祉法によってその基盤も固められました。2003（同15）年には障害者福祉に利用契約の仕組みが導入され、2005（同17）年には障害者自立支援法（現：障害者総合支援法）が制定されたことで自己決定によるサービス利用が定着しました。また、2012（同24）年には子ども・子育て支援法が制定され、認定こども園、幼稚園、保育所に共通する利用・給付の仕組みが整いました。

④貧困・格差問題への対応

　2000年代に入ると、非正規雇用の拡大による低所得化、若者の失業、高齢者の孤立化や無年金問題など、幅広い「貧困」の問題が注目されました。これらの問題は、完全雇用や正規雇用、そして家族（結婚・出産）制度等を前提として成り立ってきた年金保険や雇用保険の仕組み、そして生活保護制度のあり方を問い直す必要性を表しているともいえます。

　そこで新たな貧困問題を受けて、2013（平成25）年に生活困窮者自立支援法が制定されました。この制度によって、生活困窮者に対する自立相談支援事業の実施、住居確保給付金の支給、就労準備支援事業や子どもの学習・生活支援事業の実施などが規定されました。

表12-2　日本の主な社会保障の歴史

1874（明治7）年	恤救規則
1922（大正11）年	健康保険法
1929（昭和4）年	救護法
1938（昭和13）年	国民健康保険法
1941（昭和16）年	労働者年金保険法
1944（昭和19）年	厚生年金保険法
1946（昭和21）年	生活保護法、日本国憲法
1947（昭和22）年	失業保険法、労働者災害補償保険法、児童福祉法
1949（昭和24）年	身体障害者福祉法
1950（昭和25）年	「社会保障制度に関する勧告」
1951（昭和26）年	社会福祉事業法（現：社会福祉法）
1959（昭和34）年	国民年金法
1960（昭和35）年	精神薄弱者福祉法（現：知的障害者福祉法）
1961（昭和36）年	「国民皆年金・皆保険」体制の確立
1963（昭和38）年	老人福祉法
1964（昭和39）年	母子福祉法（現：母子及び父子並びに寡婦福祉法）
1971（昭和46）年	児童手当法
1973（昭和48）年	老人医療費無料化制度
1974（昭和49）年	雇用保険法
1982（昭和57）年	老人保健法
1997（平成9）年	介護保険法
2000（平成12）年	社会福祉法（社会福祉基礎構造改革による）
2005（平成17）年	障害者自立支援法（現：障害者総合支援法）
2012（平成24）年	子ども・子育て支援法
2013（平成25）年	生活困窮者自立支援法

注：公布あるいは成立年で表記しています。

参考文献

・松村祥子『欧米の社会福祉の歴史と展望』放送大学教育振興会　2011年
・金子光一『社会福祉のあゆみ－社会福祉思想の軌跡－』有斐閣　2005年
・右田紀久恵・高澤武司・古川孝順編『社会福祉の歴史－政策と運動の展開－新版』有斐閣　2001年
・小山路男『西洋社会事業史論』光生館　1978年
・横山和彦・田多英範編『日本社会保障の歴史』学文社　1991年
・児島亜紀子・伊藤文人・坂本毅啓編『社会福祉士養成シリーズ　現代社会と福祉』東山書房　2015年

✏️第12章　ミニットペーパー

　年　　月　　日（　）第（　）限　　　　学籍番号 ＿＿＿＿＿＿＿＿

　　　　　　　　　　　　　　　　　　　氏　名 ＿＿＿＿＿＿＿＿

本章で学んだこと、そのなかで感じたこと

理解できなかったこと、疑問点

🏈TRY してみよう

①戦後イギリスが体系化した包括的な社会保障は、「ナショナルミニマム」を理念
　とする1942年の（　　　　　　　　　）報告に基づいて計画された。
②1929（昭和４）年に成立した日本の救護法は、貧困者に対する扶助を行う一方で、
　現在の社会福祉施設の前身となる（　　　　　　　）施設を規定した。
③日本の年金保険と医療保険が、国民（　　　　　　　　　　）となったのは、1961
　（昭和36）年のことである。

第13章

諸外国における
社会保障制度

―日本の制度との違いはあるの？―

第1節　ヨーロッパの社会保障制度

事例

【学生Aくんと先生との会話】

A　：今日のテーマは「ヨーロッパの社会保障制度」ですね。日本で暮らす私たち
　　　が、なぜヨーロッパの制度についても学ぶ必要があるのでしょうか？

先生：もともと日本には、欧米を中心とする諸外国の制度を参考としながら、独自
　　　の社会保障制度の体系を構築してきた経緯があります。ヨーロッパ諸国の制
　　　度について知ることで、日本の社会保障制度についてもより深く学ぶことが
　　　できるのです。

A　：なるほど、よくわかりました。この章で、ヨーロッパをはじめ諸外国の社会
　　　保険制度についてもしっかり学びたいと思います。

　ヨーロッパの各国は、それぞれ独自の体系からなる社会保障制度を有しています。その内容をよく見ると、各国ごとの社会保障制度に対する考え方の共通点や相違点、その背後にある各国の経済情勢や政治状況なども垣間見えてきます。そのなかには、日本の社会保障制度の抱える課題を考えるうえで参考となる事柄も多数含まれています。また、より実際的な面でいうと、日本は、ヨーロッパ諸国と「社会保障協定」を締結しています。協定には、「保険料の二重負担防止」と「年金加入期間の通算協定」があり、この両方を締結している国と、「二重負担防止」のみを締結している国とがあります。これにより、海外で働くために締結国に滞在した場合でも、その国での社会保険料の支払いが免除されたり、その国で加入していた年金加入期間が、帰国後に日本の制度に通算されたりします。今後もし外国に滞在することになった場合、そういった面での対応も必要になってきます。

　ここでは、そのような点を意識しながら、ヨーロッパの代表的な国々の社会保障制度の概略（特に年金と医療保障）についてみていきましょう。

キーワード

□社会保障協定　　□制度設計　　□年金　　□医療保障

1　イギリスの社会保障

　イギリスにおける社会保険制度は、年金、雇用関連給付も含めた「国民保険」に一元化されており、医療については、国民保健サービス（NHS）と呼ばれる医療保障の仕組みがあります。

①全体的な制度設計

　現在のイギリスの社会保障制度の基本的な方向性を示したのが、第二次世界大戦中の1942年に発表された「社会保険および関連サービス」（通称「ベヴァリッジ報告」）です。そこで示されたナショナルミニマム（国民の最低限度の生活水準）保障の考え方を土台として、社会保険による所得保障を中心とした制度設計がなされてきました。

　イギリスの社会保険制度は、「国民保険（National Insurance）」という、老齢・遺族・障害の各年金、雇用関連給付（失業）が包括的に一元化された制度です（労災保険は分離された別建ての制度になっています）。この制度が地域ベースで適用され、最低稼得収入額以上の全国民が加入します。保険料は事業主と被用者で負担しますが、労使折半ではなく、事業主負担の割合の方が高くなっており、被用者の保険料は一律定額となっています。低所得者（最低稼得収入額以下の住民）には加入義務がなく、保険料拠出を免除されますが、保険料を負担できるようであれば、任意に加入することが可能です。給付内容は、一律定額の保険料に対応する形で一律の給付を行うことで最低生活保障を実現するものとなっています。

　イギリスと日本の間では、社会保障協定のうち、「保険料の二重負担防止」の協定のみが締結されています。

②年金

　国民保険による国家年金（すべての国民に強制適用）が基礎年金としての役割を担っており、10年以上の受給資格期間を満たすことで受給権が発生します。満額の国家年金を受給するには、35年以上の加入期間が必要で、年金支給額の低い人については、2003年に制定された「年金クレジット」制度により、公的扶助基準相当額が支給されます。支給開始年齢は、従来65歳であったものが、2020年10月より66歳に引き上げられており、さらに、財政難により、2028年にかけて67歳、2046年にかけて68歳に引き上げられることが検討されています。

③医療保障

　イギリスの医療は、伝統的な「国民保健サービス（NHS：National Health Service）」により、すべての国民を対象として、主として税財源により、国営の医療機関が包括的な医療サービスを無料で提供する体制が長らく維持されてきました。しかし、近年の財政難により、現在では患者の一部自己負担も導入されており、民間の医療機関を利用する人も増えています（その場

合、多くの人が民間の医療保険に加入しています）。

2 フランスの社会保障

　フランスの社会保障制度は、多数の職域ごとに分立した制度設計が特徴です。また、家族に対する支援の制度が充実している点も特筆されます。

①全体的な制度設計

　現在のフランスの社会保障制度は、1945年にラロック（Laroque, P.）によって出された「社会保障の組織に関する計画」（通称「ラロック・プラン」）を出発点としています。

　フランスでは、多数の職域ごとに個別の社会保障制度がつくられ、適用されているのが特徴です。主な社会保険制度としては、老齢保険（年金）、医療保険、労災保険があり、これらが職域に応じて多数に分立する複雑な制度となっています。また、家族関係を重視し、家族手当をはじめとする家族に対する支援の制度が充実している点も特筆されます。

　フランスと日本の間では、「保険料の二重負担防止」と「年金加入期間の通算協定」の両方の社会保障協定が締結されています。

②年金

　フランスの年金制度には、①日本の厚生年金に相当する拠出制の法定基礎制度、②年金受給権を全く有しない者等を対象とし、最低年金を保障する無拠出年金、③法定基礎制度の給付水準の低さを補うための補足年金、という役割の異なる３つの制度が存在します。このうち法定基礎制度は、職域に応じて多数の制度に分立していますが、そのうち代表的なものが「一般制度」です。

　「一般制度」の年金の受給要件は、最低１四半期（３か月）の加入期間があることで、満額の年金を受給するためには172四半期（516か月）の加入期間が必要です。支給開始年齢は2018年以降62歳となっていますが、満額支給開始年齢は2022年までに65歳から67歳に引き上げられることになっています。財源は主として労使の拠出によって賄われ（負担割合は使用者の方が高い）、これに一部国庫負担がなされています。

　これに上乗せする形で適用される「補足年金」は、職域の労使協定に基づく私的な制度でしたが、現在は全労働者に強制適用され、大変重要な役割を果たしています。

③医療保障

　フランスの医療保障の中心となっているのが法定の医療保険制度です。年金の法定基礎制度と同様、多数の職域ごとに設立されており、強制加入を原則としています。ただし、国民の90％以上がこのうち最も代表的な「一般制度」に加入しています。また、医療保険の適用対象外となった国民やフランスに常住する外国人を対象として、普遍的医療カバレッジ（給付）が、無料で医療サービスを提供しており、これにより国民の99％が保険制度によってカバーされています。

　フランスの医療保険制度は、償還払い（患者が一度費用の全額を支払い、のちに一定割合の金額を返還してもらう制度）を原則としています。医療サービスは、原則として外来が70％、入院が80％の償還率（すなわち、患者の自己負担割合は、外来で30％、入院で20％）となっています。また、療養中の所得保障として、現金給付の傷病手当も設けられています。

3　ドイツの社会保障

　ドイツの社会保障制度は、伝統的な社会保険制度を基礎として、幅広くきめ細かな各種制度が設けられています。

①全体的な制度設計

　ドイツの社会保障の歴史を考えるうえでまず押さえておかなければならないのが、19世紀末に世界で最初の社会保険制度（医療保険、労災保険、老齢・障害保険の3種類）を導入したことでしょう。制度設計にかかわった当時の宰相の名をとって「ビスマルク社会保険」といわれるこれらの制度は、いわゆる「飴と鞭」と呼ばれる当時の労働者政策の一環として導入され、職域を基盤として確立されてきました。保険の原則を基本としながらも、それを部分的に修正したドイツの社会保険の方式は、日本をはじめ多くの国で採用されています。

　現在、この社会保険方式を用いた年金保険、医療保険、介護保険、労働災害保険、失業保険をはじめとして、広範できめ細かな社会保障制度が設けられており、それらが「社会法典」という1つの巨大な法律により体系化されています。

　ドイツと日本の間でも、「保険料の二重負担防止」と「年金加入期間の通算協定」の両方の社会保障協定が締結されています。

②年金

ドイツの年金制度は、フランスと同様、職域を基盤として構築されており、一般被用者を対象とする一般年金保険、その他の職域（鉱山・鉄道・海員）年金保険、一部自営業者のための年金保険があり、多くの民間被用者は一般年金保険に加入しています。対象となる労働者には強制適用されますが、一部適用除外（低所得者など）もあります。ドイツの社会保険の伝統に基づき、いずれの制度も保険料は労使折半で、それに加えて国庫補助も行われています。なお、ドイツの年金制度は完全な賦課方式で運営されています。

老齢年金の受給要件は、最低5年間の保険料拠出期間があることで、支給開始年齢は2012年から2029年までの17年間をかけて、65歳から67歳に引き上げられる途上にあります。

③医療保障

社会保険方式の医療保険制度が設けられていますが、全国民を対象とはしていません。所得の高い労働者などは適用除外となっており、全国民の90%程度がカバーされています。医療保険の保険者は「疾病金庫」と呼ばれ、地区別、企業別、同業組合別などの疾病金庫が設けられています。

大きな特徴として、被保険者がこれらのうちから自分の加入する疾病金庫を選択することができる点があり、これにより疾病金庫間の競争が促されています。適用除外となる労働者などは、疾病金庫に加入するか、民間の医療保険に加入するかを選択することができます。

給付内容は、医療サービスの現物給付で、外来は原則無料、入院と薬剤に一部自己負担が導入されています。

4　スウェーデンの社会保障

スウェーデンの社会保障は、典型的な「高福祉・高負担」です。国や地方自治体といった公的部門が強く関与しています。

---

①全体的な制度設計

スウェーデンの社会保障は、いわゆる北欧型の「高福祉・高負担」という特徴があります。また、公的部門の関与が強いのも特徴で、年金、児童手当、傷病手当など、所得保障のための現金給付の制度は、国による社会保険制度として運営されています。また、保健・医療サービスといった現物給付の制度は、ランスティングという日本の都道府県に相当する広域自治体によって、

高齢者福祉、障害者福祉などの福祉サービスは、コミューンという日本の市町村に相当する自治体によって、それぞれ運営されています。

②年金

スウェーデンの「社会保険」が対象とする範囲は、日本とは異なっており、主として所得保障を目的とし、現金給付を中心とした制度となっています。社会保険給付は、その対象によって①家族・児童への経済的保障、②傷病・障害に対する経済的保障、③高齢者への経済的保障の３つに分類されます。このうち、日本の老齢年金に相当するのが高齢者への経済的保障ですが、これには老齢年金、遺族年金のほか、低年金の高齢者のための年金受給者住宅手当、年金受給者特別住宅手当、高齢者生計費補助などが含まれています。老齢年金は、賦課方式で運営される所得比例年金と、積立方式で運営されるプレミアム年金から構成され、さらに、一定水準に達しない低額の年金を補足する保証年金の制度が設けられています。所得比例年金とプレミアム年金の支給開始年齢は、61歳から70歳の間で選択できますが、67歳の退職年齢から受給を開始するのが一般的です。

③医療保障

医療保障は、社会保険方式ではなく、ランスティングが医療施設を設置・運営し、費用を税方式と患者の一部自己負担により賄う公営サービスの仕組みとなっており、医療施設のスタッフも全員ランスティングの公務員となります。患者の自己負担上限額は、物価水準に連動して決定されますが、未成年者、85歳以上の高齢者については自己負担なし（無料）となっています。

スウェーデンの医療は、長年にわたり公営の医療機関が担ってきたこともあり、提供される医療サービスの質の保証の問題が生じていました。そのため、現在では、一部に医療施設の民営化の動きもみられ、また、2010年には初期医療に関して患者が医療施設を選択できる仕組みが導入されています。

事例

私は数か月前、腹痛のため、近くの病院に行きました。病院の受付窓口で保険証を出して、医師の診察と薬の処方を受けた後、自己負担額（3割）を支払って帰宅しました。後日のアメリカ出張の際に、また腹痛になったので、出張先で紹介された病院に行きました。医師から「あなたは急性虫垂炎だから、すぐに入院・手術が必要です」と言われ、そのまま入院しました。退院する際、治療費を支払おうとしたところ、病院からのあまりにも高額な請求に驚きました。それは、日本では信じられない金額だったのです。アメリカの医療保険制度は、どのような仕組みになっているのでしょうか。

アメリカの公的医療保険は、主に高齢者、障害者、低所得者を対象としています。そのため、民間保険が大きな役割を果たしています。アメリカには、無保険者が国民の8.5%に相当する2,746万人もいます（2018年）。そこで無保険者への対応策として、2010年に医療制度改革法（The Patient Protection and Affordable Care Act）が成立しました。その後、オバマ（Obama, B.）政権のもと、民間保険を活用しつつ、国民皆保険を目指す方向で医療制度改革が行われました。それでは、アメリカの社会保障制度について、具体的に理解していきましょう。

キーワード

□社会保障法（Social Security Act）　　□自立・自助　　□メディケア（Medicare）

□メディケイド（Medicaid）　　□就労促進（ワークフェア）

1　社会保障制度の体系

アメリカの社会保障制度は、連邦制度と州制度の2つのレベルで存在していますが、現在は連邦政府の規制領域が中心となっています。

アメリカは、自分たちの力で土地を切り開き、フロンティア精神で国をつくり上げてきました。そのため、自分の生活は自分で守るという「自立・自

助」という考え方が生活の基本となっています。アメリカでは、公的扶助を
はじめとする社会保障制度は、連邦制度と州制度の２つのレベルで存在して
います。しかし、現在では、社会保障法（Social Security Act, 1935年）
を中心とした連邦政府の規制領域が中心となっています。これは、連邦政府
の直轄制度である老齢・遺族・障害年金（Old-Age, Survivors, and Dis-
ability Insurance：OASDI）がアメリカにおける社会保障制度の中核であ
ること、またメディケア（Medicare）や補足的所得保障（Supplement Se-
curity Income：SSI）を中心とする公的扶助制度などがOASDIと制度的関
連性を保ちながら運営されていることからも理解できます。

　またアメリカは、競争社会ともいわれています。しかし、この場合の「競
争」は、障害や年齢には関係なく、平等なチャンスが与えられ、環境を整え
たうえでの自由な競争を意味しています。

2　年金保険制度

　アメリカでは、1935年に制定された社会保障法（Social Security Act）に基づいて、老齢・遺族・障
害年金（OASDI）が確立されました。アメリカの公的年金（１階部分）は、被用者および一定年収以上
の自営業者が強制加入の対象者です。老齢年金の支給開始年齢は、66歳（2020年）ですが、2027年までに
67歳に引き上げられる予定です。２階部分には、企業年金があります。

　アメリカの公的年金は、老齢・遺族・障害年金（OASDI）です。被用者
および一定年収以上の自営業者が強制加入の対象者です。アメリカで社会保
障（Social Security）といえば年金であるため、「社会保障年金」とも呼
ばれています。社会保障年金は、賦課方式をとっています。運営は社会保障
庁で、年金額は、在職中の平均所得を基礎にして算定されています。老齢年
金受給のために必要とされる加入期間は、40加入四半期(10年)[1]以上となっ
ています。また、支給開始年齢は66歳（2020年）ですが、2027年までに67歳
に引き上げられる予定です。

　社会保障年金の財源は、社会保障税（Social Security Tax）で、2020年
の税率は、労使ともに6.2％（計12.4％）となっています。国庫負担は原則
ありませんが、2011年と2012年については、一時的な特例措置として税率が
２％引き下げられたため、不足分を補うために国庫負担が行われました。企
業年金は、社会保障年金（１階部分）に上乗せされる年金で、確定給付型企
業年金と確定拠出型企業年金があります。

[1]
１年を４期（３か月）に
分けることを四半期と
いいます。ここでは40
加入四半期であること
から、40×３か月＝120
か月（10年）となります。

3　医療保険制度

アメリカには、全国民を対象とした公的医療保険制度はありません。国民は、病気やけがに備えて、民間の医療保険に加入しています。公的な医療保険制度としては、65歳以上の方や65歳未満の障害者などを対象としたメディケア（Medicare）と、低所得者を対象としたメディケイド（Medicaid）があるのみです。そのため、アメリカには多数の無保険者がいます。その対策として、2010年3月に医療制度改革法（The Patient Protection and Affordable Care Act）が成立しました（2014年1月より施行）。

①メディケア（Medicare）

1965年に成立したメディケア（Medicare）は、65歳以上の高齢者および65歳未満の障害者、特定の疾患を持つ患者を対象としています。強制加入の病院保険（パートA）と任意加入の補足的医療保険（パートB）を基本として、さらに充実した保障内容を伴ったパートCと薬剤を適用対象とするパートDの4つの種類の給付制度があります。それぞれ保険料は異なります。

②メディケイド（Medicaid）

一定の条件を満たす低所得者を対象として、医療扶助と一部の介護扶助を行う制度で、各州が運営しています。また、無保険の子どもを減らすために創設された、児童医療保険プログラム（Children's Health Insurance Program：CHIP）もあります。

③医療制度改革法（The Patient Protection and Affordable Care Act）

アメリカには、全国民を対象とした公的医療保険制度がありません。国民は、病気やけがに備えて、民間の医療保険に加入しています。しかし、民間の医療保険に加入できない、多数の無保険者がいます。また公的な医療保険であるメディケアやメディケイドも、財政的な課題を抱えています。そのためオバマ政権は、民間保険を中心とする既存の医療制度をベースに、国民皆保険を目指す方向で、医療制度改革を進めました。そして、2010年3月に医療制度改革法が可決し、同法により一定レベル以上の医療保険への加入が義務づけられ、加入しない場合は、罰金が科されることになりました（2014年以降）。医療制度改革法の主な内容には、メディケイドの拡充もありますが、これは州の権限を侵すとして、憲法違反ではないかという論争も起きています。このようにオバマ政権のもと、「今後10年間で数千万人の無保険者を解消する」という医療制度改革は、どのようにして具体的な改革を進めていくのか注目されましたが、2017年に誕生したトランプ政権は医療制度改革法の見直しを表明しました。一方で、新型コロナウイルス感染者数が拡大するな

かで2021年に誕生したバイデン政権は、同法の維持と拡大を目指すといわれています。今後、アメリカはどのようにオバマ政権時の医療保険改革を進めていくのか、引き続き関心が持たれるところです。

---

4 公的扶助制度

アメリカの公的扶助制度は、日本の生活保護制度のような単一の制度ではありません。高齢者、障害者、児童などの対象者別の制度となっています。その代表的な制度である、貧困家庭一時扶助（Temporary Assistance for Needy Families : TANF）は、低所得の母子世帯を対象としています。「就労促進（ワークフェア）」という基本方針のもとで実施されているため、原則として5年という生涯受給期限があります。

①公的扶助制度の全体像

アメリカには、労働能力のある者は「できる限り自分の力で生活を切り開いていく」という自己責任の精神があります。これは、根底にフロンティア精神・思想があることからも理解できるでしょう。そしてアメリカでは、高齢者、障害者、貧困な児童およびその児童と一緒に暮らす保護者のみに、生活保護を受ける資格が与えられています（制限扶助主義）。これに対して、日本の生活保護は、無差別平等主義といわれています。

メディケイド以外の主な制度として、貧困家庭一時扶助（Temporary Assistance for Needy Families : TANF）、補足的所得保障（Supplement Security Income : SSI）、補足的栄養支援プログラム（Supplemental Nutrition Assistance Program : SNAP）があります。そして、これらの扶助を受けられない貧困者（例えば独身者、子どものいない夫婦等）をカバーする最後の手段として、一般扶助制度（General Assistance : GA）があります。この制度は、州独自の予算で運営されています。しかし、給付水準は低く、その基準も不明確といわれています。

②貧困家庭一時扶助（Temporary Assistance for Needy Families : TANF）

社会保障法のなかにあった要扶養児童扶助は、1962年に母子世帯を含めた要扶養児童家庭扶助（Aid to Families with Dependent Children : AFDC）となりました。これは、労働能力のある成人のための所得保障制度ではなく、貧困な児童およびその児童と一緒に暮らす保護者の生活保障のために給付されていました（日本の生活保護にあたる）。連邦政府は、給付財源の50%以上を負担しましたが、その対象の90%は母子世帯であったため「母親は若くて稼働能力があるのに、要扶養児童家庭扶助に依存して、働こうとしない」

という批判もありました。

　1996年の福祉改革の基本方針は、「就労促進（ワークフェア）」でした。それに合わせて、要扶養児童家庭扶助（AFDC）は、貧困家庭一時扶助（TANF）へと改正され、生涯で最高5年間という受給期間が設けられるとともに、受給から2年以内の就労や就労関連活動への参加等が義務づけられました。

③補足的所得保障（Supplement Security Income：SSI）

　1972年に連邦政府所轄の資産調査を有した最低生活を保障する制度として創設されました（1974年実施）。

　労働能力のない65歳以上の高齢者・障害者のうち、受給資格を満たす者に対して、月単位で現金給付を行っています。

④補足的栄養支援プログラム（Supplemental Nutrition Assistance Program：SNAP）

　1964年に全国水準以下の所得や資産しかない個人・世帯に対して、食料品購入に利用できるクーポンを支給（現在は一種のクレジットカードを支給）する制度が導入されました（食料スタンプ［Food Stamp］）。これは、先進国では珍しい制度です。2008年からは、補足的栄養支援プログラム（SNAP）へと名称が変更されています。

第3節　アジアの社会保障制度

事例

　　韓国と中国は、経済成長を背景に社会保障制度の整備を行ってきたと聞きましたが、両国の社会保障制度はどのように構成されているのでしょうか。

　　韓国も中国も日本と同様に、社会保険と公的扶助および社会福祉を備えています。しかし、具体的に見てみると、経済社会状況や体制の違いを反映し、それぞれ異なった内容となっています。

🔑キーワード🔓

□韓国　　□中国　　□失業・貧困　　□少子高齢化　　□雇用の不安定化

1　韓国（大韓民国）の概要と社会保障制度の体系

　韓国は日本と同じく、社会保険を主軸とした社会保障制度を整備しています。しかし、各社会保険やもう一つの軸である公的扶助制度の内容を見てみると、類似と相違の両側面を併せ持っています。

①韓国（大韓民国）

　1945年の日本の植民地支配からの解放後、アメリカ軍による統治が行われ、その後1948年に大韓民国として建国されました。1950年～1953年の朝鮮戦争によってさらに国土は荒廃し、国民の生活は困窮していましたが、1960年代からの政府主導の経済開発計画を背景として、「漢江の奇跡」と呼ばれる高度経済成長期を経験し、人々の生活水準は急速に向上していきました。その時期から、政府は、高齢者や子ども、障害者等を対象とした救貧制度としての生活保護制度を導入し、また社会保険制度も徐々に整備していきました。

　ところが、1997年にアジア金融危機を経験し、多くの失業者・貧困者が生み出されました。そもそも社会保障制度は、資本主義社会における最も根本的なリスクである失業・貧困に国家が対処する仕組みとして生まれ、発達してきたものです。韓国でも、それまでにいくつかの社会保険制度と救貧制度は導入されていましたが、それではアジア金融危機で大量に生み出された失業者・貧困者に十分対処できませんでした。この危機を契機に社会保険制度と公的扶助制度が整備され、現在の社会保障制度となりました。

②韓国の社会保障制度の体系とその概要

　韓国では「社会保障基本法」において社会保障を、「出産、養育、失業、老齢、障害、疾病、貧困及び死亡などの社会的リスクからすべての国民を保護し、国民の生活の質を向上させるために提供する社会保険、公的扶助、社会福祉サービスと関連福祉制度」と定義し、日本と同様に社会保険を中心とした社会保障システムを持っています。

　社会保険には、医療保険、年金保険、産業災害補償保険（日本の労働者災害補償保険にあたる。以下、「産災保険」）、雇用保険、高齢者長期療養保険（日本の介護保険にあたる）があり、公的扶助には国民基礎生活保障があります。この体系を見ると日本と類似していますが、当然ながらその内容は異なります。各制度について確認してみましょう。

〈医療保険〉

　日本の医療保険制度は分立した仕組みとなっていますが、韓国でもかつて
は日本と同じように、勤め人かそうでないかによって保険者が異なる医療保
険制度が導入されていました。しかし、一元化議論が進められ、現在ではす
べての国民は国民健康保険公団が保険者である国民健康保険という一つの制
度に加入するシステムとなっています。加入者は、地域加入者と職場加入者
の2つに区分されており、保険料の算出方法が異なります。医療給付（療養
の給付）の基本的な仕組みは日本と同じですが、入院、薬局、外来別に医療
費の自己負担率が異なります。また、日本の後期高齢者医療制度に該当する
高齢者のみを対象とする仕組みはありません。

〈年金保険〉

　年金制度は大きくは一般の国民を対象とする国民年金と、公務員・軍人・
私学教職員といった特殊職域ごとの年金で構成されています。特殊職域以外
の国民はすべて国民年金に加入することとなります。国民年金加入者は、地
域加入者、事業所加入者、任意加入者および任意継続加入者に区分されてお
り、いずれかの区分で加入する皆年金体制を実現しています。これらに加え、
「低年金・無年金」の問題に対応するための税方式による基礎年金も運営さ
れています。

〈労働保険〉

　労働保険として、まず、1964年に産災保険が導入されました。実はその際
に、失業に対処するための失業保険を先に導入するか、産災保険を先に導入
するかの議論がありましたが、これから経済成長に向かおうとする韓国政府
は、産業災害に対処する産災保険がより重要な制度と判断し、これを先に選
択し導入しました。

　失業保険については、その後も議論を重ね、1995年に失業に対する給付の
みを行うのではなく、あわせて雇用対策を含んだ雇用保険が導入されました。
このことによって、ある一定期間の失業期間については雇用保険で対処する
ことができるようになりました。

〈公的扶助〉

　1999年まで、日本の救護法のように子どもや高齢者、障害者、妊産婦など、
労働能力のない人々についてのみ救済する生活保護法がありました。しかし、
1997年のアジア金融危機によって大量の失業者が生み出された際、失業者は

何ら救済される制度がなく貧困へと直結する状況となりました。このような状況に対し、生活に困窮するすべての国民を対象とした公的扶助制度の導入を求める国民運動が起こり、その結果、国民基礎生活保障法（以下、「基礎保障制度」）が1999年に制定されました（2000年10月施行）。基礎保障制度の導入によって、雇用保険の失業給付の受給期間を終えても就職できない長期失業者の生活を保障する仕組みができました。

　基礎保障制度の対象は、日本の生活保護と同じく生活に困窮するすべての国民ですが、ミーンズテストがあり、能力・資産の活用要件、扶養義務者優先の規定もあります。また稼働年齢層については、労働能力のある者とない者に区分し、労働能力のある者については、生計給付を受けるには自活事業という就労等の事業に参加することを条件とする、条件付き給付を設けています。給付には、生計、医療、住居、教育、出産、葬祭、自活の各給付があり、これらの給付は統合給付方式でしたが、2015年からは各給付に給付基準を設けた個別給付方式となりました。

〈介護保険〉

　急速に進む高齢化による介護ニーズの増大や家族機能の低下を背景に、2008年に高齢者長期療養保険制度がスタートしました。この保険で利用できるサービスには、施設サービス、在宅サービス、現金給付サービスがあります（原則65歳以上の高齢者が利用可能）。特に現金給付サービスは、島嶼＊2・僻地＊3等の地域で介護を行っている家族への家族療養給付、同居家族療養保護士（療養保護士の資格のある家族介護者）への現金給付を行うものであり、その点で日本の介護保険と異なります。

＊2　島嶼
大小の島々のことをいいます。

＊3　僻地
山間や離島など、都会から離れた土地をいいます。

2　中国（中華人民共和国）の概要と社会保障制度の体系

　中国も社会保険と公的扶助を整備し、すべての国民の生活を保障する仕組みを備えたという点では日本や韓国と共通しています。しかし、歴史的・体制的・社会経済的な違いのため、方法や形が異なる社会保障制度が整備されました。

①中国（中華人民共和国）

　先述したように、社会保障制度は資本主義社会の歴史的発展段階において生じる失業・貧困への対処として構築されますが、日本や韓国、先進諸国とは異なり、社会主義体制としてスタートした中国では、独特な社会保障制度の展開がなされてきました。

　1970年代後半の改革開放＊4以前は、失業のない社会を目指していました。

＊4　改革開放
1978年から鄧小平(当時の中国の最高指導者)を中心として実施された経済政策です。経済特別区の設置、国有企業の解体、海外資本の積極的な導入などが行われ、市場経済への移行が推進されました。

国営企業が労働者とその扶養家族の医療や年金など生活全般を保障し、農民については相互扶助か家族扶養に頼るという仕組みだったため、その時代には社会保障制度は存在しませんでした。しかし改革開放後、計画経済[*5]から市場経済[*6]へ、つまり社会主義から資本主義への経済体制の移行を図り、それが強力に推し進められるようになる1990年代後半以降になると、国有企業改革などにより失業・貧困問題が表面化し、社会保険と公的扶助を整備していくこととなりました。ただし、日本や韓国とは異なり、計画経済期の制度を引き継ぎ、農村戸籍と都市戸籍に国民を区分する二元社会となっており、この戸籍ごとに社会保険や公的扶助の仕組みが整備されてきました。

②中国の社会保障制度の体系とその概要

　中国では、改革開放が進んだ1990年代以降に、社会保険や公的扶助が整備されていきました。中国の社会保障制度は、社会保険、社会福祉、軍人保障、社会救助（困窮救済）、住宅保障の5つに区分されますが、ここではそのなかでも柱となる社会保険と公的扶助について見ていきます。

　現在、中国の社会保険には、医療保険、年金保険、労働保険（労災保険、失業保険）があり、公的扶助として最低生活保障が整備されています。これらの概要について、農村戸籍と都市戸籍からなる二元社会であることを念頭に置いて見てみましょう。

〈医療保険〉

　医療保険は、戸籍（都市戸籍、農村戸籍）と就業の有無によって異なる仕組みとなっています。1つは、都市部の企業で働く会社員などの被用者とその退職者を対象とした都市従業員基本医療保険制度（1998年導入）、もう1つは、都市の非就業者（失業者、子ども、障害者、学生など）と農村住民を対象とする都市・農村住民基本医療保険制度（2016年に都市部の非就業者を対象とする都市住民基本医療保険と農村住民を対象とした新型農村合作医療制度が統合されたもの）です。都市従業員基本医療保険制度は強制加入ですが、都市・農村基本医療保険制度は任意加入となっています。

　そして、最低生活保障制度対象者や収入が少なく基本医療保険制度に加入できない人々に対しては、特定困窮者医療扶助制度によって医療を保障しています。

〈年金保険〉

　年金制度も医療保険と同じく、戸籍（都市戸籍、農村戸籍）や、就業の有

*5　計画経済
国の経済活動全般が、中央政府の意思のもとに計画的に管理・運営される経済体制をいい、生産手段を公有化した社会主義国家経済の特徴の一つです。対立概念として市場経済があります。

*6　市場経済
市場を通じて財・サービスの取引が自由に行われる経済のことをいいます。

無によって異なる仕組みとなっています。１つは、都市の企業の従業員など
の被用者を対象とする都市従業員基本養老保険制度（1997年）、もう１つは、
都市の非就労者や農村住民を対象とする都市・農村住民基本養老保険制度
（2015年に都市の非就業者を対象とする都市住民養老保険制度と農村住民を
対象とする新型農村養老保険制度が統合されたもの）です。公務員や外郭団
体の職員は、都市従業員基本養老保険制度の一部に分類された公務員養老保
険に加入します。

　都市従業員基本養老保険制度は強制加入ですが、都市・農村住民基本養老
保険制度は任意加入となっています。このような任意の加入者数は、公的年
金制度の加入者全体のおよそ６割に達するといわれています。

　医療保険、年金保険ともに、財源には個人口座（積立方式）と社会統合口
座（賦課方式）があり、それらを組み合わせて運用しています。また、日本
や韓国のように強制加入だけではなく、先にも述べたように、任意加入のも
のを含めた形で、すべての国民が加入できる仕組みとなっています。

〈労働保険〉

　改革開放以前の計画経済期には、都市部労働者の失業がない社会を目指し
ており、年金・医療・労災の機能を持った労働保険条例によって、本人およ
びその家族の生活全般が保障され、社会保険という形式はとっていませんで
した。しかし、改革開放の流れのなかでそのあり方は変わり、1999年には失
業保険が、2004年には労災に対する制度として労災保険が導入されました。

〈公的扶助〉

　都市部においては1993年頃から最低生活保障制度が導入されはじめ、1990
年代末に確立しました。農村部では2007年までに同様の制度が普及し、都市
部と農村部とに分かれた２本立ての制度によって最低生活保障基準以下の困
窮者すべてを対象とすることができるようになりました（「全民低保」と表
現されます）。そして2014年に社会救助暫定弁法の公布によって、都市部と
農村部の制度が統合され、給付内容には最低生活保障のほかに、別に導入さ
れていた医療・教育・住宅に関する各種扶助の制度体系が成立しました。

〈その他〉

　中国では現在のところ介護保険制度は存在していません。しかし、高齢化
や少子化、出稼ぎなどによって家族による介護に困難が生じる状況が顕在化
し、介護問題に対する関心は高まり、介護サービスは実施されています。今

後、介護保険のような仕組みを構築していくことが目指されています。また、生育保険（出産保険）という保険がありますが、それは日本の医療保険における出産育児一時金と出産手当金に類似しています（今後、都市従業員基本医療保険制度との統合が計画されています）。

3 アジアの社会保障制度が直面する課題

社会保障制度は、失業・貧困というリスクに対処する仕組みとして創設されました。しかし近年では、その仕組みでは対処しきれない少子高齢化、雇用の不安定化、格差という新しいリスクが登場し、各国はその対策に力を注いでいます。

社会保障制度は、資本主義社会の歴史的展開のなかで失業・貧困への対応として生まれてきたものでした。近年のアジアでは、社会経済構造の変化により失業・貧困とともにそれ以外の問題が生じ、社会保障制度でいかに対処するのか苦慮しています。その問題とは、少子高齢化、雇用の不安定化（非正規雇用化）、格差といった新しい社会的リスクと呼ばれるものです。これらの問題は、現在の社会保障制度では対処が難しいだけでなく、社会保障制度そのものの根幹を揺るがす大きな問題となっています。

少子高齢化に限って見てみてもその状況は明らかです。少子高齢化は、高齢者が増加する一方で、保険料を負担する制度の支え手である稼働年齢層の減少が進むことを意味し、社会保険制度の維持・運営に大きな影響を与えます。特に少子化への対処は容易ではありません。韓国について見てみると、日本より早いスピードで少子化を経験し、政府として危機感を持っています。韓国政府は、少子化の原因として未婚化・晩婚化、女性の仕事と家庭の両立の困難さ、結婚した夫婦の子どもの数の減少を挙げ、2006年より両立支援や無償保育の実施などを盛り込んだ少子化対策に取り組んでいます。しかし、出生率の上昇はまだ見られない状況です。

中国では長年、一人っ子政策が強力に推進されてきました。しかし、高齢化に対する懸念から2013年に一人っ子政策の緩和が行われ、さらに2015年には廃止され、二人の子を出産できることになりました。実際、介護問題も顕在化してきています。また、少子化は経済発展と深く関係しており、今後、日本や韓国と同様に少子化が社会問題化すると考えられます。

少子高齢化以外にも、韓国では若者の雇用の不安定化が深刻な問題となっています。それは年金保険の加入率の低さや給付金額の低さにつながり、高齢期の貧困を深刻化させています。中国では二元社会に起因して、都市部と農村部間で収入や社会保障給付の格差が広がり問題化しています。

　日本でも新しい社会リスクへの対処に苦慮しています。少子化対策は行われているものの出生率は上がらず、また、雇用の不安定化により賃金格差やワーキングプアが生み出され、子どもの貧困や高齢者の貧困も深刻な問題となっています。これらはアジア共通の課題といえるでしょう。いったん構築された制度であっても社会経済状況の変化に伴って変えていかねばなりません。韓国や中国の状況とその政策対応を学ぶことによって、日本の社会保障制度のあり方を検討するための視点が得られるでしょう。

参考文献

第１節
・有森美木『世界の年金改革』第一法規　2011年
・江口隆裕『変貌する世界と日本の年金－年金の基本原理から考える－』法律文化社　2008年
・厚生労働省編『厚生労働白書　平成30年版』日経印刷　2018年
・厚生労働省編『2018海外情勢報告　世界の厚生労働2019』正陽文庫　2019年
・田多英範編『世界はなぜ社会保障制度を創ったのか－主要９カ国の比較研究－』ミネルヴァ書房　2014年
・松本勝明『労働者の国際移動と社会保障－EUの経験と日本への示唆－』旬報社　2018年

第２節
・一番ヶ瀬康子監修『日本と世界の高齢者福祉』くもん出版　2001年
・天野拓『オバマの医療改革－国民皆保険制度への苦闘－』勁草書房　2013年
・河野正輝・中島誠・西田和弘編『社会保障論　第３版』法律文化社　2015年
・社会福祉士養成講座編集委員会編『新・社会福祉士養成講座12　社会保障　第６版』中央法規出版　2019年
・社会保障入門編集委員会編『社会保障入門2020』中央法規出版　2020年

第３節
・高安雄一『韓国の社会保障－「低福祉・低負担」社会保障の分析－』学文社　2014年
・田多英範編『世界はなぜ社会保障制度を創ったのか－主要９カ国の比較研究－』ミネルヴァ書房　2014年
・土田武史編『商学双書３　社会保障論』成文堂　2015年
・増田雅暢・金貞任編『アジアの社会保障』法律文化社　2015年
・厚生労働省編『2018年海外情勢報告　世界の厚生労働2019』正陽文庫　2019年
・朱珉「中国における最低生活保障制度の形成、現状および改革の方向性」『Int'lecowk：国際経済労働研究』Vol.74　No.11・12　国際経済労働研究所　2019年　pp.22－28

✏️第13章　ミニットペーパー

年　　月　　日（　）第（　）限　　　　学籍番号 _____

氏　　名 _____

本章で学んだこと、そのなかで感じたこと

理解できなかったこと、疑問点

🏈TRY してみよう

①日本は、イギリス、フランス、ドイツ、スウェーデンの４か国のうち、
（　　　　　　　　　　）以外の３か国とは「社会保障協定」を締結している。この
うち、（　　　　　　　　）とは、「保険料の二重負担防止」の協定のみ締結している。

②アメリカには、全国民を対象とした公的医療保険制度はない。公的医療保険制度
としては、65歳以上の方や65歳未満の障害者などを対象とした（　　　　　　）と、
低所得者を対象とした（　　　　　）のみである。

③韓国や中国においても、日本と同様に高齢化が急速に進展しており、それに伴い介
護の問題が顕在化している。韓国では、それに対応するため、日本の（　　　　　）
保険制度に類似した（　　　　　　　　　　）制度があり、中国では現在、そ
のような仕組みの構築が目指されているところである。

「TRYしてみよう」解答

第1章
① 社会保険*、公的扶助*、社会福祉*、公衆衛生*
② 医療保険*、年金保険*、雇用保険*、労働者災害補償保険*、2000（平成12）、介護保険
③ 38.4、2.6、25.5、4

第2章
① 職域保険（被用者保険）、地域保険、後期高齢者医療制度
② 評価療養*、患者申出療養*、選定療養*、保険外併用
③ 5、2

第3章
① 政府、労働者
② 意思*、能力*
③ ハローワーク（公共職業安定所）

第4章
① 政府、労働基準監督署、事業主
② 業務遂行性*、業務起因性*
③ 1年6か月、傷病補償年金

第5章
① 2
② 1.25
③ 報酬

第6章
① 65、医療、40、65
② 本人*、家族*、介護支援専門員（ケアマネジャー）
③ 23、27、25、12.5、12.5、調整交付金

第7章
① 最低生活の保障*、自立の助長*
② 厚生労働大臣、水準均衡方式
③ 現物給付、生活*、住宅*、教育*、介護*、医療*、出産*、生業*、葬祭*

第8章
① 社会保険、公的扶助、社会手当、福祉サービス
② 児童手当、児童扶養手当、特別児童扶養手当
③ 障害児福祉手当、特別障害者手当

第9章
① 児童福祉、児童福祉
② 福祉の措置、老人福祉
③ 就労継続支援B型
④ 母子父子寡婦福祉資金貸付金

第10章
① 同様なリスク、経済的保障
② 収支相等*、給付・反対給付均等*
③ 非営利、組合員

第11章
① 社会保険料
② 社会保障関係費、国債費、地方交付税交付金等
③ アメリカ、日本、イギリス、ドイツ、スウェーデン、フランス

第12章
① ベヴァリッジ
② 救護
③ 皆年金・皆保険

第13章
① スウェーデン、イギリス
② メディケア、メディケイド
③ 介護、高齢者長期療養保険

「＊」のある項目は順不同可

索　引

さ行

新 わかる・みえる社会保障論

―事例でつかむ社会保障入門―

2021 年 4 月 1 日　初版第 1 刷発行
2022 年 3 月 1 日　初版第 2 刷発行

編　　　集	今井　伸	
発 行 者	竹鼻　均之	
発 行 所	株式会社みらい	

〒500-8137　岐阜市東興町40　第 5 澤田ビル
TEL　058-247-1227（代）
FAX　058-247-1218
https : //www.mirai-inc.jp/

印刷・製本　サンメッセ株式会社

みらいの福祉関係書籍のご案内